제주도의 굿춤

제주도의 굿춤

글 문무병
굿춤 칠머리당굿 보존회
무보 박영란(연변대 무용과 교수)

펴낸곳 도서출판 각
펴낸이 박경훈
초판 인쇄 2005년 3월 20일
초판 발행 2005년 3월 25일

도서출판 각
주소 제주도 제주시 건입동 89번지
전화 064-725-4410
팩스 064-759-4410
홈페이지 www.gakbook.com
등록번호 제80호
등록일 1999년 2월 13일

표지 디자인 박경훈
북 디자인 김영훈, 김지희

값 18,000원

ISBN　89-89719-62-3　03380

﹡ 제작비 일부를 문예진흥기금에서 지원받았습니다.
﹡ 잘못된 책은 서점에서 바꾸어 드립니다.

제주도 무속의 탐구 2

제주도의 굿춤

각

차례

▶ **제주의 굿춤** ——————————————— 17

▶ **굿춤의 아름다움** ————————————— 23
  (1) 정체성의 토대 ——————————————— 25
  (2) 굿춤의 신화 〈초공본풀이〉 ———————————— 32
  (3) 굿춤과 연물[巫樂] ————————————— 35

▶ **굿법과 굿춤** —————————————— 37
  (1) 베포춤[排布舞] ——————————————— 39
  (2) 군문춤 ——————————————————— 41
  (3) 새 드림 춤 ————————————————— 45
  (4) 도래둘러맴(도래춤) —————————————— 47
  (5) 신청궤춤(쌀춤) ——————————————— 48
  (6) 본향춤(활춤) ———————————————— 52
  (7) 떡춤(나까시리놀림) —————————————— 53
  (8) 군병춤(군병지사빔) —————————————— 55
  (9) 향로춤 ——————————————————— 56
  (10) 주잔춤 —————————————————— 59
  (11) 바라춤(바랑탐) ——————————————— 60
  (12) 수룩춤 —————————————————— 62
  (13) 할망춤 —————————————————— 63
  (14) 질치기 춤 ————————————————— 64
  (15) 꽃춤(서천꽃밭신소미춤) ———————————— 66
  (16) 동이춤(동이풀이춤) ————————————— 67
  (17) 영감춤 —————————————————— 68
  (18) 방울춤(방울품) ——————————————— 69
  (19) 아기업저지 춤 ——————————————— 70

▶ **제주 굿춤의 무보(舞譜)** ———————————— 71

▶ **부록** ————————————————— 175
  칠머리당 영등굿의 춤 —————————————— 177
  제주 굿춤의 기본 ———————————————— 302

제주의 굿춤

제주의 굿춤

　제주의 굿춤은 아름다움의 비밀과 신명의 원리를 풀 수 있는 움직임(=動作)의 열쇠 꾸러미다. 굿춤은 신과 인간을 중재하는 심방의 움직임 속에 우주를 움직이는 크고 작은 움직임을 체계화하고 있다. 그것이 바로 굿이며, 인간이 만든 자연과 신에 대한 예법이다. 굿은 하강하는 신들을 하나하나 맞이하고 보내는 의례이며, 심방의 춤과 음악 그리고 심방이 읊는 서사시를 통하여 신과 인간이 같이 벌이는 '신인동락(神人同樂)'의 축제 한마당이다. 굿은 심방이 하늘에 북소리를 울리고 굿춤을 추면서 시작된다. 굿춤은 하늘에 인간의 일을 전달하며, 신들의 모든 행동을 춤을 추어 표현하고, 신의 뜻을 춤을 통하여 인간에게 알려준다. 굿을 진행하는 심방은 지상에서 신을 모실 수 있는 '신자리[神席]' 위에 서서 굿을 이끌어가는 수심방과, 수심방을 돕는 소무(小巫)들, 그리고 소무는 수심방을 돕는 조무(助巫)와 악사석에 앉아 연물(악기)을 치는 악사(樂士)로 나눌 수 있다. 굿은 심방의 사설과 노래, 굿춤으로 진행된다. 특히 춤과 음악이 동전의 양면처럼 안팎, 전후로 하나가 되어, 악기가 춤을 따라가는지, 춤이 악기를 따라가는지 모르는 경지, 춤과 음악이 하나가 되는 경지를 심방이 춤을 통하여 이루어가는 신명의 세계이다.

　굿의 시작은 우주가 열리는 태초의 시간 하늘 옥황(玉皇)에 쇠북소리 울리고, 우주의 기본 가락인 낮은 소리(=늦은 석), 중간 소리(=중판), 빠른 소리(=잦은 석), 이 삼석을 울리고, 향로를 피워 하늘의 신에게 향촉권상(香燭勸上)하며, 신에게 삼배를 드리면서 시작된다. 하늘과 현실계 그리고 이 두 세계를 잇는 수심방의 신자리가 하나로 이어져 하늘과 땅, 이승과 저승이 이어지는 순간부터 굿은 시작된다. 그러므로 굿이 시작되는 굿청은 바로 우주가 시작되는 최초의 시간이며 공간이다.

제주는 우주의 중심에 서 있는 신화의 나라 '탐모라국(耽羅國)'이 한반도 고려국 변방에 있는 지방의 군현으로 편입되면서 고대 국가의 족보가 없어진 이후, 끊임없는 문화적 침식작용으로 인하여 독자성조차 점차 희미하게 퇴색되고 있는 곳이다. 신화의 고장, 일만팔천 신들의 나라라고 하지만 신화 한 줄 외는 사람이 드물다. 그렇지만 굿을 할 때, 굿의 기본을 이루는 춤과 연물 가락, 그리고 굿 이야기인 '본풀이' 속에 탐라국의 엄청난 비밀을 전승하고 있다. 그 중 굿할 때 추는 춤, '굿춤'을 통하여 우리의 예술, 우리 문화의 뿌리를 찾는 작업이 《제주도의 굿춤》이다.

심방이 굿할 때 추는 춤은 굿을 진행하는 수단이다. 그러므로 굿춤은 예술 갈래의 하나인 춤이면서 심방(巫)이 집행하는 의례로서 신과 인간의 세계를 이어주는 우주적 이야기, 신화의 세계를 담고 있다. 그러므로 제주도의 굿춤은 춤꾼이 단순히 무대에서 춤을 추는 예술로서의 미학 체계보다 더 넓고 큰 미의식의 세계를 그릴 수 있어야 한다. 따라서 우리는 제주의 굿춤을 통해서 제주 굿의 원리를 보다 넓고 근원적으로 접근해나가고자 한다.

1972년 북제주군 한림, 한경지역 당조사를 시작으로 1978년 필자가 처음 제주시 용담동 '한두기' 사대부고 서쪽 밭에 세워진 천막 속에 끼어들어 지금은 고인이 된 오방근 심방의 굿을 보았던 날이 생각난다. 지금은 2004년 10월이니 30년도 더 넘었다. 이 글은 춤을 전공하지 않은 쪽에서 굿의 중심에서 굿을 진행시키는 것이 춤이며, 이 춤과 연물이 예술의 핵심이라 주장하는 글이다. 엄숙한 종교의식보다는 왁자한 굿판, 눈물이 번지는 굿판 '딴따라'가 종합적으로 파악한 춤의 역할에 대한 글이었으면 좋겠다는 생각에서 《제주도 굿춤》을 정리해 본다.

무(巫)는 춤이다. 춤을 추는 심방의 모습을 상형한 글자가 '무당 무(巫)'이다. 그리고 굿은 심방이 춤을 추는 바로 그 현장이며, 굿의 '신명'은 바로 굿춤으로 완성된다는 것을 제주의 굿춤은 증명하고 있다.

〈사진1〉 육고비

그러면 제주 굿춤의 비밀은 어디에 있을까.

제주 굿춤의 원리는 무조신화 초공본풀이에 있다. 초공본풀이는 무조신(巫祖神) '젯부기 삼형제'와 악기의 신 '너사무너도령 삼형제'가 의형제를 맺는 과정을 나타내는 '육고비 육항얼'[1)]의 원리 속에 있다.

---

1) 심방집 당주상에 모시는 어머니의 속옷 속을 통과하여 의형제를 맺은 과정을 상징하는 백지를 삼각의 여섯 매듭으로 접은 기메.

굿춤의 아름다움

굿춤의 아름다움

(1) 정체성의 토대

① 우주관 : 하늘과 땅

제주 사람들은 세상이 어떻게 이루어졌다고 생각하고 있는가?

굿은 어둠(무질서)을 헤치고 밝은 세상의 새로운 질서를 구축하기 위하여 어둠과 밝음(질서)을 곱 가르는(구분하는) 천지창조의 과정과 인간 역사의 시작을 설명하고자 하는 〈초감제〉에서부터 시작된다. 맨 처음 굿을 시작하는 제의로서 〈초감제〉는 집 밖에 큰대를 세우고, 큰대를 통하여 신이 하늘에서부터 내려오게 하는 청신·하강(請神下降) 의례이다.

초감제는 〈베포도업(配布都邑)〉으로부터 시작되는데, 도업이란 '시작'을 뜻한다. 하늘과 땅, 그리고 굿을 하는 장소가 이루어진 태초의 시간, 처음 지구가 생기는 '시작'을 말한다. 그러므로 도업[都邑]은 하늘과 땅이 구분되지 않는 천지혼합의 캄캄한 어둠으로부터 대명천지가 밝아오는 천지개벽으로의 전이과정을 춤과 무악으로 진행해 나간다.

천지(天地)가 혼합(混合)이 되어 옵니다.

천지혼합시(天地混合時) 도업입니다.

(악무)

천지혼합시 도업 제(祭次)를 이르니,

천지가 개벽(開闢)이 되어 옵니다.

천지개벽시 도업입니다.

(악무)

천지개벽시 도업 제(祭次)를 이르니,

상갑자년(上甲子年) 갑자월(甲子月) 갑자일(甲子日) 갑자시(甲子時)엔

밤도 와왁(깜깜한) 한 덩어리요,

낮도 와왁(깜깜한) 한 덩어린데,

을축년(乙丑年) 을축월(乙丑月) 을축일(乙丑日) 을축시(乙丑時)엔

천가(天開)엔 자(子會)하시고,

지가(地開)엔 축(丑會)하시고,

인가(人開)엔 인(寅會)하시니[2],

하늘 머린 지돋우고[3],

땅의 머린 지낮추니,

하늘론 청이슬이 내리고,

땅으론 물이슬이 솟아나,

떡징같이[4] 금이 생겨나,

갑을동방(甲乙東方)은 잇몸을 들고,

경신서방(庚申西方)은 꼬리를 들고,

병정남방(丙丁南方)은 날개를 들고,

임계북방(壬癸北方)은 활개를 들어,

---

2) 자하시고 … 축하시고 … 인하시난 : '子會하시고 … 丑會하시고 寅會하시난' 이 訛傳된 것.
3) '지돋우고'에서 '지-'는 巫歌에 특징적으로 쓰이는 접두사.
4) 떡징은 시루떡을 찔 때 소를 넣어 뗄 수 있게 한 층계.

〈사진2〉

이 하늘에 금이 생겨나
대명천지(大明天地) 밝은 날 되어 옵니다.

제주사람의 우주관을 이루는 천지는 어떻게 이루어져 있을까.

'떡징같이 금이 생겨' 음양상통으로 우주가 개벽하였다는 현세적 천지개벽관(天地開闢觀)은 무속적 세계관의 표현이다. 청이슬 흑이슬이 흘러서 하늘과 땅은 분리되었으니, 물은 혼돈으로부터 질서로, 혼합에서 분리로, 우주개벽 천지창조의 '곱 가르는 물(境界를 가르는 물)'인 것이다. 하늘에서 땅으로, 땅에서 하늘로 '움직이는 물'은 수직적 이동에 의한 층위의 구분으로서의 우주의 창조를 실행하는 것이다. 태초에 천지혼합의 혼돈으로부터 물은 끊임없이 수직적으로 움직이면서 천지를 분리하고 우주를 창조한 원동력으로 작용하고 있다[5]. 그런데 천지혼합이란 우주가 창조되기 이전의 혼돈을 뜻하기도 하지만, '싸움', '갈등', '난장판'을 뜻하는 말로 흔히 쓰인다. 정신이 혼미할 때나, 상황 판단이 잘 서지 않는 미궁, 병을 얻어 육신이 뒤엉켜 병의 원인을 캐내지 못하는 상태, 서로 얽혀 뒤죽박죽이 된 싸움판에서 해결의 실마리를 얻지 못한, 그야말로 '왁왁한(깜깜한) 상태'를 천지혼합의 난장이라 한다. 이러한 병·전쟁·광증·부정·살(煞) 등의 이승의 혼란이 굿을 통하여 질서의 세계로 청정하게 평정된다면, 이 때의 물은 혼돈에서 질서를 '곱 가르는 물(구분하는 물)'인 것이다. 굿의 초감제에 천지혼합에서 하늘과 땅이 나누어지고, 인간이 태어나고, 해와 달이 탄생하여 우주의 질서가 잡혀가는 과정을 보여주는 것은 인간사회의 혼돈,

---

5) 문무병, '제주도의 생수설화와 물법신앙,' 《탐라문화》12, 탐라문화연구소 1992, pp, 104-106.

즉 갈등이나 질병을 화해하고 조정하여 새로운 질서의 세계, 성(聖)의 세계로 환원시키는 힘으로 작용하고 있는 것이다. 이와 같이 우주창조에 앞서 원질(原質)로서의 혼돈의 상정은 인류의 근원적이고 보편적인 관념의 하나다. 그것은 무질서나 혼돈이 아니라 그것 없이는 우주와 만물의 생성을 기대할 수 없는 창조의 원동력, 즉 음과 양, 하늘과 땅, 남과 여, 인간과 동물, 악과 선, 성(聖)과 속(俗), 문화와 자연 등의 양속성이 분화되지 않은 상태인 원초의 합일체, 완전성으로 생각할 수 있다.[6] 따라서 물은 가능성의 우주적인 총체를 상징한다. 그것은 모든 형태에 선행하며, 모든 창조를 뒷받침한다.[7] 천지혼합에서부터 "하늘에서는 청이슬이 내리고, 땅에서는 흑이슬이 솟아나 서로 합수되어 음양상통으로 만물이 생성"되었다는 '곱 가르는 물' 이미지에서 물은 생명의 원천, 창조의 모태로 작용하고 있다[8].

② 생사관 - 이승과 저승

살아 있는 사람들의 세계는 이승이며, 죽은 사람들이 사는 세계는 저승이다. 모든 사람은 이승에서 한 생(一生)을 살고, 죽어서 저승에 가 새로운 삶을 살게 된다. 굿은 이승에 살고 있는 사람과 저승에 살고 있는 신들 사이를 연결시켜주는 고리인 셈이다. 제주도 굿의 초감제에서 노래하는 〈천지왕본풀이〉는 해와 달이 생겨난 이유, 저승을 차지한 대별왕과 이승을 차지한 소별왕의 이야기를 통하여 저승법과 이승법이 생겨난 이유를 말해 준다.

신화에 의하면, 천지왕과 총명부인 사이에 태어난 두 형제, 즉 마음씨 좋은 형 대별왕이 이승을 차지하고, 마음씨 나쁜 동생 소별왕이 저승을 차지했으면, 우리들이 사는 현실세계인 이승은 질서가 바른 세상이었을 텐데, 마음씨 나쁜 동생이 나쁜 머리(잔꾀)를 써서 이승을 차지했기 때문에 이승은 무질서한 세상이 되었고, 형이 차지한 저승은 맑고 공정한 세상이 되었다는 이야기다. 그러므로 굿은 이승의 무질서를 다스리는 불공정한 법의 부당한 처사에 의하여, 한이 맺히고 병든 환자를 저승의 맑고 공정한 법에 의해

---

6) 왕빈,《신화학입문》, 금란출판사, 1980, PP.77-78.
7) M. Eliade(이은봉 역),《聖과 俗》. 학민사, 1983, P.100.
8) 문무병, 앞의 글.

바로잡는 것이다. 이를 '신 길을 닦는다'고 한다. 신 길을 바로잡는 것은 신이 오시는 길, 인간이 죽어서 저승으로 가는 길을 닦는다는 것이다. 신 길은 신의 질서, 신이 걸어온 길, 망자가 떠나는 길, 신의 내력담 본풀이에 해당하며, 그것은 또 한라산 곶자왈[정글] 같은 '풀지 못한 역사'를 풀어야 할 과제로 주어진 가시밭길(荊棘)이다. 이 길을 닦아 하얀 광목천을 깔았을 때, 신 길은 완성된다. 그 길은 신과 인간이 만나는 길이며, 망자가 이승의 미련을 버리고 저승으로 고이 갈 수 있는 길이다. 신 길을 바로잡았으므로 신의 질서를 좇아갈 수 있는 이승의 질서를 회복하는 것이다[9]. 그래야 이승의 사람들은 병이 낫는다.

③ 세계관 - 시간과 공간

굿을 하는 시간과 공간은 어떤 의미를 지니고 있는가.

굿을 하는 시간인 제일(祭日)과 굿을 하는 장소인 굿판은 제주 사람들의 우주관과 세계에 대한 경험적 인식에서부터 생겨난 것이다. 굿을 하는 시간은 심방이 다리를 놓아 과거에 살던 조상의 영혼들과 현재를 살고 있는 자손들, 망자와 생인이 만나서 이야기하는, 과거와 현재가 공존하는 시간이다. 이러한 시간이 제일이다. 저승의 시간과 이승의 시간이 교차하는 시간이 제일이며, 이승과 저승이 공존하는 공간이 굿판이다. 그러면 이승의 시간과 저승의 시간은 어떻게 다른가. 제주도의 〈차사본풀이〉에 의하면, 저승사자 강림차사가 염라대왕을 잡기 위하여 저승 갔다 온 시간은 3일인데, 저승에서 이승으로 돌아와 보니, 부인은 강림차사가 죽어서 삼년상(三年喪)을 치르고 나서 첫 제사를 하는 날이 되었다. 강림차사가 저승에서 보낸 3일은 이승의 3년인 셈이다. 저승에서 강림이 하루를 보낼 때, 강림의 부인은 강림의 소상을 치렀고, 둘쨋날을 보낼 때, 부인은 대상을 치렀고, 셋쨋날에 돌아오니, 부인은 첫 제사를 하고 있었다는 것이다. 그리고 제주도의 신화 〈초공본풀이〉에 의하면, 최초의 심방 선생인 유정승의 따님이 예순 일곱 살에 자부장자의 딸을 살리기 위해 굿을 하다 혼절하여 저승 삼시왕에 가서 10년 동안 굿을 공부하고 돌아오니 이승 삼하늘의 시간은 10일이 지났다. 이는 신들의 세계에도

---

9) 문무병, '4·3과 해원굿,' 1998.

반대의 시간개념이 존재함을 뜻한다. 이와 같이 영혼이나 귀신이 사는 저승 시간과 육신이나 생인이 사는 현실계의 시간은 다르다. 신과 인간이 만나는 제일(祭日)은 이승의 시간과 저승의 시간이 교차하는 지점이며, 신과 인간이 만나는 시간이다.

그러면 신과 인간이 만나는 굿판(祭場)은 제주인의 어떤 공간개념이 설정해 놓은 무대인가. 제주도의 굿에서는 굿을 시작할 때마다, 굿하는 시간과 장소를 알리는 〈날과 국 섬김〉을 한다.

[날과 국 섬김][10)]

날(日)은 갈라 어느 날, 달(月)은 갈라 어느 달이오며,

어느 고을 어떠한 인간들이 이 공사(公事)를 올리느냐 하오면,

국(國)은 갈라 갑니다[11)].

해동국도 국이요, 달단국(韃靼國)도 국이외다.

주위는 팔만(周圍 八蠻) 십이지 제국(十二之諸國)인데,

동양 삼국 서양 각국을 마련하니,

강남은 천자대국(天子大國), 일본은 주년소국,

천하해동(天下海東) 대한민국 되옵니다.

경상도는 칠십칠관, 전라도 오십삼관, 충청도 삼십삼관,

일제주(一濟州), 이거제(二巨濟), 삼진도(三珍島), 사남해(四南海),

오강화(五江華), 육완도(六莞島),

그 중 큰 섬 제주도인데,

장강 청수 사백리(四百里) 물로 빙빙 테두리 두른 섬이외다.

산은 갈라 한라산(漢拏山), 성산[12)] 가면 일출봉(日出峯), 대정[13)] 가면 산방산,

---

10) 문무병,《제주도 무속신화》(1998), pp. 82-85. 여기 수록된것은 초감제의 〈날과 국 섬김〉을 현대어 역 한 내용임.
11) 굿하는 장소를 말하는 대목에서 주변에 있는 나라를 열거하는 것은 굿하는 장소가 제주도이고, 제주도는 우주의 중심에 놓여 있다는 것이다.
12) 북제주군 성산면(城山面).
13) 남제주군 대정읍.

땅은 보니 노고짓[鹿下地]땅, 물은 갈라 황해수(黃海水),

저 산 앞은 당오백(堂五百) 이 산 앞은 절오백(寺五百)[14],

어승생(御乘生岳)[15] 단골머리[16] 아흔아홉(九十九谷),

백록담(白鹿潭) 오백장군(五百將軍) 오백선생(五百先生)[17] 마련하고

한 골(谷) 부족하여 범도 곰도 왕도 나지 못한 섬이외다.

영평 팔년(永平八年) 을축년(乙丑年), 을축 삼월 열사흘 날,

모인굴[毛興穴] 삼성혈(三姓穴)에서,

자시(子時)에는 고을라(高乙那),

축시(丑時)에는 양을라(良乙那),

인시(寅時)에는 부을라(夫乙那)(가 태어나),

고량부(高良夫) 삼성친(三姓親)이 도읍하고,

……

⟨날과국 섬김⟩은 굿하는 장소, 땅에 대한 풀이로서의 ⟨땅풀이⟩의 의미를 지니고 있다. 땅은 크게 보면 세계이며, 작게 보면 굿판이다. 그리하여 만국(蠻國)이라는 미개하고 작은 나라도 나라라는 전제 아래 제주도를 중심에 두고 주변에 있는 국가에 대한 인식을 바탕으로 하는 제주인의 수평적 세계관을 전개해 나간다. 주위에는 여덟 개의 미개한 작은 나라와 12개의 제도가 정비된 큰 나라가 있으며, 그 중 동양에는 3국이 있고, 서양 여러 나라가 있다.

동양 3국은 중국 친자대국, 일본 주년소국, 우리나라 해동조선국이다. 그 다음에는 해동조선국의 도읍과 변천을 통한 역사를 서술하고, 그 다음에 팔도의 인문지리적 환경과, 제주도가 조선국의 섬으로서 제일 큰 섬이라 하고 있다. 이러한 서술 방식은 제

---

14) 제주도에는 신당도 오백, 절간도 오백이 있다. 당과 절이 많다는 의미를 내포한다.
15) 제주시 해안리경에 있는 산.
16) 골머리봉, '단-' 은 접두어,
17) 한라산 어승생악(御乘生岳)은 아흔 아홉 골짜기로 이루어졌다. 그래서 한 골짜기가 부족하여 이 곳에는 왕도, 범도, 곰도 나지 않는 곳이 되었다는 전설과 함께 제주의 명소인 영주십경(瀛州十景) 중 영실기암(瀛室奇巖)으로 불려지는 명승지이다. 여기에 있는 기이한 바위들은 천지창조의 여신(女神) '설문대할망' 의 500명 아들로 '오백 장군' 이라 부른다.

주가 변방이 아니라 "제주도는 우주의 중심에 있다."는 제주인의 세계관이 반영된 〈땅풀이〉이다. 그 다음에 탐라국 시조신화를 통한 민족의식과 독립국가 의식, 무교와 불교가 융성한 곳이라는 종교적 지역성을 강조하고, 한라산을 중심으로 하여 제주도의 인문 지리적 행적적 사정을 노래함으로써 굿판을 풀이하고 있다. 굿판은 결국 우주의 중심이다. 굿하는 자리인 이 집안의 사정을 이야기하는 〈연유닦음〉 이전까지의 〈날과 국 섬김〉에서 보여주는 공간의식은 굿판이 세계의 중심에 있다는 제주 사람들의 세계관과 함께, 굿하는 자리가 하늘과 땅, 이승과 저승이 만나는 곳이라는 제주인의 우주관을 포함하여, 굿판은 저승과 이승이 공존하며, 신들이 내려와 인간과 만날 수 있는 입체적인 공간이라는 제주인의 공간 개념을 나타내고 있다.

(2) 굿춤의 신화 〈초공본풀이〉

① 무조의 내력과 굿법

제주도의 무조 신화(巫祖神話)를 '초공본풀이'라 한다. 초공본풀이는 중[僧]의 아들 무조신(巫祖神) 삼 형제가 태어나, 삼천 선비를 제치고 과거에 급제하였지만, 과거에 낙방한 삼천 선비가 어머니를 죽여 삼시왕[三千天帝釋宮]에 가두었기 때문에 어머니를 구하기 위하여 심방이 되어 굿을 하였다는 이야기이며, 어머니를 구하고 삼시왕에 올라가는 도중에 '어주애삼녹거리'에서 양반의 딸 유 정승 따님에게 육간제비를 주어 심방이 되게 하고, 삼시왕에 물명주[水明紬] 전대로 걸려 올려 약밥약술[藥飯藥酒]를 먹이고 어인타인(御印打印)을 놓아 무당서 3천 권을 내어주며 세상에 내려보내 최초의 굿을 하게 하였다는 이야기다. 그러므로 〈초공본풀이〉 전반부는 심방의 조상신 무조의 내력과 굿법, 후반부는 심방의 선생 유씨 부인이 팔자를 왜 그르쳐 심방이 되었으며 어떻게 굿법을 전수했는가 하는 굿법 전수의 내력담으로 이루어졌다.

초공본풀이에 의하면, 아버지는 "어머니는 삼천천제석궁 깊은 궁에 갇혀 있으니 북을 만들어 북을 울리라" 한다.

② 굿춤과 연물 - 육고비

굿을 할 때 춤을 추는 심방과 악기를 두드리는 소미의 관계는 무조신 젯부기 삼형제와 악기의 신 너사무너도령의 팔자동관 유학형제 법[18]에 의한다.

어주애삼녹거리[19]에 너사메삼형제[20]가 비새(悲鳥)같이 울고 있었다. "너희들은 어째서 그리 슬피 울고 있느냐." "부모와 일가친척 없어 울고 있습니다." "우리와 같은 몸이로구나. 이리 와서 우리 육 형제나 마련하자." 어머니의 물명주 단소꼿[속옷] 왼쪽 구멍에서 오른쪽 구멍으로 나와 위·아래 육 형제가 되었다. 이들과 헤어져 삼형제는 다시 떠났다. 굴미굴산[21] 노조방장산[22] 올라가, 물사오리 실사오리[23] 잘라다가 첫째 것은 끊어다 울랑국을 설연하고[24] 둘째 것은 끊어다 삼동막을 설연하였다.[25] 동해 바다 쉐철이 아들[26] 불러다가 크고 작은 도간[27]을 만들어 남천문[28]에 각(刻)을 새기고 남상잔[29]을 지었다.

삼형제는 두 이레 열나흘 동안 북소리를 울려 굿을 하여 어머니를 살려내었다. 〈큰굿〉은 두 이레 열나흘 삼천천제석궁에 북을 울리는 것이며, 삼천천제석궁에 갇힌 어머니를 구했던 데서 비롯되었다. 서광베포땅 어주애삼녹거리에 큰집을 지어 어머니를 모시고, 어머니는 '이승 삼하늘'을 차지하게 하였다. 북·장고 등은 너사메너도령에게 지키게 하였다. 너도령 삼형제는 악기의 신이 되었다.

---

18) 무조신과 악기의 신 모두 팔자를 그르쳐 굿을 했고(八字同官), 굿을 하기 위하여 '한 배 형제'가 되는 의식을 행하여 의형제를 맺었다(儒學兄弟).
19) 무조 삼형제가 너사메너도령을 만나 의형제를 맺었다는 서광베포땅에 있는 삼거리.
20) 너사메너도령 삼형제 : 무조 삼형제와 의형제를 맺은 樂器의 神.
21) 산명, 아주 깊고 깊은 산
22) 산 이름.
23) '물사오리 실사오리'는 물사오기 실사오기. '사오기'는 '사옥낭', 벚나무를 말한다. '실사오리'는 가는 잎 벚나무, '물사오리'는 개벚나무.
24) 울랑국, 즉 북을 만들고.
25) 삼동막, 즉 살장고를 만들었다.
26) 대장장이의 아들, 명도(明刀)를 만들었다는 야장신(冶匠神).
27) 도가니, 쇠붙이를 녹이는 그릇. 단단한 흙이나 흑연으로 오목하게 만듦. 감과(坩堝).
28) 나무로 본을 만든 천문(天門).
29) 나무로 본을 만든 상잔. 놋쇠잔 모양으로 각(刻)한 나무 본(本).

③ 무구와 악기 제작 - 신전집

　삼시왕에 올라가다 보니, 유정승의 딸은 서강베포 땅 어주애삼녹거리에서 놀고 있었다. 삼시왕은 또 아방국(아버지가 계신 땅 황금산)에 들어가 육간제비를 타다가 유정승 딸에게 주고 전생팔자를 그르치게 하고 나서 삼시왕에 올라가 버렸던 것이다. 육간제비를 주운 유정승의 딸은 일곱 살에 눈이 멀었다 열일곱 살에 눈을 뜨고, 스물일곱에는 또 눈이 멀었다, 서른일곱에 눈을 뜨고 하다가, 예순 일곱에는 눈은 멀었으나 미래를 예견하는 신안(神眼)30)을 얻게 되었다. 그리고 어주애삼녹거리 자부장자 집에 가 죽어가는 아기가 굿을 하면 살 수 있다는 걸 예언했고, 유정승의 딸은 "굿을 해달라"는 부탁을 받았다. 그러나 앞이 캄캄했다. 굿하는 법을 몰랐던 것이다. 굿을 하다 수레법망에 잡혀서31) 서강베포땅 신전집에 가 엎드려 절을 하니, 저승 삼시왕이 하늘에서 보고 신전집을 지키는 너사무너도령 삼형제에게 하는 말이, "저기 엎드려 있는 자는 어떤 신녀냐?" 하니까, 너사무 삼형제가 가서 "어떤 어른입니까" 하고 물으니, "난 유정승의 딸인데, 일곱 살에 육간제비를 주워 눈이 머는 병을 얻고, 굿을 하게 되었는데, 굿법을 몰라 수레법망에 잡혀 이리 되었습니다."고 했다. 이 말을 들은 삼시왕에서는 유정승의 딸을 물명주 전대로 걸려 올려 가지고 약밥약술(藥飯藥酒)을 먹이고, 어인타인(御印打印)을 맞히고, 수레삼봉 막음을 두어서, 서강베포땅에 내려보내 너사무너도령이 지키는 삼천기덕(三千旗德) 일만제기(一萬祭器) 궁전궁악(宮中宮樂)이 있으니 이 제기와 악기들을 가지고 너사무너도령을 데리고 가서 자부장자집의 굿을 하라고 명을 내렸다. 그래서 삼하늘에 내려왔다. 그곳에 내려 삼천기덕 일만제기 연물 다 가지고 너사무 삼형제 데리고 가서 아랫녘의 자부장자네 집의 첫 공싯상을 받아 굿을 했다. 그래서 유정승 딸은 일흔 일곱에 이 세상에서 처음 굿을 한 최초의 심방이 되었다.32)

　너사무너도령은 유정승 따님이 하는 그 첫 번째 굿에서 처음 울었던 선생(악기의 신)이다. 울랑국범천왕은 북을 말한다. 굿을 할 때 사설에서 보면, "본명두도 살아올 듯, 신명두도 살아올 듯, 살아살축 삼명두도 살아올 듯, 대제김 소제김 울랑국범천왕, 삼천기

---

30) 예견하는 능력, 점치는 능력.
31) '수레법망에 잡혔다'는 것은 저승법에 걸렸다, 저승에 잡혀갔다는 의미가 담겨 있다.
32) 1994년 10월 25일, 문순실 댁 중당클굿 둘쨋날, 수심방 이중춘 옹과의 대담.

덕 일만제기 궁전궁악 살아올 듯하다. 상당 원불수룩 굿이외다." 여기서 본명두, 신명두, 살아살축 삼명두는 젯부기 삼형제를 말하는 것이고, 울랑국범천왕이라 한 것은 북이고, 대양[징]이나 설쉐 두드리는 사람은 너사무 삼형제를 뜻한다. 그러니 "상당 원불수룩을 해서 공을 드리면 전새남 육마을 나수와 줍서(생기게 해 주십소서)." 하고 기원을 드리게 된다. '전새남' 이란 말은 큰굿을 말하는 것이고, '육마을' 이라 하면, 비념(비나리) 같은 작은 굿이 생기게 해달라고 비는 것이다.

처음 명두를 지은 자는 동해바다 쉐철이 아들이다. 동해바다 쉐철이 아들은 쇠를 녹여 무구를 만든 신이다. 무구가 어떻게 만들어졌느냐 하면, 황금산의 영기 신령으로 하늘 옥항에서 '정명녹이' 를 내려 보냈다. 이는 쇠철을 녹이는 업을 하는 대장장이의 신이다. 정명녹이는 하늘에서 내려와 '동이와당 쉐철이 아들(동해바다 쉐철이 아들)' 불러다 무구를 짓게 했다. 동해바다 쉐철이 아들은 정명록의 제자다. 쇳물은 아무래도 바다에서 나오니, 모든 것이 다 바다에서부터 이루어지는 것이므로 작은 도가니, 큰 도가니를 만들어서 무구를 짓게 했다[33].

(3) 굿춤과 연물[巫樂]

춤과 악기의 관계는 무조 삼형제와 악기의 신 삼형제가 의형제를 맺은 '팔자동관 유학형제 법' 에 의한다. 이 법은 무와 악의 관계, 춤과 연물소리[악기가 둘이 아니라 하나가 되어야 한다는 것이다. 춤이 악기소리에 따라 추어지는 것도 아니고, 소리가 춤의 동작에 따라가는 것도 아니다. 춤과 소리가 하나가 되는 경지, 신명의 경지를 '육고비 육항렬법' 또는 '팔자동관 유학형제 법' 이라 부른다. 그러므로 춤에 따라 춤에 맞는 연물이 있다.

〈삼석울림〉에서는 〈삼석연물〉, 〈베포도업〉에서는 〈베포연물〉, 〈군문열림〉에서는 〈군문연물〉, 〈새 림〉에서는 〈새 림연물〉, 〈푸다시〉에서는 〈푸다시연물〉, 〈오리정 신청궤〉에서는 〈신청궤연물〉, 〈수룩침〉에서는 〈수룩연물〉, 〈덕담〉에서는 〈놀

---

33) 1994년 10월 25일, 문순실 댁 중당클굿 둘쨋날, 수심방 이중춘 옹과의 대담.

〈사진 3〉 연물

애연물〉, 〈탐불〉에는 〈탐불연물〉, 〈서우젯소리〉에는 〈서우제연물〉, 〈석살림〉에는 〈석살림연물〉, 〈본향다리〉에서는 〈본향연물〉, 〈꽃놀림〉에서는 〈꽃놀림 연물〉, 〈향촉권상〉에서는 〈향촉권상 연물〉, 꿩의 걸음거리처럼 점점 빨라지는 〈꿩제비본 연물〉 등 연물 소리마다 이름을 붙일 수 있다.

굿법과 굿춤

굿법과 굿춤

(1) 베포춤[排布舞]

〈베포춤〉은 초감제 때 천지창조와 모든 자연·인문사상의 발생 배치를 상징하는 춤이다. 이 글은 심방이 추는 춤을 객관적으로 관찰하고, 춤사위를 표현할 수 있는 데까지 사진이나 그림으로 표현하기로 한다.

● 춤의 진행

[심방은 신칼을 들고 제장 앞에 선다.]
수심방 : (노래) 대시왕연맞이로 천지혼합으로 제 이르자. (춤과 연물)

초감제의 〈베포도업〉에서 추는 춤을 〈베포춤〉, 춤에 맞춰 치는 연물 가락을 〈베포연물〉이라 한다. 그러면 초감제 맨 처음, 천지창조와 우주의 기원 생성을 이야기하는 춤으로 '굽 가르는 춤'을 관찰해 보기로 한다. 심방은 "대시왕연맞이로 천지혼합시[天地混合時] 제를 이르자."는 사설을 노래한 뒤 곧바로 춤으로 이어진다.

양손에 신칼을 들고 왼손의 신칼을 왼 어깨에 올렸다 내리고, 신칼을 나란히 잡고 천

〈사진 4〉 청신 삼배

〈사진 5〉 베포도업춤 1(급 가르는 춤)

천히 세 번 돌다가 다시 왼쪽의 신칼을 왼쪽 어깨에 놓고 세 번 돌다가 왼쪽 신칼을 오른쪽 어깨에 놓고 소무는 향로를 들고 요령을 흔들며, 수심방과 함께 사방에 절을 한다. 수심방은 신칼을 양손에 나란히 들고 춤을 춘다.

  수심방 : 에- 제이르니, 천지가 개벽이 되어 옵니다. 천지개벽시 도업[都邑]으로- (베포춤)
  수심방 : 천지개벽시(天地開闢時) 도업 제 이르난(祭를 이르니) 천황씨(天皇氏)는 열두 양반, 지황씨(地皇氏)는 열한(十一) 양반, 인황씨(人皇氏)는 아홉 양반, 열다섯 십오성인(十五聖人) 도업이 되어옵네다. 열다섯 십오성인 도업으로- (베포춤)
  수심방 : 십오성인 도업을 제이르난, 천황베포 // 도업 제이르자. 지황베포 // 도업 제 이르자. 인황베포 // 도업 제이르자. 신베포도 도업, 물베포도 도업, 왕베포도 도업, 국베포도 도업, 원베포 신베포 울성장안 금동토성 제청신도업으로-. (악무)

● 날과 국 섬김
  수심방 : 제청신도업 제이르니, 날은 갈라 어느 날, 달은 갈라 어느 전 달이오며. 올금년 해는 갈라 임오년, 2002년이외다. 달은 갈라 12월 15일 날, 아침 진사향(辰巳向)으로 제주시 신제주 김희숙 무용학원으로 높고 높은 옥황상저 저승 십이대왕 옵서 청하저 합니다. 신의왈 인의법, 인의왈 신의법 아닙니까. 문을 열어야 들고 나

<사진 6> 베포도업춤 2

<사진 7> 베포도업춤 3

는 법이외다. 스님도 문을 열어야 들고 나고, 신전님도 문을 열어야 들고 나는 법 아닙니까. 천황[天皇]가면 열두 문, 지황[地皇]가면 열한 문, 인황[人皇]가면 아홉 문, 동해 청문, 서해 백문, 남해 적문, 북해 흑문 옥황 도성문, 시왕 도군문, 백요왕 삼진 십육사제 삼멩감[三命監] 삼처서[差使] 오려하시는데 시군문이 어찌되며 모릅니다. 일문전 삼도리대전상 신수푸며34), 하늘옥황 도성문 열려옵던 금정옥술발 둘러받아 초군문, 이군문, 삼서도군문도 돌아보자.-

(2) 군문춤

초감제 때 신을 청하려고 하늘 신궁의 문을 여는 〈군문열림〉때 추는 청신무(請神舞)이다.

① 군문춤 1 : 기(旗) 춤

② 군문춤 2 : 뒷걸음(後進) 춤

---

34) 제상을 옮기며,

③ 군문춤 3 : 도랑춤

소무는 댓섭으로 젯상(데령상)에 앉아 술을 캐우린다. 밖에는 영혼의 신위 수만큼 숭늉을 담고 숟가락을 걸친 원미 그릇이 나란히 놓여 있다.

심방은 감상기를 나란히 들고 뒷걸음질하며 춤을 추다가, 감상기를 하나씩 돌리며 놀리기도 하고, 감상기를 교차하여 높이 들기도 한다. 그러다가 젯상 앞에 엎드려 양손에 잡은 감상기를 바닥에 바짝 세워 대가지를 흔들기도 하고, 앉은 자세에서 양손에 잡은 감상기를 하나씩 놀리다가 던지고 이번에는 신칼을 놀리다가 모두어 잡고 돌려 점을 친다. 군문괘가 나올 때까지 반복한다. 점괘가 나오면 고맙다고 절을 하고, 신에게 고맙다는 인사로 손바닥을 펼쳐 돌리며 앉은 자세로 '손바닥춤'을 추고 나서, 일어서면, 대기하고 있던 소무가 감상기를 건네준다. 수심방은 감상기를 한손에 잡고 요란하게 춤추기 시작한다. 문밖 데령상에는 소무가 삼주잔(잔 세 개를 놓은 쟁반)에 술을 댓섭으로 계속 잔마다 번갈아가며 술을 떠서 캐우린다. 심방의 춤은 조금씩 빨라지고, 연물소리도 춤을 따라가지 못할 만큼 빨라지면, 심방은 빠르게 회전하는 '도랑춤'을 춘다.

도랑춤을 추다 갑자기 멈추고 꿇어 앉아 엎드려 다시 감상기를 세우고 흔든다. 감상기와 요령을 흔들다 던져버리고, 신칼채를 돌리며 점을 친 후, 군문 점괘가 나오면 다시 요령을 흔들고, 감상기와 요령을 나누어 잡고 일어서면 가장 빠른 속도로 춤을 추다 마지막에 도랑춤을 춘다. 도랑춤이 끝나면, 다시 보통 박자로 돌아와 춤을 추다 끝이 난다.

〈사진 8〉 군문춤 1 : 기춤

〈사진 9〉 군문춤 2 : 후진춤

〈사진 10〉 군문춤 3 : 도랑춤

〈사진 11〉 군문춤 4   〈사진 12〉 감상기 춤(좌무 1)

④ 군문춤 4 : 감상기 춤(坐舞1)

⑤ 군문춤 5

수심방 : 초군문이여, 이군문이여, 삼서도군문 돌아보니 문문마다 감옥성방 옥성나장 문직대장이 잡았구나. 제인정 내어걸라. 길에 맞는 길나제 발에 맞는 발나제 지전 천금 인정거니 인정과숙하다 열고 가라 한다. 옛날 주석삼문은 열두 집사관이 영기명기 옥술발로 열렸단 말 있고, 신도문은 신의 성방 가망으로 열릴 수 있습니까. 일문전 좌절영기 신감상 본도영기 압송하고, 성주 개문개탁하라. 하늘옥황 도성문 열려옵던 천앙낙화 둘러받아 초군문, 이군문, 삼서도군문도 열러 가자. (악무)

⑥ 영기·명기 춤

수심방 : 초군문 열렸구나. 이군문 열렸구나. 삼서도군문, 시왕도군문이여 어찌되며 모릅네다. 대명왕은 삼명감 삼처사 문이로다. 삼진상 차려다 제인정 거난, 열려가라 한다. 영기랑 명기 비준하고, 명기랑 영기 비준하여 시왕도군문 대명왕 삼명감 십육사제문까지 열리레-. (악무)

도랑춤은 군문춤의 절정에 정신없이 좌우로 팽팽 돌며 추는 춤이다. '도랑춤'은 '도는 춤'이란 뜻이다. 〈베포춤〉은 양반의 행세인데 이 〈도랑춤〉은 군문을 지키는 사령의 행세라고 한다. 이 춤은 하늘 신궁의 문을 여는 수문장의 행동을 상징하는 청신무(請神舞)이다.

〈사진 13〉 요령춤(좌무 2)

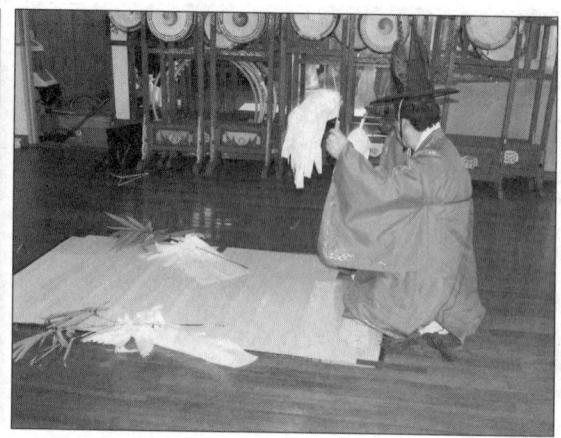
〈사진 14〉 신칼춤(좌무 3)

〈사진 15〉 손춤(좌무 4)

〈사진 16〉 도랑춤 1

〈사진 17〉 도랑춤 2

〈사진 18〉 도랑춤 3

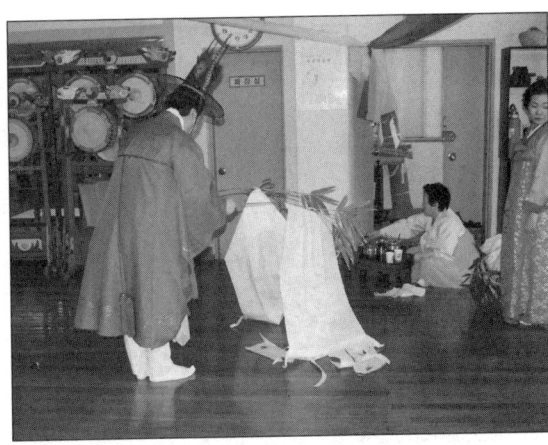

〈사진 19〉 군문춤 : 영기·명기 춤   〈사진 20〉

  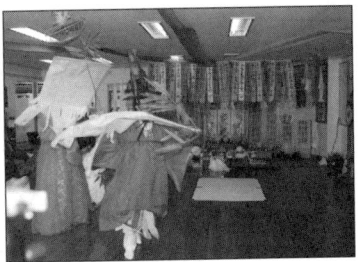

〈사진 21〉   〈사진 22〉   〈사진 23〉

    수심방 : 안여덟 밖여덟 신에 대천겁[35]으로 문 열린 그믓도 돌아보자. (악무)

(3) 새ᄃ림 춤

[수심방이 〈군문열림〉이 끝나, 신칼점을 하고, 군문이 열렸다는 점사를 받고, 제장에 〈분부사룀〉을 한 연후에, 굿을 끝내는 절을 한 후, 다음 〈새ᄃ림〉 차례로 이어짐을 알린다.]

    수심방 : 제석궁 신소미 불러 연찻물로 신가임니다.[36] [소무가 감상기와 물그릇을 들고 나와 춤을 춘다.]

① 물감상 춤

    소 미 : 오늘은 대신시왕연맞이로 물감상을 들어 보이니, 신전에서 개일 만하다[37], 쓸

〈사진 24〉 군문춤 11 : 영기·명기 들고 추는 춤

〈사진 25〉 군문 12 : 도랑춤

만하다 그리 합니다. 오리 안 오리 바깥, 십리안 십리 바깥, 마을 안 거리에도 부정이 많은 듯합니다. 본주제관님 압송하여 신의 성방 신소미전 앞장에도 부정이 많은 듯 영헙네다. 제청 방은 모아보니, 열두가지 각서추물 날매전지 기메전지 천보답 만보답 오리안동벽 좌동벽에 부정이 많은 듯 영헙네다. 이 물로 신가여 다려보니, 하늘로 내린 물은 천덕수요, 지하로 솟은 물은 지덕숫물 산으로 내린 물은 나무돌굽 썩은 물이 되옵데다. 그리말고 이물 저물 버려두고 동해바다 은하봉천수 굽이 너븐 초동차대접 웃섭에 들어받아 신감상 들먹이며 안으로 바깥으로 부정서정 냇가입네다.

② 부정 가시는 춤

● 새두림

소 미 : 신가이고 냇가였드니마는 이 물은 마당너구리 땅너구리 번번이 주어먹어 자손들 앞장에 와 죄가 될 듯합니다. 가물가물 주어다가 지붕상상 위까지 위올려 들여가며[38], 목숨잡은 대신시왕연맞이로 일만팔천신전 조상님네랑 신내려서려 하시는데, 깊은 물엔 용이 놀고 옅은 물엔 새가 노는 법입니다. 용과 새랑은 낱낱

---

35) 천문을 이름.
36) 씻습니다.
37) '가이다' '신가이다' 는 씻다. 씻을 만하다.

〈사진 26〉 물감상춤

〈사진 27〉 부정 가시는 춤

〈사진 28〉 푸다시 춤

이 다려 올립네다. 새물로 새양아 원물로 새 기자. (후렴) 새물로 새양아 이물로 다리자 천황새 다리자 지황새 다리자 (후렴은 계속 따라 한다) 인황새 다리자, 앞뜰엔 도덕새 지하엔 쥐약새, 안당은 노념새 밧당엔 시념새, 총덜기 알롱새 다리고 다리자. 목숨잡은 시왕연맞이로.

③ 푸다시 춤

(4) 도래둘러맴

소 미 : (요령과 향로를 들고) 신전 조상님네랑 신수 퍼 내리는데 부정 서정 냇가여 들어 보니, 도래

---

38) 원래의 뜻은 '지붕상상 초추를 입구상냥 시켜가멩', '지붕 상마루까지 입주상량(立柱上樑) 시켜가며'의 뜻인데, 여기서는 '지붕 위까지 위(位) 올려드리며'로 부정을 지붕 위까지 가신다는 뜻이 약화되었다.

〈사진 29〉 향로춤   〈사진 30〉 도래춤

안 도래마을 천황 초도래 신나수와 신부쩌 드리시면 천군님이 응할 듯합니다. 지황 이도래 신나수와 신부쩌 드리시니 지부님이 응할 듯 인황 삼도래 신나숩네다. (악무)

① 향로춤

② 도래둘러맴(도래춤)
　소　미 : 안도래가 신수퍼옵네다. 밧도래가 일러옵네다. 그리말고 안도래랑 밧겻드레 동글동글 넘놀리고 밧도래랑 안으로 동글동글 넘놀리자. (떡이 든 차롱을 들고 춤을 춘다. 이를 '도래둘러맴' 이라 한다.)

③ 원불수룩춤
　소　무 : 원불수룩 굿입네다. (수룩연물 가락 '당당 당당당' 하는 23박에 맞추어 춤을 춘다.)

(5) 신청궤춤

● 신청궤춤
　수심방 : (수심방 신칼과 요령을 들고 제상 앞에 서서) 도래마을 잔 지넹겨 들여가며, 높고 높

〈사진 71〉 질치기 1

〈사진 72〉 질치기 2

〈사진 73〉 질치기 3

〈사진 74〉 질치기 4

- 이슬다리 놓기
- 마른다리 놓기
- 청소새다리 놓기
- 나비다리 놓기
- 요왕다리 놓기
- 올궁기 메우기
- 좌우돗길 돌아봄

(15) 꽃춤(서천꽃밭신소미춤)

〈불도맞이〉에서 서천꽃밭 신소미(仙女)들이 추는 군무(群舞)로 꽃춤이 있다. 동백꽃 양손에 들고 둘이 짝이 되어 꽃을 놀리는 군무다. 동백꽃은 서천꽃밭의 생명꽃·번성꽃·환생꽃이며, 이 춤은 서천꽃밭의 선녀들이 꽃을 가꾸는 행동을 재현한 춤이다.

〈사진 75〉 꽃춤

(16) 동이춤(동이풀이춤)

북제주군 와산리 지역에는 집안의 〈조상굿〉으로 조상신 고전적과 양씨아미를 위무하는 〈동이풀이〉라는 굿을 하는 집이 있다. 〈동이풀이〉는 시왕맞이가 끝나 석살림 굿을 할 때 하며, 이때 심방이 동이를 입에 물고 추는 춤이 〈동이춤〉이다. '동이'는 동이처럼 사려앉아 굶어죽은 양씨아미를 상징하기 신체(神體)이기 때문에, 심방이 동이를 입에 물고 추는 동아춤은 비련(悲戀)의 주인공 양씨아미를 놀리는 춤이다.

〈사진 76〉 동이춤

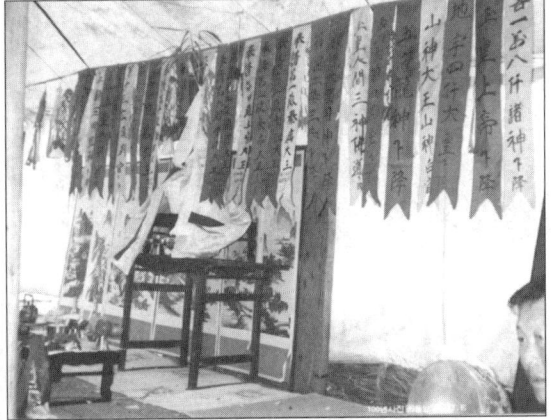
〈사진 77〉

〈사진 78〉

〈사진 79〉

〈사진 80〉

(17) 영감춤

〈영감춤〉은 영감 도깨비 일곱 형제가 추는 집단의 춤이다. 영감본풀이에 의하면, 영감신은 일곱 형제로 전국 명산을 차지한 산신(山神)이다. 이 신들을 보내는 영감춤은 〈배방선〉 때 춘다. 본풀이에 의하면 이 신들은 모이면 일곱 형제, 흩어지면 열네 동서로 나타난다. 따라서 영감춤은 막내 동생을 데리고 제주도를 떠나기 전에 7형제가 모이는 춤, 7형제가 흩어지는 춤이다. 영감춤은 7형제가 그들이 타고 갈 짚 배를 들고 서우젯소리에 맞춰 제장을 도는 집단원무, 4방에서 중심으로 모여드는 춤, 중심에서 사방으로 흩어지는 춤이 기본이 되는 집단군무이다.

〈사진 81〉 영감춤

〈사진 82〉

〈사진 83〉

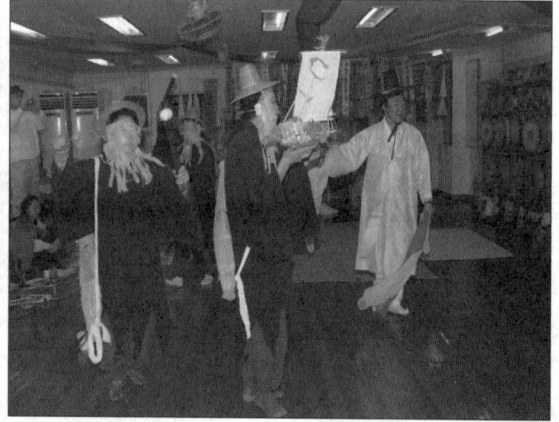

〈사진 84〉

(18) 방울춤(방울품)

큰굿의 〈토산당신놀림〉은 〈방울품〉과 〈아기놀림〉으로 구성되었 있는데, 〈방울품〉은 하얀 광목으로 강씨아미 맺혀오던 마흔여덟 '상방울', 서른여덟 오씨아미 맺혀오던 서른여덟 '중방울', 한씨아미 맺혀오던 스물여덟 '하방울'을 상징하는 고를 만들어 이것을 '방울'이라 하며 손에 잡고 놀리면서 추는 춤이다.

〈사진 85〉 방울춤

〈사진 86〉 방울춤

〈사진 87〉 방울춤

(19) 아기업저지 춤

〈토산당신놀림〉에서 아기를 보살피는 이렛당신을 위한 굿을 〈아기놀림〉이라 하는데, 이 때 아기인형을 등에 업거나 손에 잡고 놀리면서 추는 춤을 〈아기춤〉 또는 〈아기업저지 춤〉이라 한다.

〈사진 88〉 아기업저지춤

〈사진 89〉

〈사진 90〉

〈사진 91〉

〈사진 92〉

제주 굿춤의 무보(舞譜)

제주 굿춤의 무보(舞譜)

가. 굿춤의 갈래

(1) **청신무(請神舞)** : 베포춤, 신청궤춤, 본향춤

(2) **공연무(供宴舞)** : 나까시리춤(떡춤), 꽃춤, 물감상춤(새ᄃ림)

(3) **영신무(迎神舞)** : 질치기춤, 할망춤, 구할망춤

(4) **오신무(娛神舞)** : 영감놀이, 산신놀이, 전상놀이

(5) **액막이[防厄舞]** : 푸다시, 신칼춤

(6) **기원무(祈願舞)** : 수룩춤

나. 부호 표기 방식

무용 표기 부호

구분	부호	이름	비고
형태	ㄴ	편 형태	몸 부위들을 곧바로 편 모양
	ㄴ	휜 형태	몸 부위들을 편 형태에서 45도 굽힌 모양
	ㄴ	굽힌 형태	몸 부위들을 편 형태에서 90도 굽힌 모양
	ㄹ	더 굽힌 형태	몸 부위들을 편 형태에서 135도 굽힌 모양
놀림	e	돌리기	몸 부위들이 일정한 지점을 축으로 하여 원을 그리는 놀림
	ㄹ	굽이치기	몸 부위들이 구불구불한 모양을 그리는 놀림
	₹	흔들기	몸 부위들이 양쪽으로 잇따라 오가는 놀림
	N	틀기	몸의 연결된 부위들이 틀려지는 놀림
	~	물결치기	몸 부위들이 물결치듯 잇따라 오가는 놀림
	ㄴ	짚기	일정한 대상에 발 또는 어느 한 부위가 닿으면서 몸의 중심을 싣는 동작
	옹	돌기	몸을 한 바퀴 또는 그 이상 돌리는 놀림
	∧	뛰기	온몸을 공중에 솟구쳐 올리는 놀림을 표기
자리	⊙	앞	팔, 다리를 몸통 앞으로 90도 정도 들어올린 위치
	○	뒤	팔, 다리를 몸통 뒤로 90도 정도 들어올린 위치
	⊖	옆	팔, 다리를 몸통 옆으로 90도 정도 들어올린 위치
	⊖	위	팔, 다리를 머리 위로 180도 정도 들어올린 위치
	ⓘ	아래	팔, 다리를 아래로 내리 드리운 위치

구분	부호	이름	비고
방향	⊘	비낌	팔, 다리가 앞자리에서 45도 정도 밖으로 비껴 옮겨진 위치
	⊘	엇비낌	팔, 다리가 앞자리에서 45도 정도 안으로 비껴 옮겨진 위치
	⊐	오른쪽	팔, 다리를 몸통의 오른쪽으로 90도 정도 들어올린 위치
	⊏	왼쪽	팔, 다리를 몸통의 왼쪽으로 90도 정도 들어올린 위치
	↗	올림	어깨높이 자리에서 위로 45도 정도 올린 위치
	↘	내림	어깨높이 자리에서 아래로 45도 정도 내린 위치
	+	무대자리	무대의 중심
	⊃	안	팔, 다리의 굽혀진 모양이 몸 안쪽으로 향해지거나 그 쪽으로 진행되는 움직임
	⊂	밖	안 방향과 반대로 굽혀지거나 진행되는 움직임
	l	세로	몸통 또는 부위별 움직임의 공간 면이 세로축 또는 세로 면과 일치되는 방향
	⌐	가로	몸통 또는 부위별 움직임의 공간 면이 가로축 또는 가로 면과 일치되는 방향
	⌐	눕혀	몸통 또는 부위별 움직임의 공간 면이 앞 뒤 축 또는 수평면과 일치되는 방향
	!	무대방향	객석을 기준으로 한 방향(*)
	o	축심	몸, 도구의 축 심을 기준으로 한 방향(**)

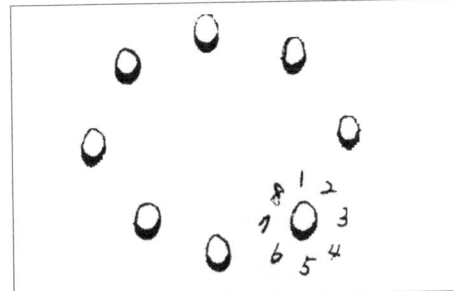

(*) 객석을 기준으로 한 방향

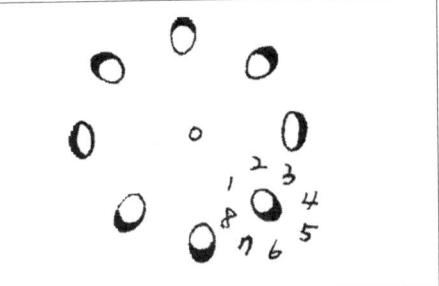

(**) 구도 축 심을 기준으로 한 방향

기타 부호

구분	부호	이름	비고
성격표	↓	뿌리치기	뿌리치며 던지듯 움직이는 성격의 동작
	↑	밀기	밀거나 당기듯이 움직이는 성격의 동작
	ㄹ	치기	두 부위가 마주쳐 소리내는 동작
	Ьм	잘게(떨기)	한 동작을 떨 듯이 잘게 하는 동작
부위 및 소도구	⌒	손(발)등 부위	손이나 발의 등 부위
	⋀	손(발) 엄지 부위	손이나 발의 엄지 부위
	<	팔꿈치(무릎) 부위	팔꿈치와 무릎 부위
	ヒ	소도구	소도구
줄임표	V	모으기	어떤 가짐에 같은 모양으로 가깝게 마주 모아진 상태
	∥	나란히	어떤 가짐에 같은 모양으로 평행되게 나란히 된 상태
	⌐	엇바꾸기	한 동작을 반대로 반복 수행
	ㄹ	잇따르기	한 동작을 다른 부위 또는 다른 인물이 뒤따라 반복 수행
	—	반 단락	한 동작을 절반만 수행
	--	끊어하기	한 동작을 끊어서 수행
	✗	어기기	두 팔, 두 다리거나 상대가 서로 사귀는 놀림
	기	곱	어떤 동작을 거듭 진행하는 것
	ㅋ	넘기기	몸의 어느 한 부위가 다른 부위를 넘어 자리를 옮기는 것
	U	들기	다른 상대를 공중에 들어올리는 놀림

춤동작 보표

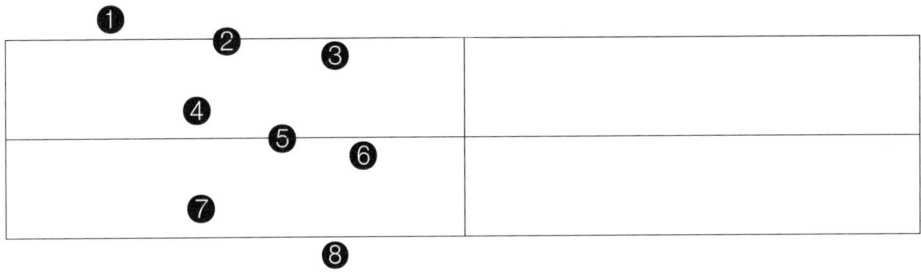

① 윗선 위 : 머리 동작

② 윗선 : 어깨 동작

③ 윗선 아래 : 가슴 동작

④ 윗칸 : 팔, 손 동작

⑤ 중간선 : 허리 동작, 몸의 자세

⑥ 중간선 아래 : 엉덩이 동작

⑦ 밑칸 : 다리, 발 동작

⑧ 밑선 아래 : 무대 자리, 무대 구도, 인물 관계

* 이상은 연변대학예술학원 교재를 참고로 하여 정리한 것임.

다. 제주 굿춤의 동작해설

1소절 = 1번	2소절 = 2번
3소절 = 3번	4소절 = 4번

방향설정 : 제상을 향한 방향을 1번 방향으로, 45° 간격으로 돌면서 모두 8개

1. 베포도업에서 추는 춤

● 하강 권장 삼배, 요령 흔들며 향로춤

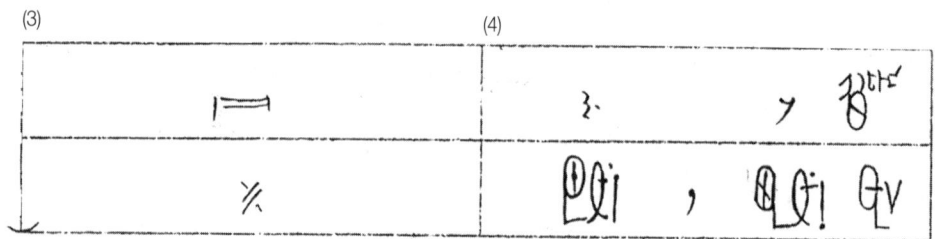

(1~4번) : 두 손에 신칼 들고 도는 동작. 양팔 45° 정도 굽혀 신칼 앞으로 들고 다리는

왼발 뒤쪽을 딛고 왼쪽으로 돌아 제상 반대쪽을 보고 아래로 굴신한 후, 오른발 앞쪽 45° 안쪽을 딛고 왼쪽으로 돌아 제상 쪽을 바라보기를 세 번 반을 반복하여 제상 뒤쪽을 바라본 후, 오른발 비껴 안쪽을 딛으며 왼쪽으로 돌아 제상 쪽을 바라보고 왼쪽 신칼 오른쪽 어깨에 걸치면서 오른발 옆으로 디뎌 두 발 모은다.

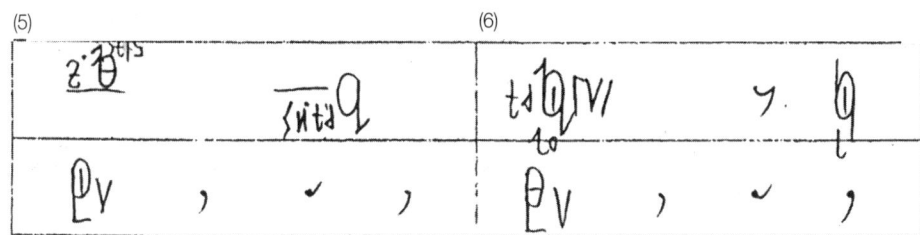

(5번) : 두 발 앞으로 전진하며 신칼을 돌리는 동작. 오른쪽 신칼 살짝 뿌리쳐 돌리면서 앞으로 오른발 딛고 왼발 디딘다.

(6번) : 신칼 몸 앞에 모으면서 몸을 앞으로 굽히는 동작. 오른발 옆으로 딛고 두 발 모으면서 허리 45° 정도 굽혀 양팔 45° 정도 구부린 상태에서 양쪽 신칼 몸 앞으로 모으며 아래로 굴신한 후, 다시 위 아래로 굴신하면서 허리 펴고 양쪽 신칼 아래로 내린다.

(7번) : 왼손 신칼을 어깨에 메고 오른손 신칼 밖으로 돌리는 동작. 왼쪽 신칼 왼쪽 어깨에 걸치면서 왼발 제자리 디뎌 두 발 모아 아래로 굴신하고, 오른쪽 신칼 살짝 뿌리쳐 돌려 팔 45° 정도 구부려 앞으로 들면서 위 아래로 굴신한다.

(8번) : 신칼 몸 앞에 모으면서 몸을 앞으로 굽히는 동작. 왼발 옆으로 딛고 두 발 모으면서 허리 45° 정도 굽히며 양팔 45° 정도 구부린 상태에서 신칼 살짝 뿌리치면서 몸 앞으로 모아 아래로 굴신한 후, 다시 위 아래로 굴신하면서 허리 펴며 양쪽 신칼 밑으로 내린다.

(9)	(10)

(9번) : 왼손 신칼 오른쪽 어깨에 메고 오른손 신칼 돌리는 동작. 왼쪽 신칼 오른쪽 어깨에 걸치면서 오른발 제자리 딛고 두 발 모아 아래로 굴신한 후, 오른쪽 신칼은 바깥쪽으로 살짝 뿌리쳐 돌리면서 위 아래로 굴신한다.

(10번) : 신칼 몸 앞에 모았다가 땅을 짚으며 앉는 동작. 양팔 45° 정도 구부린 상태에서 신칼 살짝 뿌리치며 몸 앞으로 모으면서 왼발 옆으로 딛고 양발 모아 아래로 굴신한 후, 다리 더 구부려 앉으면서 양손은 몸 앞쪽을 짚으며 신칼 바닥에 내려놓는다.

(11)	(12)

(11번) : 무릎 대고 앉아서 두 손 합장하는 동작. 오른쪽 무릎 먼저 바닥에 짚은 후 왼쪽 무릎 짚고, 양손은 모아서 합장한다.

(12번) : 두 손 땅을 짚으며 엎드리는 동작. 두 손은 약간 안쪽 방향으로 땅을 짚으며 허리를 구부려 엎드린다.

(13)	(14)

(13번) : 허리를 펴는 동작. 허리를 펴면서 양손 아래로 내리고, 다시 허리 45° 정도 구부리며 양손 모아 합장한다.

(14번) : 엎드리는 동작. 두 손 약간 안쪽 방향으로 땅을 짚고 13번에 이어 더욱 엎드린다.

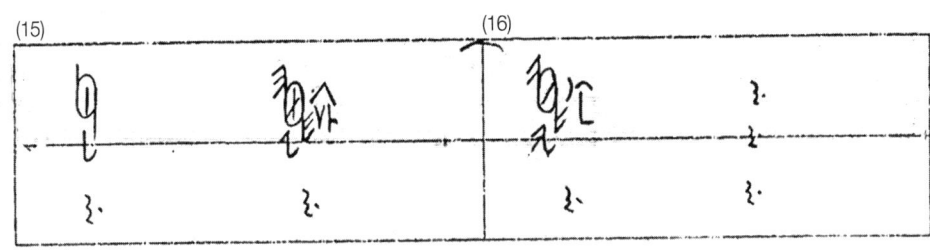

(15번) : 허리를 펴는 동작. 13번을 반복한다.

(16번) : 엎드리는 동작. 14번을 반복한다.

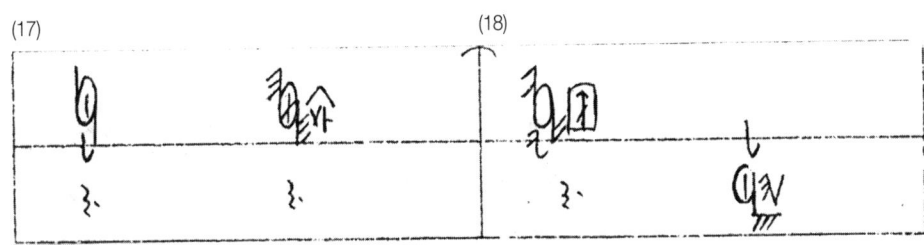

(17번) : 허리를 펴는 동작. 허리를 펴며 양손 아래로 내린 후, 양손 합장한다.

(18번) : 허리 굽혀 신칼 잡고 오른발 더 굽혀 짚는 동작. 합장 풀면서 허리 굽혀 바닥의 신칼 잡고 양팔 90° 정도 구부려 앞쪽으로 들고, 허리 펴면서 오른발 더 굽혀 바닥을 짚는다.

(19번) : 일어서며 왼쪽 신칼 어깨에 메는 동작. 다리 펴고 일어서면서 양손 아래로 내렸다가, 아래로 한 번 굴신하면서 왼쪽 신칼 팔 옆으로 들어 왼쪽 어깨에 걸친다.

(20번) : 오른 신칼 돌리면서 오른쪽으로 왼쪽으로 움직이는 동작. 오른쪽 신칼 바깥쪽으로 살짝 뿌리쳐 돌리면서 오른발 앞쪽 비껴 바깥쪽 딛고 두 발 모아 아래로 굴신한 후, 왼발 앞쪽 비껴 바깥쪽 딛고 두 발 모아 아래로 굴신한다.

(21)		(22)	
앉신발	앉	정아앉	신발 ?
앉ㅅ	, 앉ㅅ!	?	앉ㅅ!

(21번) : 신칼 몸 앞에 모으면서 오른쪽으로 옮겼다가 왼쪽으로 옮기면서 돌아서는 동작. 오른발 옆으로 딛고 두 발 모으면서 허리 45° 정도 구부리고 양팔은 45° 정도 구부려 양쪽 신칼 살짝 뿌리치면서 앞으로 모았다가, 허리 펴고 양손 내리면서 왼발 앞쪽 비껴 바깥쪽 디뎌 양발 모으면서 왼쪽으로 돌아선다.

(22번) : 왼쪽 신칼 메고 오른쪽 신칼 돌리면서 왼쪽으로 한 바퀴 돌아서는 동작. 왼쪽 신칼 오른쪽 어깨에 걸치고 오른쪽 신칼 바깥쪽으로 살짝 뿌리쳐 돌린 후, 오른발 디디면서 왼쪽으로 한 바퀴 돌아선다.

(23)		(24)	
?	?	신발앉	앉
앉ㅅ!	앉!	앉 ㅅ	ㅅ

(23번) : 뒤로 돌았다가 제상 쪽으로 돌아서는 동작. 왼발 뒤쪽으로 디디며 뒤로 돌아섰다가 오른발 제자리 디디면서 다시 제상 쪽으로 돌아선다.

(24번) : 신칼 몸 앞에 모으면서 오른쪽으로 옮겼다가 왼쪽으로 옮기면서 돌아서는 동작. 왼발 제자리 딛고 두 발 모으면서 허리 45° 정도 구부리며 양쪽 신칼 살짝 뿌

리치면서 앞으로 모았다가, 굴신하면서 허리 펴며 양쪽 신칼 아래로 내린다.

(25번) : 왼쪽 신칼 메고 오른쪽 신칼 돌리는 동작. 왼발 제자리 딛고 양발 모으면서 왼팔 들어 왼쪽 신칼 왼쪽 어깨에 걸친 다음, 오른쪽 신칼 비껴 바깥쪽으로 살짝 뿌리쳐 돌리면서 위 아래로 굴신한다.

(26번) : 신칼 몸 앞에 모으면서 오른쪽으로 옮겼다가 왼쪽으로 옮기면서 돌아서는 동작. 양쪽 신칼 살짝 뿌리쳐 앞으로 모으면서 왼발 45° 정도 비껴 안쪽을 딛고 두 발 모은 후, 위 아래로 굴신하며 허리 펴고 양쪽 신칼 아래로 내린다.

(27번) : 왼쪽 신칼 메고 오른쪽 신칼 돌리는 동작. 위 아래로 굴신하면서 왼쪽 신칼 팔 옆으로 들어 왼쪽 어깨에 걸치고, 다시 위 아래로 굴신하면서 오른쪽 신칼 비껴 바깥쪽으로 살짝 뿌리쳐 돌린다.

(28번) : 신칼 몸 앞에 모으면서 오른쪽으로 옮겼다가 왼쪽으로 옮기면서 돌아서는 동작. 양쪽 신칼 살짝 뿌리치며 앞으로 모으며 왼발 옆으로 디뎌 두 발 모으고, 위 아래로 굴신하면서 양쪽 신칼 아래로 내린다.

(29번) : 왼쪽 신칼 메고 오른쪽 신칼 돌리는 동작. 위 아래로 굴신하면서 왼쪽 신칼 오른쪽 어깨에 걸치고 오른쪽 신칼 비껴 바깥쪽으로 살짝 뿌리친 후, 오른발 45° 정도 비껴 안으로 딛고 양발 모은다.

(30번) : 발만 약간 옮겨 딛는 동작. 위 형태에서 왼발 뒤쪽 딛고 양발 모으고, 오른발 제자리 딛고 양발 모은다.

(31번) : 신칼 몸 앞에서 모으면서 허리 숙였다가 일어나는 동작. 위 아래로 굴신하면서 허리 45° 정도 구부리며 양쪽 신칼 살짝 뿌리치며 앞으로 모으고, 다시 위 아래로 굴신하면서 양손 아래로 내린다.

(32번) : 왼쪽 신칼 메고 오른쪽 신칼 돌리는 동작. 위로 굴신하면서 왼쪽 신칼 팔 옆으로 들어 왼쪽 어깨에 메고 아래로 굴신하면서 오른쪽 신칼 비껴 바깥쪽으로 살짝 뿌리쳐 돌린 다음, 다시 위 아래로 굴신한다.

(33번) : 신칼 몸 앞에서 모으면서 허리 숙였다가 일어나는 동작. 위 아래로 굴신하면서 허리 45° 정도 구부리며 양쪽 신칼 살짝 뿌리치면서 앞으로 모은 후, 다시 위 아래로 굴신하면서 허리 펴고 양손 아래로 내린다.

● 굽 가르는 춤, 신칼춤, 도업춤

(1번) : 왼쪽 신칼 메고 오른쪽 신칼 돌리면서 이동하는 동작. 왼발 앞쪽 비껴 안쪽을 딛고 두 발 모으며 왼쪽 신칼 오른쪽 어깨에 걸치고, 오른발 앞쪽 비껴 바깥쪽을 딛고 두 발 모으며 오른쪽 신칼 비껴 바깥쪽으로 살짝 뿌리쳐 돌린다.

(2번) : 신칼 몸 앞에 모으면서 허리 굽혔다가 일어서며 점차 뒤 방향으로 돌아서는 동작. 왼발 앞쪽 비껴 안쪽을 디디며 허리 45° 정도 구부리고 양팔 45° 정도 구부려 양쪽 신칼 살짝 뿌리치며 앞으로 모으고 오른발 뒤쪽 디디며 오른쪽으로 살짝 돌고, 왼발 제자리 디디며 오른쪽으로 돌아서며 허리 펴고 신칼 아래로 내린 후 오른발 제자리 디디며 제상 반대쪽으로 돌아선다.

(3번) : 오른 신칼 오른팔에 댔다가 앞으로 돌려서 아래로 내리는 동작. 오른쪽 신칼 오른팔에 걸치며 오른발 제자리 디뎌 두 발 모으면서 오른쪽으로 조금 돌고, 왼발 제자리 디뎌 두 발 모으면서 오른쪽으로 돌아 제상을 바라보고 서면서 오른쪽 신

칼 앞으로 살짝 뿌리쳐 돌려 아래로 내린다.

(4번) : 3번 동작을 반대로 하면서 점차 뒤로 돌아선다.

(5번) : 두 손 신칼 안으로 돌리면서 왼쪽으로 한 바퀴 도는 동작. 양쪽 신칼 앞으로 살짝 뿌리쳐 돌리면서 왼발 제자리 딛고 두 발 모으고 오른발 제자리 딛고 모으며 왼쪽으로 돌아 제상을 바라보고 선다.

(6번) : 5번 동작에 이어서 왼쪽으로 계속 돌아 제상 쪽을 보고 서면서, 왼쪽 신칼 왼쪽 팔에 걸친다.

(7번) : 오른 신칼 돌리며 오른쪽으로 한 바퀴 도는 동작. 오른쪽 신칼 바깥쪽으로 살짝 뿌리쳐 돌리면서 오른발 딛고 양발 모으며 오른쪽으로 돌아 뒤쪽을 보고, 오른쪽 신칼 안쪽으로 살짝 뿌리쳐 돌리면서 다시 오른발 딛고 양발 모으며 오른쪽으로 돌아 제상 쪽을 본다.

(8번) : 왼 신칼 돌리면서 오른쪽으로 한 바퀴 도는 동작. 왼쪽 신칼 앞쪽으로 살짝 뿌리쳐 돌리면서 오른발 딛고 두 발 모으고, 왼발 제자리 딛고 두 발 모으며 오른쪽으로 한 바퀴 돌아 제상 쪽을 본다.

(9번) : 왼쪽 신칼 메고 오른쪽 신칼 돌리면서 좌우로 옮겨 딛는 동작. 오른발 옆으로 딛고 두 발 모으면서 왼쪽 신칼 왼쪽 팔에 걸치고, 왼발 제자리 딛고 두 발 모으면서 오른쪽 신칼 비껴 바깥쪽으로 살짝 뿌리쳐 돌린다.

(10번) : 신칼 몸 앞에 모으면서 허리 굽혔다 일어서며 점차 뒤 방향으로 돌아서는 동작. 허리 45° 정도 구부리며 양쪽 신칼 팔 45° 정도 굽혀 살짝 뿌리쳐 앞에서 모으면서 오른발 딛고 두 발 모으고, 허리 펴며 양쪽 신칼 아래로 내리면서 왼발 제자리 딛고 두 발 모으며 점차 돌아서 제상 반대쪽을 본다.

2. 군문열림에서 추는 춤

● 군문 돌아보는 춤

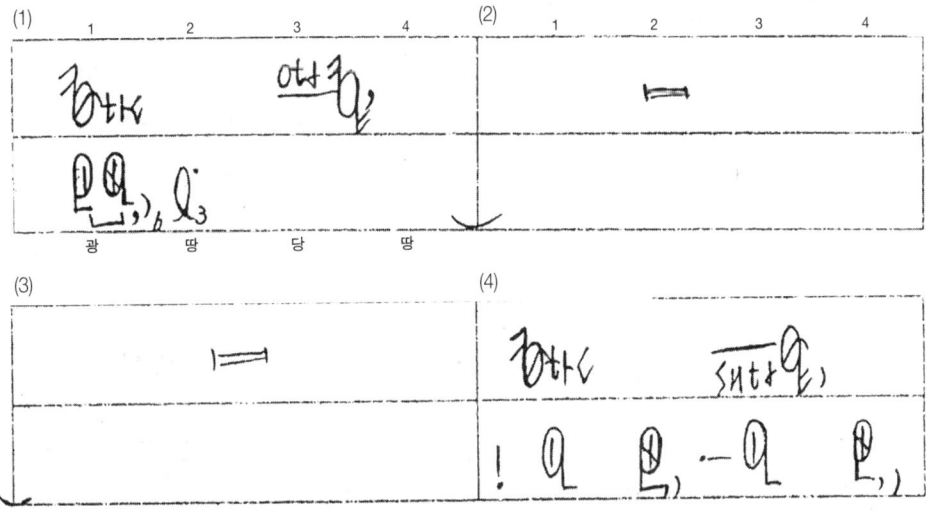

(1번) : 왼쪽 신칼 돌리고 오른쪽 신칼 돌리고 왼쪽으로 도는 동작. 왼쪽 신칼 바깥쪽

으로 살짝 뿌리쳐 돌리고 양쪽 신칼 두 팔 90° 정도 구부린 채 살짝 뿌리쳐 앞으로 돌면서 왼발 제자리 딛고 오른발 45° 정도 비껴 안쪽을 두 번 디디며 왼쪽으로 한 번 돈다.

(2~3번) : 1번 동작을 그대로 계속하며 두 바퀴 더 돈다.

(4번) : 왼쪽 신칼 돌리고 오른쪽 신칼 돌리면서 오른쪽으로 돌아서는 동작. 제상 쪽을 바라보고 왼팔 90° 정도 굽혀 왼쪽 신칼 바깥쪽으로 살짝 뿌리쳐 돌리며 오른발 제자리 딛고 왼발 비껴 안쪽을 딛고, 오른팔 90° 정도 굽혀 오른쪽 신칼 안쪽으로 살짝 뿌리치며 오른발 제자리 딛고 왼발 비껴 안쪽을 디디며 오른쪽으로 돌아선다.

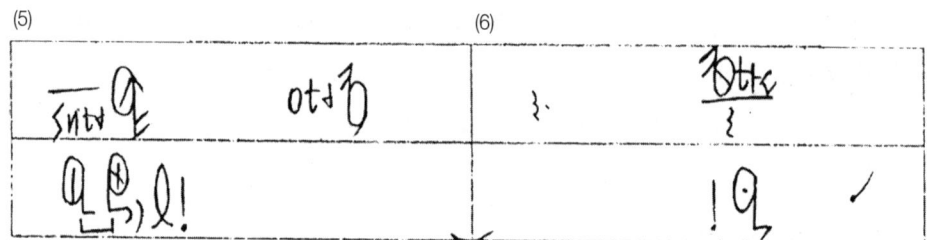

(5번) : 오른쪽 신칼 밖으로 돌리고 왼쪽 신칼 앞으로 돌리면서 오른쪽으로 도는 동작. 오른팔 90° 정도 굽혀 오른쪽 신칼 바깥쪽으로 살짝 뿌리쳐 돌리고 왼쪽 신칼 앞 쪽으로 살짝 뿌리쳐 돌리면서 오른발 제자리 딛고 왼발 비껴 안쪽을 디디며 오른 쪽으로 돌아 제상 쪽을 바라본다.

(6번) : 왼쪽 신칼 돌리면서 오른발 뒤로 딛는 동작. 5번 동작 이어지다가, 제상 쪽을 보고 왼쪽 신칼 팔 90° 정도 굽혀 안쪽으로 살짝 뿌리쳐 돌리면서 오른발 뒤쪽을 딛고 위로 오금한다.

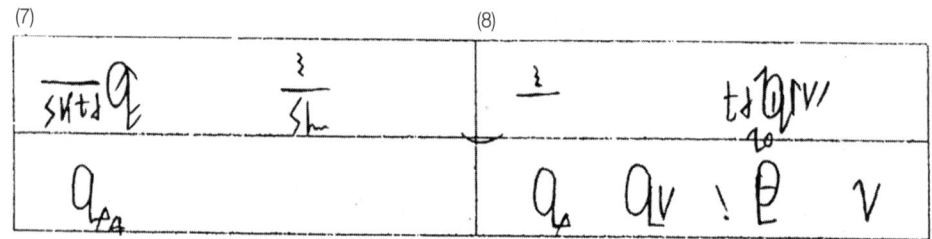

(7번) : 앞으로 걸으면서 오른 신칼 돌리는 동작. 오른쪽 신칼 팔 90° 정도 굽혀 비껴

바깥쪽으로 살짝 뿌리쳐 돌려서 잘게 흔들면서 오른발, 왼발 번갈아 디디며 앞으로 네 걸음 걷는다.

(8번) : 두 발 앞으로 내딛고 다시 모아 짚고 왼쪽 옆으로 옮겨 다니면서 신칼 모으는 동작. 오른발부터 두 걸음 앞으로 딛고 다시 오른발 디뎌 두 발 모은 후, 허리 45° 정도 굽히면서 양쪽 신칼 살짝 뿌리치며 앞으로 모으며 왼발 옆으로 딛고 두 발 모은다.

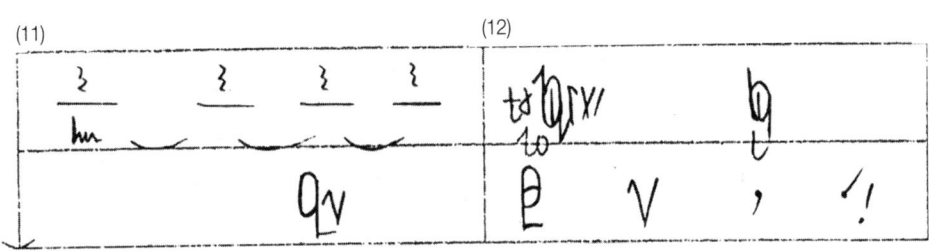

(9번) : 신칼 아래로 드리우면서 걷는 동작. 아래로 오금하면서 제상 반대쪽으로 돌아서면서 양쪽 신칼 아래로 내리고, 오른발부터 두 걸음 시계방향으로 작은 원을 그리며 돌기 시작한다.

(10번) : 9번 동작에 이어 계속 걸으면서 왼쪽 신칼 돌리고 오른쪽 신칼 돌리는 동작. 계속 원을 그리며 네 걸음 돌면서 왼쪽 신칼 바깥쪽으로 살짝 뿌리쳐 돌리고 오른쪽 신칼 팔 90° 정도 굽혀 앞쪽으로 살짝 뿌리쳐 돌려 든다.

(11번) : 위 형태에서 두 발 앞으로 걷고 다시 모으는 동작. 10번 형태 그대로 유지하면서 오른쪽 신칼 잘게 흔들면서 계속 원을 그리며 두 걸음 걷다가, 오른발 디디면서 두 발 모은다.

(12번) : 신칼 몸 앞에서 모으면서 허리 굽혔다 펼 때 왼쪽으로 옮기면서 오른쪽으로

도는 동작. 허리 45° 정도 굽히고 양쪽 신칼 양팔 45° 정도 굽혀 앞에서 모으면서 왼발 옆으로 디디고 양발 모은 후, 허리 펴면서 양쪽 신칼 아래로 내리며 아래 위로 굴신하면서 오른쪽으로 돌아선다.

(13번) : 왼쪽 신칼 돌리고 오른쪽 신칼 돌리면서 좌우 옮겨 걷는 동작. 왼발 45° 정도 비껴 안쪽을 딛고 두 발 모으면서 왼쪽 신칼 팔 90° 정도 굽혀 안쪽으로 살짝 돌리고, 오른발 45° 정도 비껴 바깥쪽을 딛고 두 발 모으면서 오른쪽 신칼 팔 90° 정도 굽혀 앞쪽으로 살짝 뿌리치며 든다.

(14번) : 신칼 몸 앞에서 모으면서 허리 굽혔다 왼쪽으로 옮기면서 오른쪽으로 도는 동작. 왼발 옆으로 딛고 두 발 모으면서 허리 45° 정도 굽히고 양쪽 신칼 팔 45° 정도 굽혀 앞으로 살짝 뿌리치며 모은 후, 아래로 오금하여 제상 반대쪽을 보면서 허리 펴고 신칼 아래로 내린다.

(15번) : 오른발 뒤로 한 발 딛고 뒷 방향으로 걸어가면서 왼쪽 신칼 돌리는 동작. 오른발 뒤쪽으로 디딘 후, 다시 오른발부터 뒤로 두 걸음 걸으면서 왼쪽 신칼 안쪽으로 살짝 뿌리쳐 돌린다.

(16번) : 오른 신칼 돌리고 제자리에서 돌아서면서 신칼 흔드는 동작. 오른발 비껴 안쪽을 디디면서 오른쪽 신칼 팔 90° 정도 굽혀 앞쪽으로 살짝 뿌리쳐 들고 왼발

제자리 디뎌 아래로 오금한 후, 오른쪽 신칼 잘게 흔들면서 다시 오른발 비껴 안쪽을 딛고 왼발 제자리 딛는다.

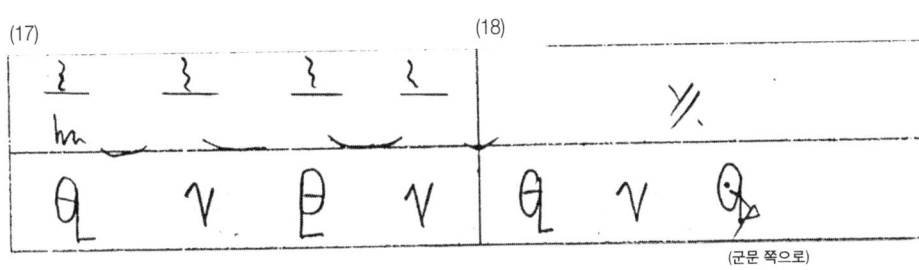

(17번) : 16번 동작 자세로 좌우로 옮겨 딛는 동작. 계속 오른쪽 신칼 잘게 흔들며 오른발 옆으로 딛고 두 발 모으고, 왼발 옆으로 딛고 두 발 모은다.

(18번) : 계속 신칼 흔들며 오른쪽으로 옮겼다가 군문 쪽으로 걸어가는 동작. 계속 신칼 흔들며 오른발 옆으로 딛고 두 발 모은 후, 오른발부터 군문 쪽으로 두 걸음 걷는다.

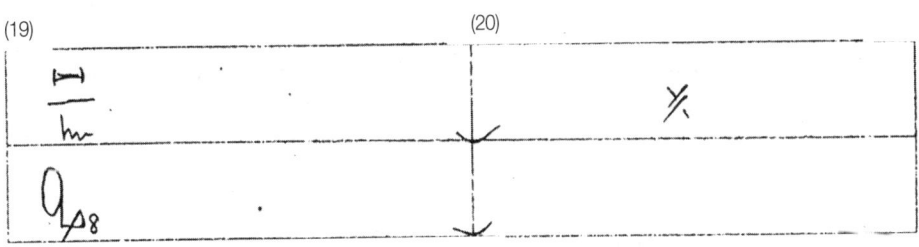

(19~20번) : 18번 동작을 반복한다. 계속 신칼 흔들며 군문을 향해 여덟 걸음 걸어간다.

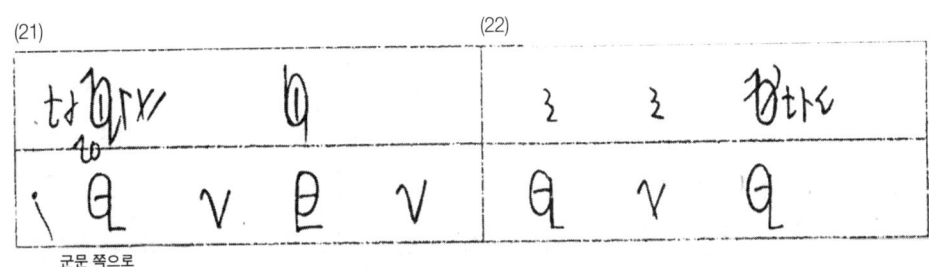

(21번) : 12번 동작을 군문 쪽을 향하여 반복한다.

(22번) : 오른쪽으로 옮겨 다니면서 왼쪽 신칼 돌리는 동작. 오른발 옆으로 딛고 두 발 모은 후, 다시 오른발 옆으로 디디며 왼쪽 신칼 팔 90° 정도 굽혀 살짝 뿌리쳐 돌린다.

(23번) : 오른 신칼 돌리고 두 신칼 몸 앞에서 모으면서 허리 굽히는 동작. 두 발 모으면서 오른쪽 신칼 팔 90° 정도 굽혀 앞으로 살짝 뿌리쳐 들고, 왼발 옆으로 디디면서 허리 45° 정도 굽히며 양쪽 신칼 팔 90° 정도 굽혀 살짝 뿌리치며 앞으로 모으고 양발 모은다.

(24번) : 오른쪽으로 옮겨 디디면서 허리 펴고 왼쪽으로 옮겨 디디고 오른 신칼 돌리는 동작. 오른발 제자리 디디면서 양쪽 신칼 아래로 내리고 양발 모은 후, 왼발 옆으로 디디면서 오른쪽 신칼 팔 90° 정도 굽혀 앞 안쪽으로 살짝 뿌리쳐 돌린다.

(25번) : 오른쪽으로 옮겨 디디면서 오른 신칼 돌리고 왼쪽 신칼 돌리는 동작. 오른발 옆으로 디디면서 오른쪽 신칼 팔 90° 정도 굽혀 앞 안쪽으로 살짝 뿌리쳐 돌리며 두 발 모으고, 다시 오른발 옆으로 디디며 오른쪽 신칼 아래로 내리면서 왼쪽 신칼 팔 135° 정도 굽혀 앞 안쪽으로 살짝 뿌리쳐 돌린다.

(26번) : 왼쪽 신칼 안으로 돌렸다가 어깨에 메면서 좌우로 옮겨 걷는 동작. 왼발 옆으

로 디디며 왼쪽 신칼 팔 45° 정도 굽혀 앞 바깥쪽으로 살짝 뿌리쳐 돌리고 두 발 모은 후, 오른발 옆으로 디디며 왼쪽 신칼 팔 135° 정도 굽혀 왼쪽 어깨에 걸치고 두 발 모은다.

(27)				(28)			

(27번) : 오른 신칼 돌리고 흔들면서 제자리에서 좌우로 굴신하는 동작. 왼발 제자리 디디면서 오른쪽 신칼 팔 90° 정도 굽혀 앞쪽으로 살짝 뿌리쳐 돌리고 양발 모은 후, 오른발 제자리 디디면서 오른쪽 신칼 잘게 흔든다.

(28번) : 신칼 몸 앞에 모으면서 허리 굽혔다 펴는 동작. 왼발 제자리 디디면서 허리 45° 정도 굽히고 양쪽 신칼 팔 45° 정도 굽혀 살짝 뿌리치며 앞에서 모으고 두 발 모은 후, 양팔 아래로 내리면서 아래로 오금하며 돌아서 제상 쪽을 바라본다.

(29) 제상을 향하여				(30)			

(29번) : 위 형태에서 멈추었다가 왼쪽 신칼 오른쪽 어깨에 메는 동작. 위 형태에서 위 아래로 오금하고, 왼발 디디며 왼쪽 신칼 오른쪽 어깨에 걸치고 두 발 모은다.

(30번) : 오른쪽으로 옮기면서 오른 신칼 돌렸다가 몸 앞에 모으면서 허리 굽히는 동작. 오른발 디디면서 오른쪽 신칼 팔 90° 정도 굽혀 앞쪽으로 살짝 뿌리치며 들고 아래로 오금하면서 오른쪽 신칼 잘게 흔든 후, 양발 모으면서 허리 45° 정도 굽히며 양쪽 신칼 팔 45° 정도 굽혀 살짝 뿌리치며 앞으로 모으고 아래로 오금한다.

(31번) : 왼발 뒤로 디디면서 허리 펴고 팔 아래로 내리는 동작. 왼발 뒤쪽 비껴 바깥쪽을 디디며 신칼 아래로 내리고, 양발 모은다.

(32번) : 왼쪽 신칼 오른쪽 어깨에 메고 오른 신칼 돌리는 동작. 왼발 제자리 디디면서 왼쪽 신칼 오른쪽 어깨에 걸치고, 오른발 비껴 안쪽을 디디면서 오른쪽 신칼 팔 90° 정도 굽혀 앞으로 살짝 뿌리쳐 든다.

(33번) : 위 형태에서 두 손 흔들며 뒤로 돌아서서 신칼 모으면서 허리 굽히는 동작. 위 형태에서 두 손 잘게 흔들며 왼발 제자리 딛고 오른발 비껴 안쪽을 딛고 약간 돌아선 후, 왼발 제자리 디디며 허리 45° 정도 굽히면서 양쪽 신칼 팔 45° 정도 굽혀 살짝 뿌리치며 앞으로 모으고 두 발 모은다.

(34번) : 허리 펴고 양쪽 신칼 밑으로 내리면서 오른발 제자리 딛고 두 발 모으면서 제상 쪽으로 돌아선 후, 왼발 옆으로 디디면서 왼쪽 신칼 팔 90° 정도 굽혀 살짝 뿌리치며 돌린다.

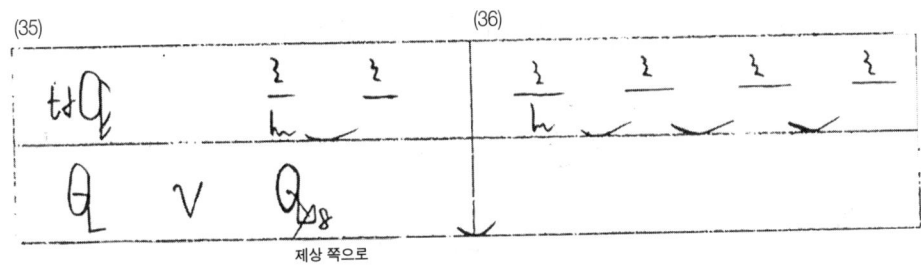
제상 쪽으로

(35번) : 오른 신칼 돌리며 두 손 흔들며 제상 쪽으로 걸어가는 동작. 오른발 옆으로 디디며 오른쪽 신칼 팔 90° 정도 굽혀 앞으로 살짝 뿌리쳐 들고 두 발 모은 후, 오른쪽 신칼 잘게 흔들면서 오른발부터 제상 쪽으로 두 걸음 걷는다.

(36번) : 계속 두 손 흔들며 걷는다.

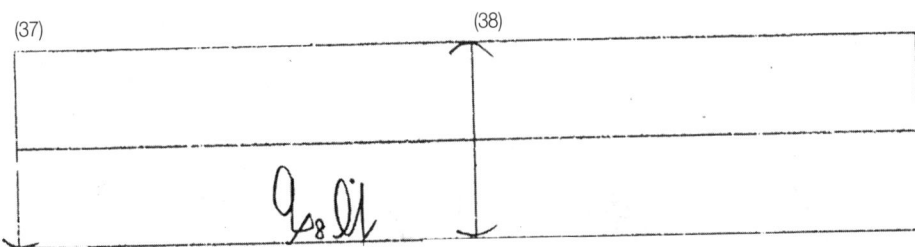

(37번) : 두 손 흔들며 제상 쪽으로 계속 걷는다.

(38번) : 두 손 계속 흔들며 시계 반대방향으로 원을 그리며 걷는다.

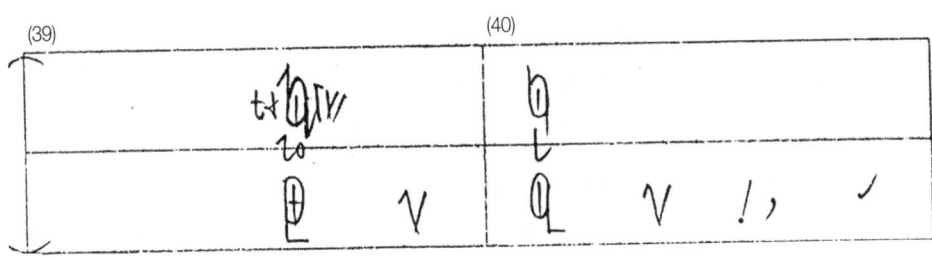

(39번) : 왼쪽으로 옮겨 다니며 몸 앞에 신칼 모으면서 허리 굽히는 동작. 38번 동작 이어 계속 걷다가, 왼발 디디면서 허리 45° 정도 굽히고 양쪽 신칼 팔 45° 정도 굽혀 살짝 뿌리치면서 앞으로 모으고 두 발 모은다.

(40번) : 왼쪽으로 옮겨 다니면서 팔을 내리면서 허리 펴는 동작. 오른발 제자리 디디

면서 허리 펴고 신칼 아래로 내리고 양발 모은 후, 아래 위로 굴신한다.

(41번) : 왼쪽 신칼 왼쪽 어깨에 메고 오른 신칼 돌리면서 중심을 이동하는 동작. 왼발 제자리 디디면서 왼쪽 신칼 왼쪽 어깨에 걸치고 두 발 모으고, 오른발 제자리 디디면서 오른쪽 신칼 팔 90° 정도 굽혀 앞으로 살짝 뿌리쳐 돌리고 두 발 모은다.

(42번) : 오른쪽으로 옮겨 다니면서 팔을 내리는 동작. 제상 쪽을 보고 오른발 옆으로 디디면서 양쪽 신칼 아래로 내리고 두 발 모은 후, 위 아래로 굴신한다.

(43번) : 왼쪽으로 옮겨 다니면서 신칼 두 어깨에 멨다가 몸 앞에 모으는 동작. 왼발 옆으로 디디며 양쪽 신칼 팔 90° 정도 굽혀 안쪽으로 돌려 양어깨에 걸치고 두 발 모은 후, 위 아래로 굴신하면서 허리 45° 정도 굽혀 양쪽 신칼 살짝 뿌리쳐 앞으로 모은다.

(44번) : 위 아래로 굴신하면서 허리 펴고 양쪽 신칼 아래로 내리고, 오른발 뒤로 딛고 두 발 모으면서 양쪽 신칼 앞으로 들어 돌려서 다시 아래로 내린다.

(45)	(46)

(45번) : 왼발 오른발 옮겨 디디며 오른 신칼 돌리는 동작. 왼발 뒤로 디뎌 두 발 모으면서 오른쪽 신칼 팔 90° 정도 굽혀 바깥쪽으로 살짝 뿌리쳐 돌리고, 오른발 뒤로 디뎌 두 발 모으면서 오른쪽 신칼 안쪽으로 살짝 뿌리쳐 돌린다.

(46번) : 오른 신칼 밖으로 돌려서 다시 아래로 드리우는 동작. 왼발 뒤로 디뎌 두 발 모으면서 오른쪽 신칼 팔 90° 정도 굽혀 밖으로 돌리고, 오른발 옆으로 디뎌 두 발 모으면서 오른쪽 신칼 살짝 뿌리치며 아래로 내린다.

(47)	(48)

(47~48번) : 45, 46번 동작을 신칼만 왼쪽 신칼로 바꾸어서 반복한다.

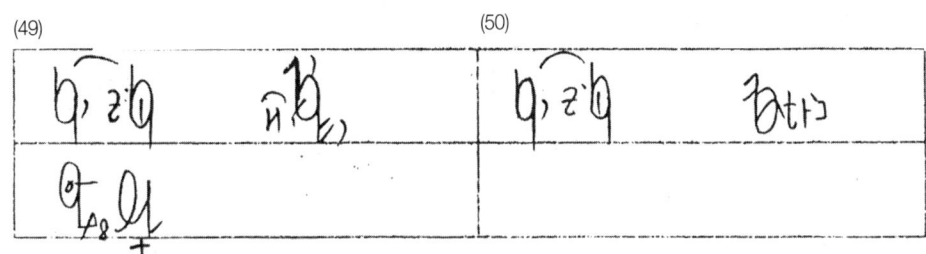

(49번) : 시계 반대방향 쪽으로 원을 그려 걸으면서 신칼 돌리는 동작. 시계 반대방향 쪽으로 오른발부터 원을 그리며 네 걸음 걸으면서 양쪽 신칼 앞으로 들어 돌려서 아래로 내렸다가 앞쪽 비껴 바깥쪽으로 든다.

(50번) : 계속 걸으면서 두 손 몸 앞에서 신칼 돌려 내렸다가 왼쪽 신칼 밖으로 돌리는

동작. 49번에 이어 계속 걸으면서 양쪽 신칼 앞으로 들어 돌려서 아래로 내렸다가 왼쪽 신칼 팔 90° 정도 굽혀 바깥쪽으로 돌린다.

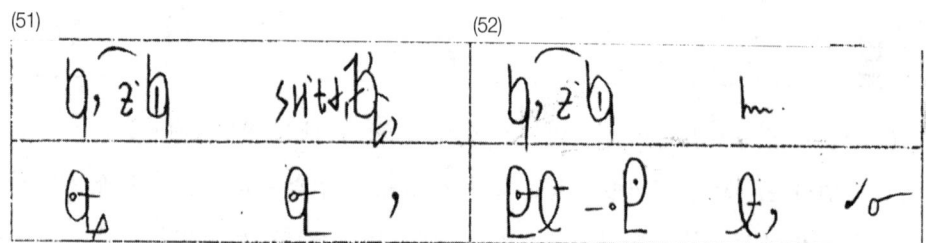

(51번) : 50번 동작을 반복한다.
(52번) : 몸 앞에서 신칼 돌려서 앞에 들고 흔들며 오른쪽으로 돌아서 원을 그리는 동작. 양쪽 신칼 앞으로 들어 돌려서 아래로 내려 흔들면서 오른쪽으로 돌며 계속 원을 그린다.

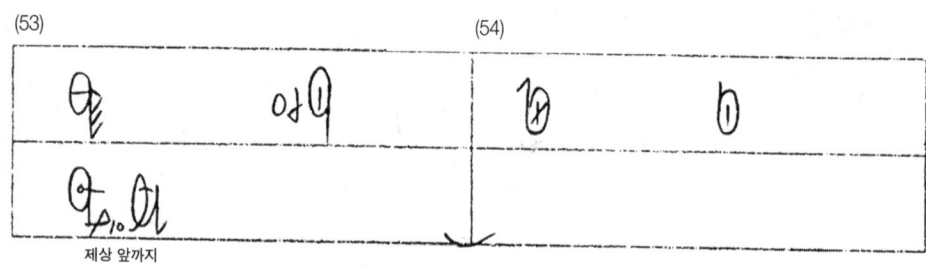

(53번) : 반원을 그리며 제상 앞으로 가서, 오른 신칼 돌리는 동작. 오른발부터 디디며 제상 앞으로 걸어가면서 오른쪽 팔 135° 정도 굽혀 신칼 바깥 쪽으로 돌려 앞으로 살짝 뿌리쳐 돌려 아래로 내린다.
(54번) : 53번 동작을 진행하면서 계속 제상 앞으로 걸어가면서 왼쪽 신칼 바깥쪽으로 돌려 아래로 내린다.

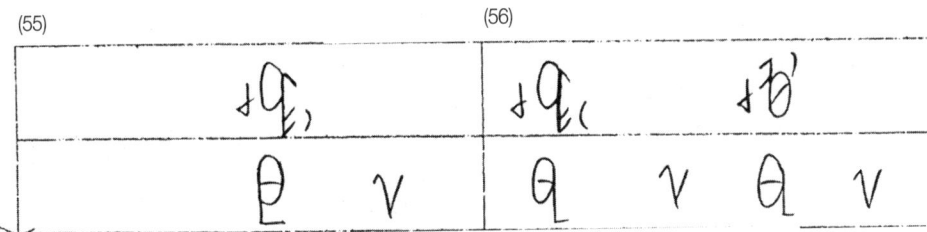

(55번) : 두 발 걷고 왼쪽으로 옮겨 디디며 오른 신칼 돌리는 동작. 54번에 이어 두 걸음 더 걸은 후, 왼발 옆으로 디디면서 오른쪽 신칼 팔 90° 정도 굽혀 안쪽으로 살짝 뿌리쳐 돌린다.

(56번) : 오른쪽으로 두 번 옮겨 디디며 오른 신칼 밖으로 돌리고 왼쪽 신칼 돌리는 동작. 오른발 옆으로 디뎌 두 발 모으면서 오른쪽 신칼 팔 90° 정도 굽혀 앞으로 들어 바깥쪽으로 살짝 뿌리쳐 돌리고, 오른발 다시 옆으로 디뎌 두 발 모으면서 왼쪽 신칼 팔 90° 정도 굽혀 살짝 뿌리쳐 돌린다.

(57번) : 왼쪽으로 두 번 옮겨 디디며 왼쪽 신칼 밖으로 돌려 내리고 오른 신칼 돌리는 동작. 왼발 옆으로 디뎌 양발 모으면서 왼쪽 신칼 밖으로 살짝 뿌리쳐 돌려 아래로 내리고, 왼발 제자리 디뎌 양발 모으면서 오른쪽 신칼 팔 90° 정도 굽혀 앞으로 들어 안쪽으로 살짝 뿌리쳐 돌린다.

(58번) : 오른쪽 왼쪽으로 옮겨 디디며 오른 신칼 돌려 내리고 왼쪽 신칼 돌리는 동작. 제자리에서 오른발 디뎌 두 발 모으면서 오른쪽 신칼 팔 90° 정도 굽혀 바깥쪽으로 살짝 뿌리쳐 돌려 아래로 내리고, 왼발 제자리 디뎌 두 발 모으면서 왼쪽 신칼 팔 90° 정도 굽혀 앞으로 들고 바깥으로 살짝 뿌리쳐 돌린다.

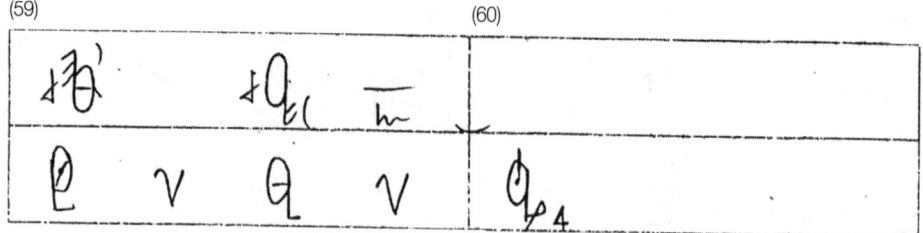

(59번) : 왼발 오른발 옮겨 디디며 왼쪽 신칼 오른 신칼 돌려 흔드는 동작. 왼발 뒤쪽 비껴 밖으로 디뎌 두 발 모으면서 왼쪽 신칼 팔 135° 정도 굽혀 안쪽으로 살짝 뿌리쳐 돌리고, 오른발 옆으로 디뎌 두 발 모으면서 오른쪽 신칼 팔 90° 정도 굽혀 앞으로 들어 바깥쪽으로 살짝 뿌리쳐 돌려 잘게 흔든다.

(60번) : 계속 신칼 흔들며 오른발부터 네 걸음 걸으면서 신칼 계속 흔든다.

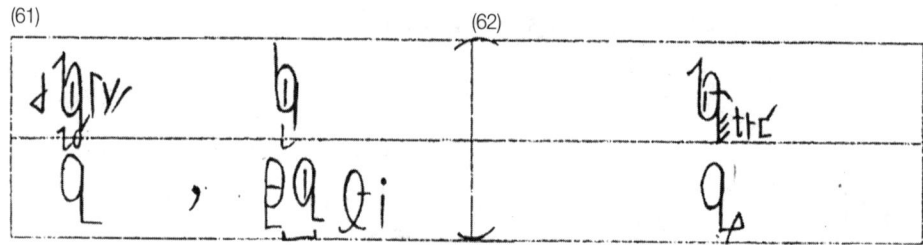

(61번) : 오른발 앞으로 디디면서 허리 45° 정도 굽히고 양쪽 신칼 팔 45° 정도 굽혀 살짝 뿌리치며 앞에 모아 아래로 굴신하고, 허리 펴고 신칼 아래로 내리면서 왼발 옆으로 딛고 오른발 제자리 디디면서 제상 반대쪽으로 돌아선다.

(62번) : 앞으로 두 발 걸으며 오른쪽 신칼 어깨에 메는 동작. 61번을 이어 하다가, 오른발부터 앞으로 두 걸음 걸으면서 왼쪽 신칼 아래로 내리고 오른쪽 신칼 오른쪽 어깨에 걸친다.

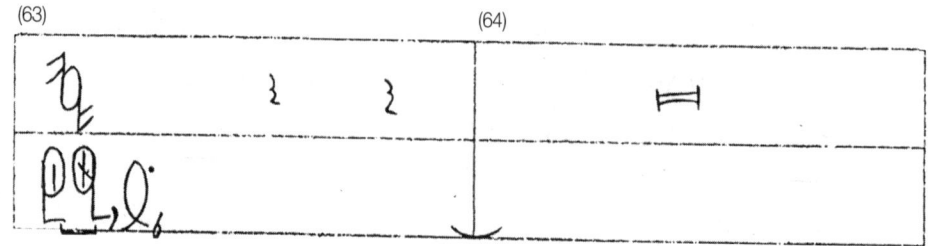

(63~64번) : 양쪽 신칼 팔 90° 정도 구부려 앞으로 들고 왼발 제자리 딛고 오른발 비껴 안쪽을 디디면서 왼쪽으로 네 바퀴 돈다.

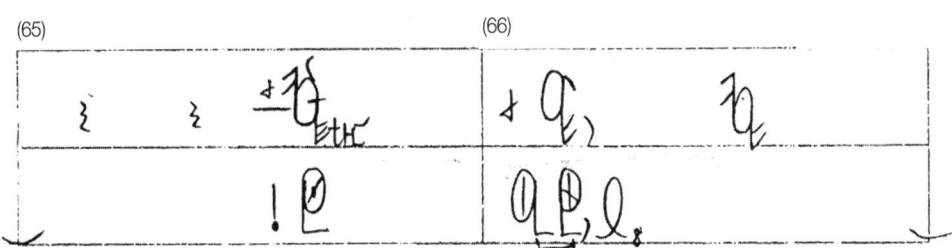

(65번) : 위의 자세에서 두 바퀴 더 돈 후, 제상 쪽을 보면서 왼발 뒤쪽 비껴 바깥쪽을 디디고 왼쪽 신칼 팔 90° 정도 굽혀 바깥쪽으로 살짝 뿌리쳐 돌리면서 오른쪽 신칼은 오른쪽 어깨에 걸친다.

(66번) : 오른 신칼 안으로 돌리며 두 신칼 들고 오른쪽으로 도는 동작. 오른발 디디고 왼발 비껴 안쪽으로 디뎌 오른쪽으로 돌면서 오른쪽 신칼 팔 90° 정도 굽혀 살짝 안쪽으로 뿌리쳐 돌려서 양쪽 신칼 팔 90° 정도 구부려 앞으로 든다.

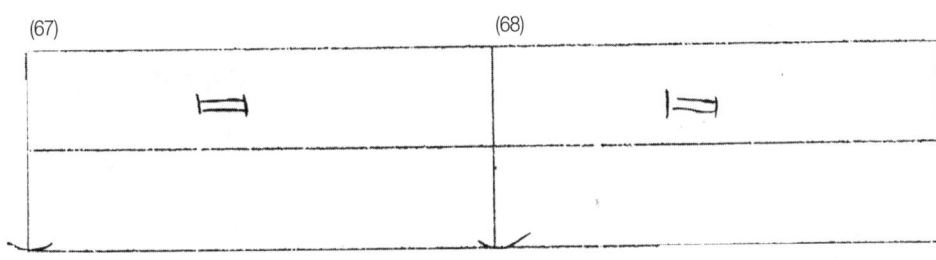

(67~68번) : 위 자세에서 계속 돈다.

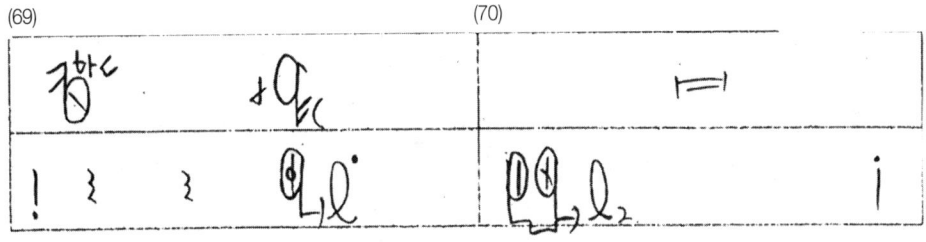

(69번) : 왼쪽 신칼 안으로 돌려 오른 신칼 밖으로 돌리면서 왼쪽으로 한 바퀴 도는 동

작. 제상 쪽을 보면서 왼쪽 신칼 팔 90° 정도 굽혀 안쪽으로 돌리고, 오른쪽 신칼 팔 90° 정도 굽혀 앞으로 들어 바깥쪽으로 살짝 뿌리쳐 돌리면서 오른발 디디면서 왼쪽으로 한 바퀴 돈다.

(70번) : 위 자세에서 왼발 제자리 딛고 오른발 디디며 오른쪽으로 두 바퀴 돌아서 제상 반대쪽을 보고 선다.

● 군문춤(뒷걸음춤, 감상기춤)

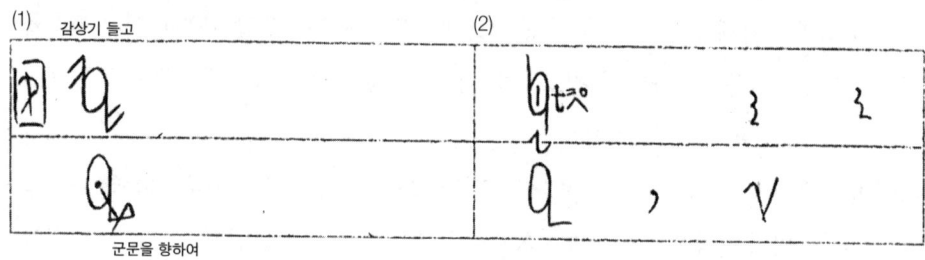

(1번) : 감상기 들고 군문 쪽으로 걷는 동작. 양쪽 감상기 팔 90° 정도 굽혀 앞으로 들고 오른발부터 군문쪽으로 두 걸음 걷는다.

(2번) : 오른발 디뎌 굴신하고 왼발 모으면서 감상기 아래로 내리면서 허리 굽히는 동작. 오른발 앞으로 디디면서 허리 45° 정도 굽히며 감상기 아래로 내리고 아래로 오금한 후, 두 발 모은다.

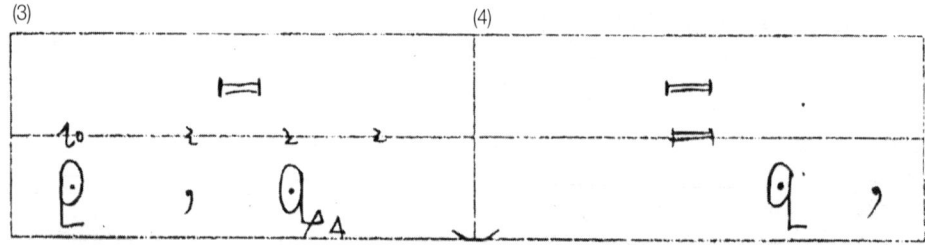

(3번) : 2번 동작에서 허리 굽히며 왼발 뒤로 디뎌 아래로 굴신하고, 오른발부터 뒤로 두 걸음 걷는다.

(4번) : 2번 동작에서 오른발부터 뒤로 두 걸음 걸은 후, 오른발 뒤로 딛고 아래로 굴신한다.

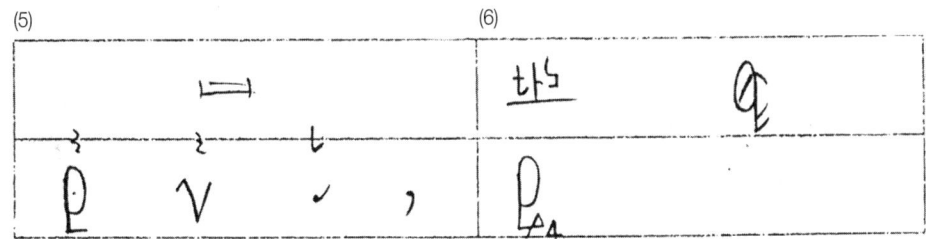

(5번) : 2번 동작 그대로 유지하면서 왼발 뒤로 디뎌 양발 모은 후, 허리 펴면서 위 아래로 굴신한다.

(6번) : 왼쪽 감상기 어깨에 대고 오른 감상기 앞으로 들면서 네 걸음 걷는 동작. 왼발부터 앞으로 네 걸음 걸으면서 왼쪽 감상기 왼쪽 어깨에 대었다가 오른쪽 감상기 팔 90° 정도 굽혀 앞쪽 비껴 바깥쪽으로 든다.

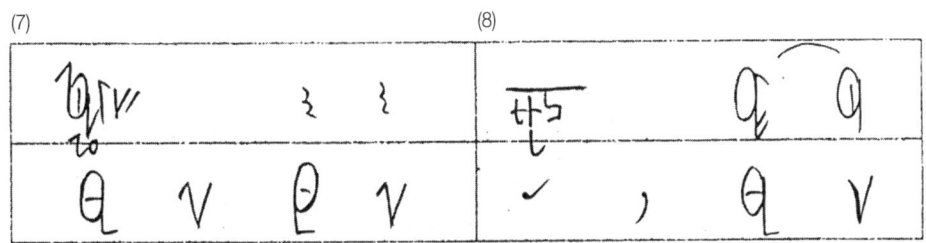

(7번) : 감상기 아래로 내리면서 오른쪽 왼쪽으로 옮겨 딛는 동작. 오른발 옆으로 디뎌 두 발 모으면서 허리 45° 정도 굽히며 양쪽 감상기 팔 45° 정도 굽혀 모은 후, 왼발 옆으로 디뎌 양발 모은다.

(8번) : 오른 감상기 내리면서 오른쪽으로 옮겨 딛는 동작. 위 아래로 굴신하면서 허리 펴며 오른쪽 감상기 왼쪽 어깨에 대었다가, 오른발 옆으로 디뎌 모으면서 오른쪽 감상기 팔 90° 정도 굽혀 앞쪽으로 들었다가 아래로 내린다.

(9번) : 왼쪽 감상기 오른쪽 어깨에 걸치면서 오른발 옆으로 딛고 왼발 뒤 엇비껴 대고, 왼발 뒤쪽 비껴 바깥쪽을 디뎌 양발 모으면서 왼쪽 감상기 팔 90° 정도 굽혀 앞쪽으로 든다.

(10번) : 왼발 뒤쪽 비껴 바깥쪽으로 디뎌 양발 모으면서 오른쪽 감상기 팔 90° 정도 굽혀 앞쪽으로 든 후, 위 아래로 굴신하면서 감상기 흔든다.

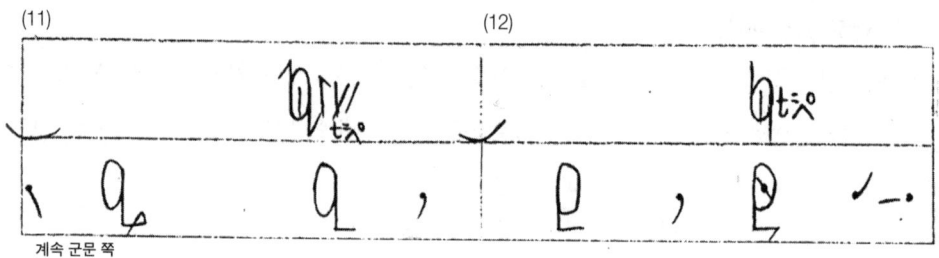

(11번) : 감상기 계속 흔들면서 오른발부터 군문 쪽을 향해 두 걸음 걷고, 양쪽 감상기 아래로 모아 내리면서 오른발 앞으로 디디며 아래로 굴신한다.

(12번) : 11번 동작한 상태에서 왼발 앞으로 디뎌 아래로 굴신하고 양쪽 감상기 아래로 내리면서 왼발 뒤쪽 비껴 안쪽으로 디뎌 위로 굴신하며 왼쪽으로 돌아선다.

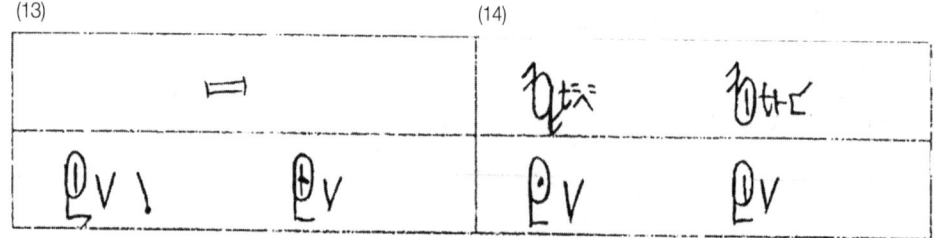

(13번) : 12번 동작 상태에서 왼발 제자리 디뎌 두 발 모은 후, 다시 왼발 뒤로 디뎌 두 발 모은다.

(14번) : 왼발 뒤로 디뎌 모으면서 양쪽 감상기 팔 90° 정도 굽혀 앞으로 들고, 왼발 제자리 디뎌 두 발 모으면서 왼쪽 감상기 오른쪽 어깨에 댄다.

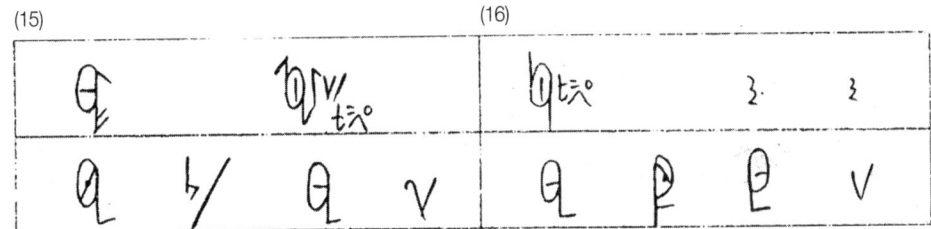

(15번) : 오른 감상기 들고 오른쪽으로 옮겨 딛는 동작. 오른발 뒤쪽 비껴 바깥쪽을 디디며 오른쪽 감상기 팔 90° 정도 굽혀 옆으로 들고, 오른발 다시 옆으로 디뎌 모으면서 양쪽 감상기 팔 45° 정도 굽혀 아래로 모아 내린다.

(16번) : 감상기 내리면서 옮겨 딛는 동작. 양쪽 감상기 아래로 내리면서 오른발 옆으로 딛고 왼발 뒤 엇비껴 댔다가, 다시 왼발 옆으로 딛고 두 발 모은다.

(17번) : 왼쪽으로 옮겨 딛고 굴신하며 감상기 앞으로 드는 동작. 16번 상태에서 왼발 제자리 디뎌 양발 모은 후, 위 아래로 굴신하면서 양쪽 감상기 팔 90° 정도 굽혀 앞으로 든다.

(18번) : 감상기 흔들며 왼쪽으로 옮겨 디디며 허리 굽히는 동작. 17번 상태에서 삼상기 잘게 흔들며 왼발 제자리 딛고 오른발 안쪽 방향으로 디디며 왼쪽으로 돌아선 후, 허리 90° 정도 굽히면서 왼발 제자리 딛고 양발 모은다.

(19번) : 감상기 아래로 내리면서 오른쪽으로 도는 동작. 허리 45° 정도 굽히면서 감상기 아래로 내리면서 왼발 옆으로 딛고, 오른발 뒤쪽 비껴 바깥쪽을 디디며 오른쪽으로 돌아서 두 발 모은다.

(20번) : 19번 동작 상태에서 제상 쪽을 바라보며 왼발 뒤로 디뎌 두 발 모으고, 다시 왼발 뒤쪽 비껴 바깥쪽을 디뎌 두 발 모은다.

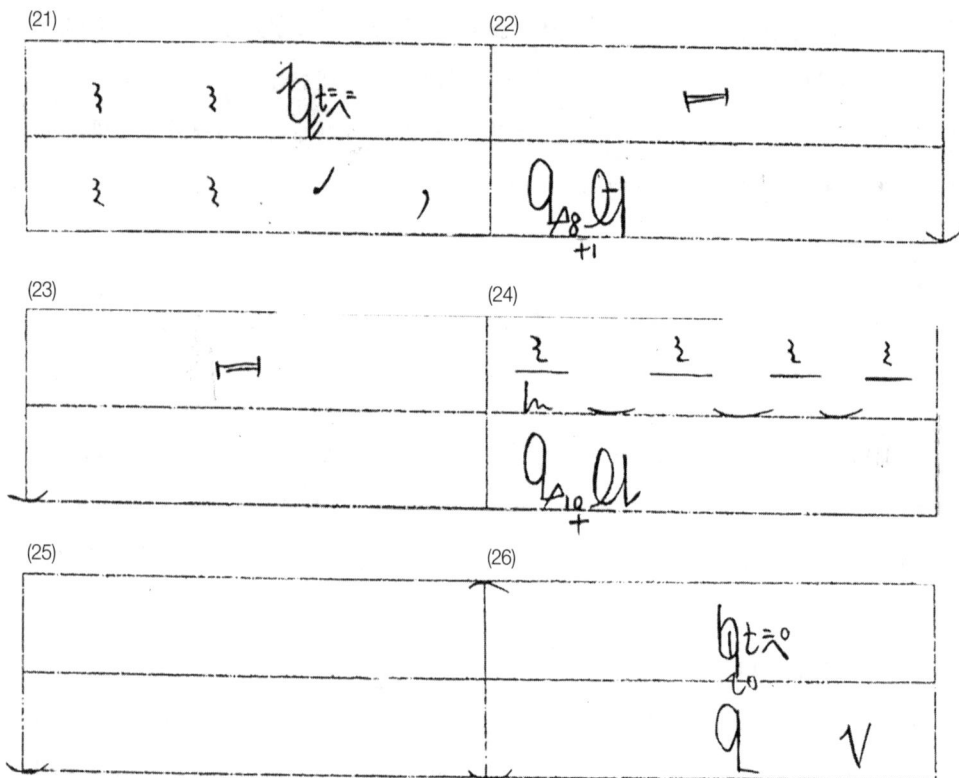

(21번) : 20번 자세 그대로 있다가 양쪽 감상기 팔 90° 정도 굽혀 앞쪽으로 들면서, 위 아래로 굴신한다.

(22~23번) : 20번 자세에서 오른발부터 앞으로 여덟 걸음 걸으면서 시계방향으로 원을 그린다.

(24~25번) : 계속 걸으면서 원을 그리며 오른쪽 감상기 잘게 흔든다.

(26번) : 20번 자세에서 두 걸음 더 걸은 후, 오른발 앞으로 딛고 두 발 모으면서 허리 45° 정도 굽히고 양쪽 감상기 아래로 내린다.

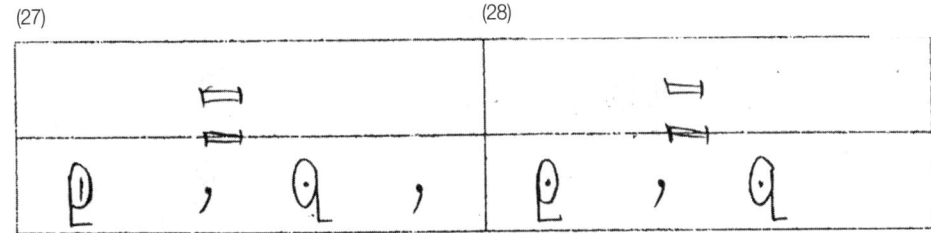

(27번) : 26번 자세에서 왼발 제자리 딛고 아래로 굴신한 후, 오른발 뒤로 딛고 아래로 굴신한다.

(28번) : 26번 자세 그대로에서 왼발 뒤로 딛고 아래로 굴신한 후, 오른발 뒤로 딛는다.

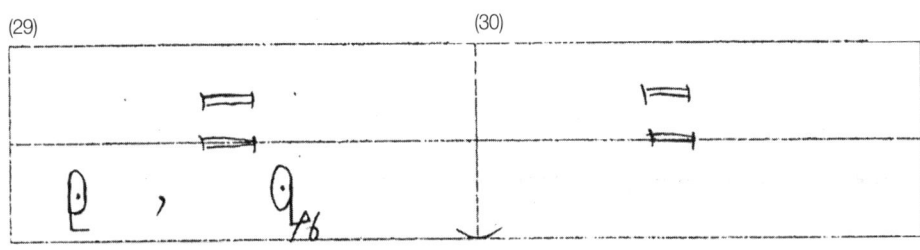

(29~30번) : 계속 26번 자세에서 왼발 뒤로 딛고 아래로 굴신하고, 오른발부터 뒤로 여섯 걸음 걷는다.

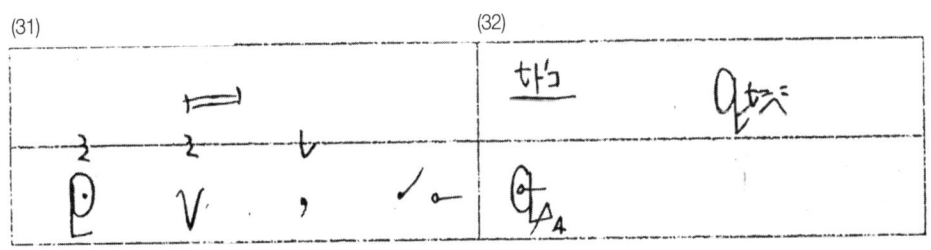

(31번) : 계속 26번 자세에서 뒤로 왼발 딛고 오른발 모으면서 굴신할 때 허리 펴며 오른쪽으로 돌아선다.

(32번) : 오른발부터 시계 반대방향으로 네 걸음 걸으면서 왼쪽 감상기 오른 어깨에 대고, 오른쪽 감상기 팔 90° 정도 굽혀 앞으로 든다.

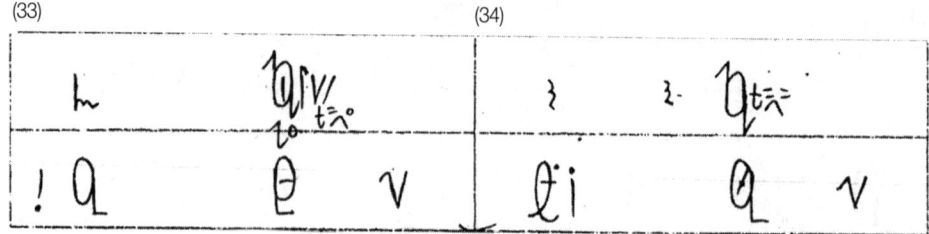

(33번) : 제상 쪽을 바라보며 오른발 앞으로 디디면서 오른쪽 감상기 잘게 흔들고, 왼발 옆으로 디뎌 모으면서 허리 45° 정도 굽히고 양쪽 감상기 아래로 모아 내린다.

(34번) : 33번 동작에서 왼쪽으로 반 바퀴 돌고, 감상기 팔 45° 정도 굽혀 앞으로 들면서 오른발 뒤쪽 비껴 바깥쪽을 디뎌 모은다.

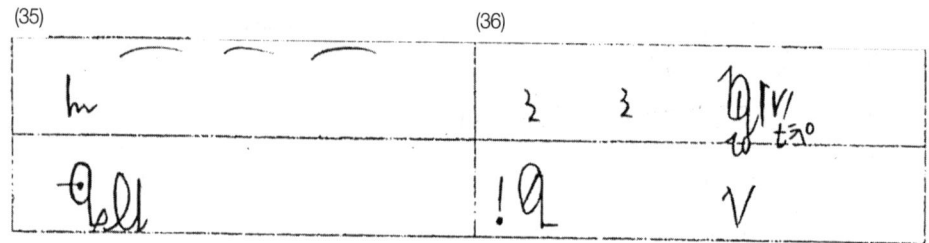

(35번) : 감상기 흔들면서 오른발부터 두 걸음 걸으며 시계방향으로 원을 그린다.

(36번) : 오른발 앞 비껴로 내디디면서 왼발 모으고 감상기 아래로 모으면서 허리 굽히는 동작. 감상기 그대로 들고 제상 쪽을 바라보면서 오른발 비껴 밖으로 딛고, 양발 모으면서 허리 45° 정도 굽히고 양쪽 감상기 아래로 모은다.

(37번) : 36번 동작 상태에서 오른발 뒤쪽 딛고 왼발 세 번 디디면서 제자리에서 오른쪽으로 한 바퀴 돈다.

(38번) : 37번에 이어 계속 돌아 제상 반대쪽을 보고, 양쪽 감상기 팔 45° 정도 구부려 앞쪽으로 들면서 오른발부터 두 걸음 걷는다.

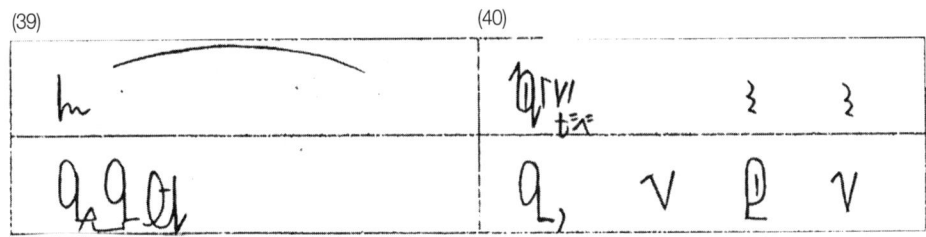

(39번) : 38번 상태에서 감상기 잘게 흔들면서 오른발부터 앞으로 두 걸음 걷고 다시 오른발 디디면서 시계 반대방향으로 반원을 그린다.

(40번) : 양쪽 감상기 팔 45° 정도 굽혀 아래로 모아 내리면서 오른발 앞으로 디뎌 모으고, 왼발 제자리 디뎌 모은다.

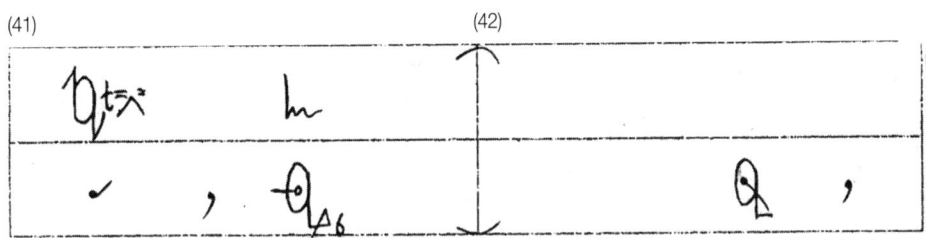

(41번) : 감상기 앞으로 들면서 굴신하고 감상기 흔들면서 시계바늘 방향으로 걷는 동작. 양쪽 감상기 팔 45° 정도 굽혀 앞으로 들면서 위 아래로 굴신한 후 감상기 잘게 흔들면서 오른발부터 시계방향으로 걷는다.

(42번) : 41번 동작으로 시계바늘 방향으로 네 걸음 걷고 오른발 디뎌 굴신한다.

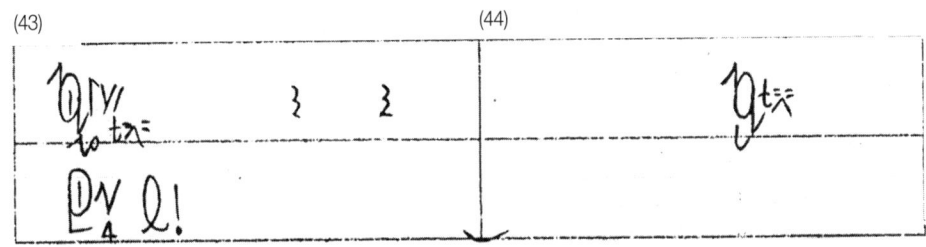

(43번) : 감상기 아래로 내리면서 허리 굽히고 한 바퀴 도는 동작. 허리 45° 정도 굽히고 감상기 팔 45° 정도 굽혀 아래로 모아 내리면서 왼발 디디며 한 바퀴 돈다.

(44번) : 43번 동작을 계속하면서 감상기 들고 허리 편다.

(45번) : 감상기 흔들면서 굴신하고 오른발 앞으로 딛는 동작. 제상 쪽을 바라보면서 감상기 흔들면서 오른발부터 두 걸음 걷고, 다시 오른발 앞으로 디디면서 양쪽 감상기 팔 45° 정도 굽혀 아래로 모아 내린다.

(46번) : 45번 동작 상태에서 왼발 딛고 오른발 두 번 디디면서 한 바퀴 돈다.

(47번) : 감상기 잘게 흔들면서 위 아래로 굴신한 후, 오른발 앞으로 딛는다.

(48번) : 양쪽 감상기 팔 45° 정도 굽혀 아래로 모아 내리면서 왼발 앞으로 디뎌 모으고, 다시 왼발 제자리 디뎌 모으면서 오른쪽으로 돈다.

● 도랑춤(감상기춤)

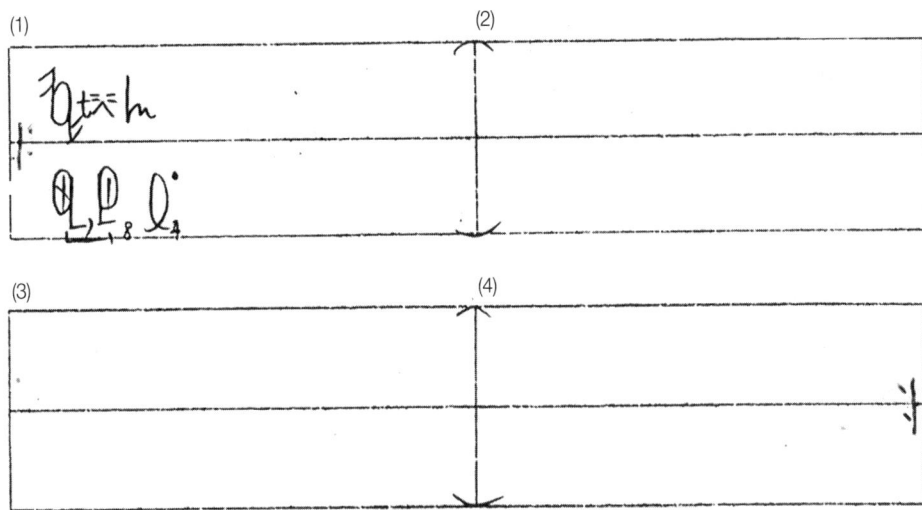

(1~4번) : 감상기 앞에 들고 흔들며 왼쪽으로 도는 동작. 양쪽 감상기 팔 90° 정도 굽혀 앞쪽으로 들고 잘게 흔들면서 오른발 딛고 왼발 여덟 번 디디면서 왼쪽으로 네 바퀴 돈다.

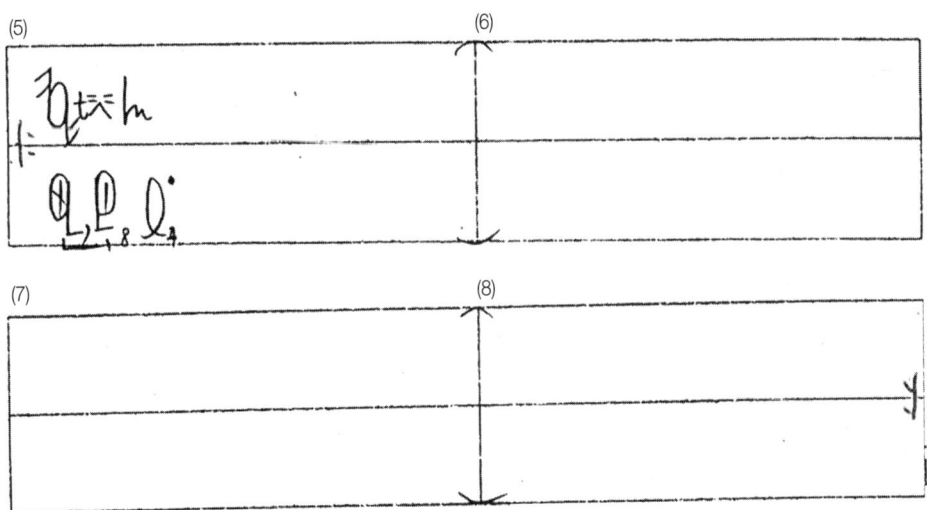

(5~8번) : 1번과 같은 상태로 방향만 오른쪽으로 바꾸어 네 바퀴 돈다.

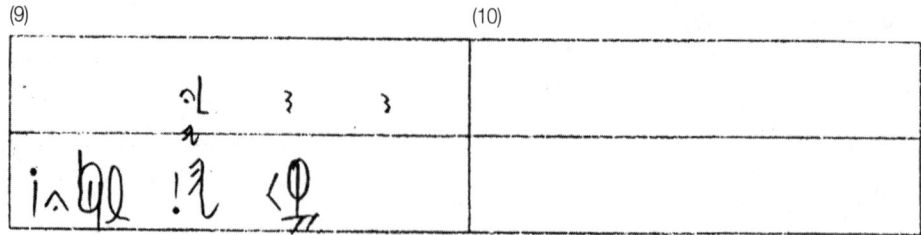

(9번) : 제상 반대쪽을 바라보고 두 발 모두 위로 뛰면서 돌아 제상 쪽을 바라보면서 손바닥으로 땅을 짚고 무릎을 바닥에 대고 앉는다.

(10번) : 위 자세에서 정지 상태를 유지한다.

● 앉은춤(감상기춤)

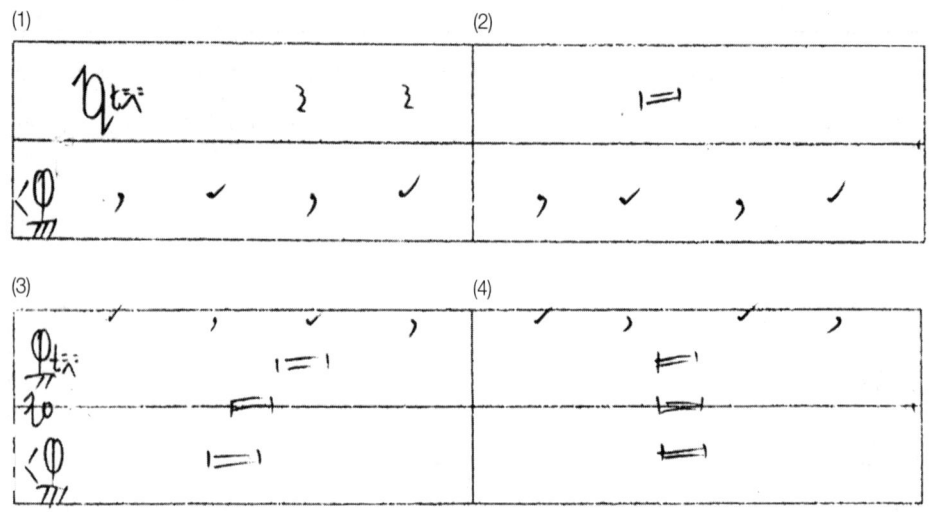

(1~4번) : 무릎 꿇고 앉은 자세에서 감상기 앞으로 들고 아래 위로 굴신하는 동작. 무릎 꿇고 앉은 자세에서 감상기 팔 45° 정도 굽혀 앞으로 들고 아래 위로 굴신한다.

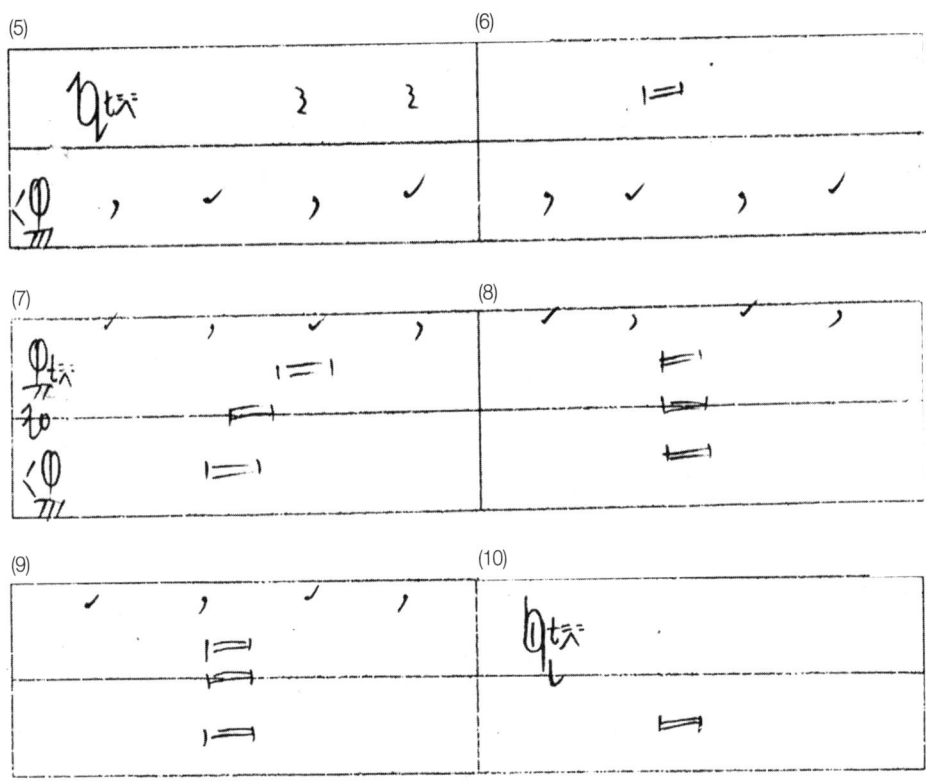

(5~9번) : 감상기 쥐고 앞으로 엎드린 자세에서 아래 위로 굴신하는 동작. 감상기 쥔 손과 무릎을 바닥에 대고 엎드린 자세에서 아래 위로 굴신한다. 이 때, 굴신과 함께 어깻짓도 같이 들어간다.

(10번) : 감상기 내리면서 허리 편다.

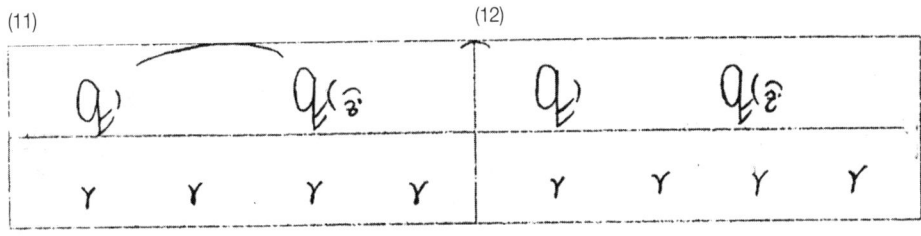

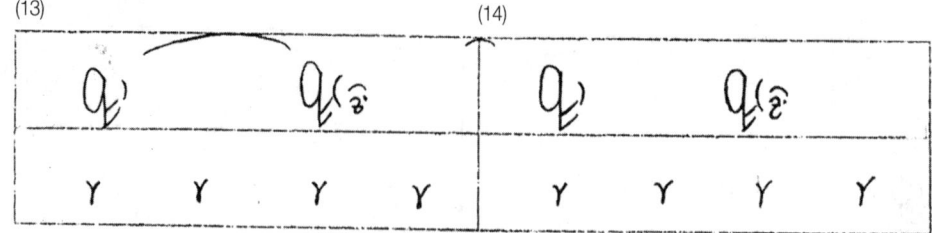

(11번) : 오른쪽 감상기 안팎으로 눕혔다 제치는 동작. 몸 전체가 굴신을 타면서 오른쪽 감상기 팔 90° 정도 굽혀 앞으로 들어 안팎으로 태극라인을 그리듯이 눕혔다 제쳤다 한다.

(12~14번) : 11번을 반복한다.

(15번) : 위 동작을 왼손으로 진행한다.

(16번) : 왼쪽 감상기 안으로 굽혔다가 두 손 감상기 앞으로 드는 동작. 몸은 계속 굴신을 타면서 왼쪽 감상기 안으로 굽혔다가 양쪽 감상기 팔 45° 정도 굽혀 앞쪽으로 든다.

(17번) : 감상기 흔든다.
(18번) : 감상기 놓는다.

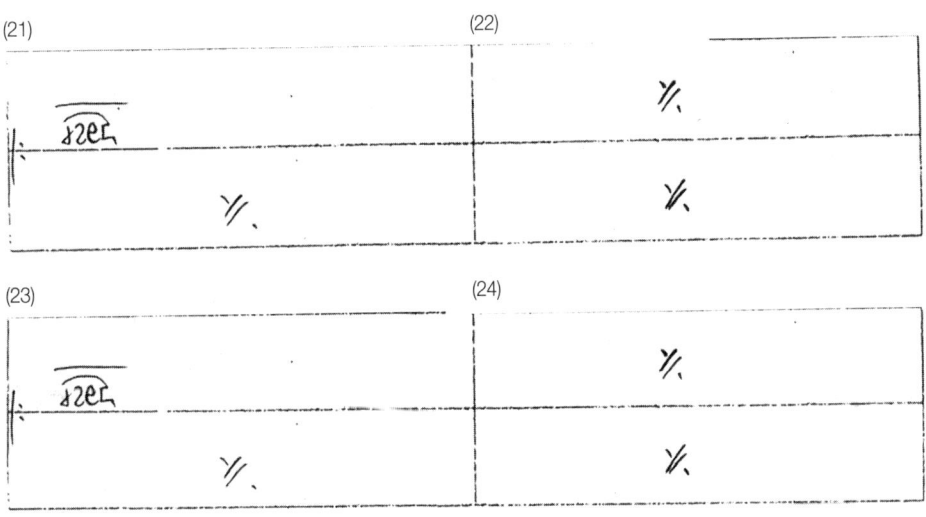

(19번) : 신칼 들고 양쪽 신칼 양팔 90° 정도 굽혀 동시에 안팎으로 살짝 뿌리치며 위 아래로 굴신한다.

(20번) : 왼쪽 신칼 내리고 오른 신칼 돌리는 동작. 계속 위 아래로 굴신하면서 왼쪽 신칼 아래로 내리고 오른쪽 신칼 팔 90° 정도 굽혀 태극라인을 그리듯이 돌린다.

(21~24번) : 20번 동작을 반복한다. 계속 굴신하면서 오른쪽 신칼 계속 태극라인를 그리듯이 돌린다.

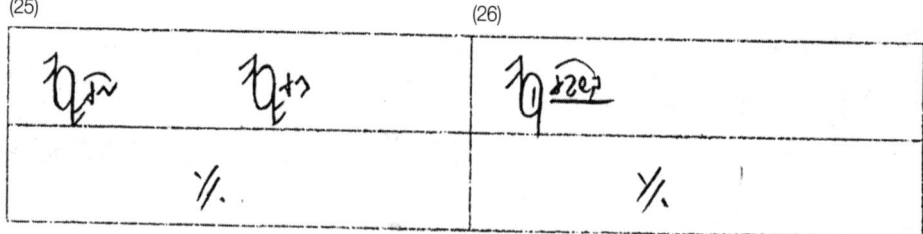

(25번) : 신칼 밖으로 뿌리쳤다가 앞으로 뿌리치는 동작. 계속 굴신하며 양쪽 신칼 팔 90° 정도 굽혀 앞으로 살짝 뿌리쳐 돌린다.

(26번) : 오른쪽 신칼 내리고 왼쪽 신칼 돌리는 동작. 계속 굴신하며 오른쪽 신칼 돌려 내리고 왼쪽 신칼 팔 90° 정도 굽혀 앞으로 들어 돌린다.

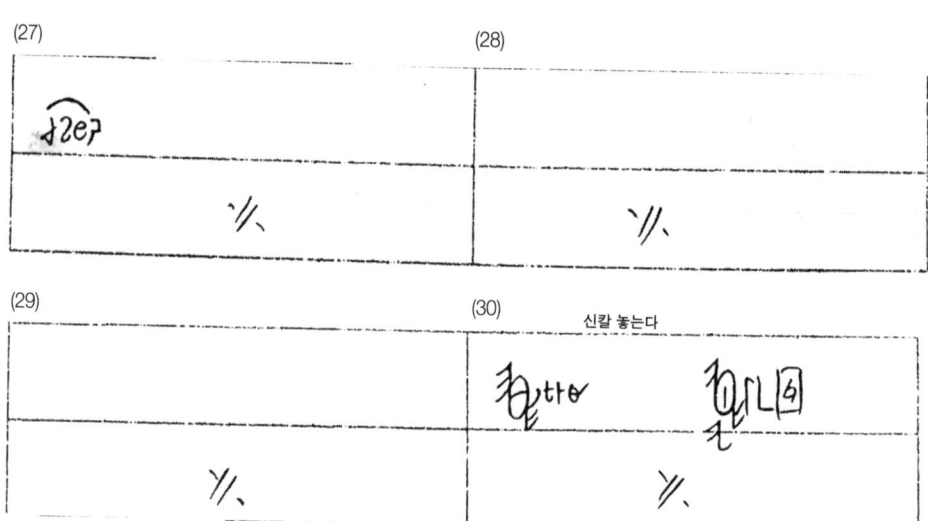

(27~29번) : 계속 굴신하면서 양쪽 신칼 계속 돌린다.

(30번) : 신칼 어깨에 댔다가 땅을 짚으며 신칼 놓는 동작. 계속 굴신하면서 양쪽 신칼 어깨에 걸쳤다가, 허리 90° 정도 굽혀 양팔 바닥을 짚고 신칼 놓는다.

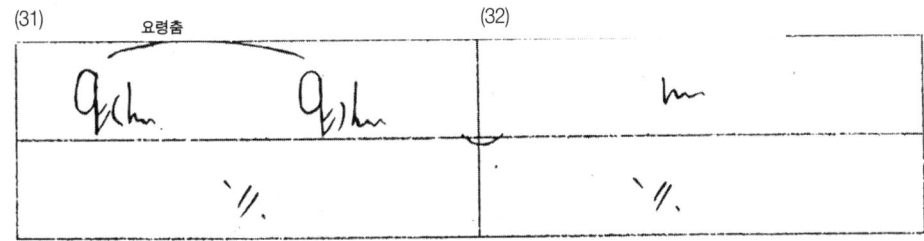

(31번) : (요령춤) 신칼 흔들며 좌우로 돌리는 동작. 계속 굴신하면서 오른쪽 신칼 팔 90° 정도 굽혀 요령 흔들며 좌우로 돌린다.

(32번) : 31번 동작을 반복, 계속 굴신하면서 요령 흔든다.

● 손춤(손바닥춤)

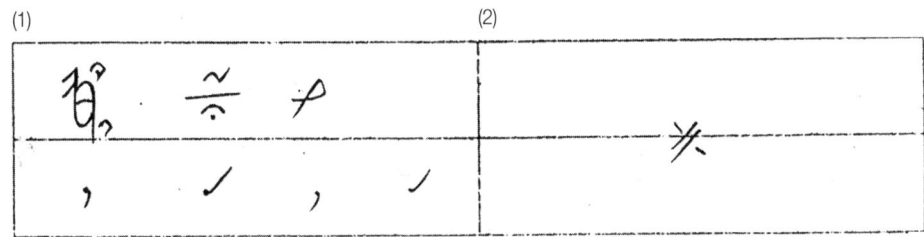

(1번) : 왼손 손바닥 가짐으로 오른손 등가짐으로 메고 펴기를 반복하는 동작. 몸 전체를 아래 위로 굴신하면서 왼손 90° 정도 굽혀서 손바닥을 위로 향하여 옆으로 들고 오른손은 옆으로 바로 펴서 손등을 위로 향하게 한 후, 손끝이 원을 그리듯이 하여 양손을 반대로 바꾸어 반복한다.

(2번) : 동작 1번을 반복한다.

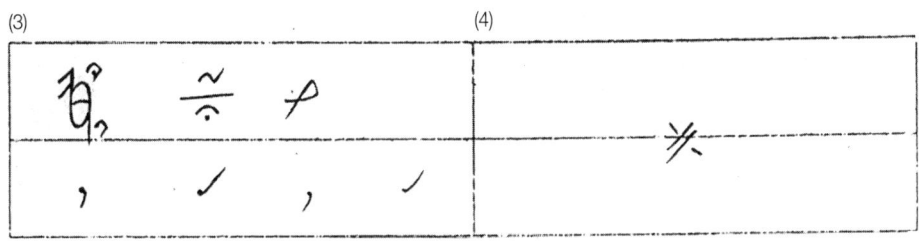

(3~4번) : 동작 1번을 반복한다.

● 영기 · 명기춤

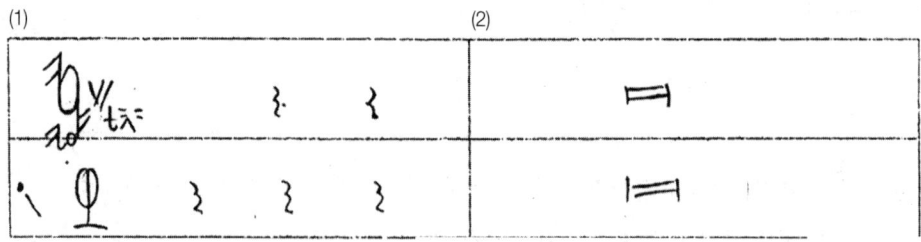

(1번) : 영기 앞으로 모아 들고 허리 굽혀 서는 동작. 양팔 90° 정도 굽혀 영기 앞으로 모아 들고 허리 90° 정도 굽혀서 선다.

(2번) : 위 상태에서 허리 편다.

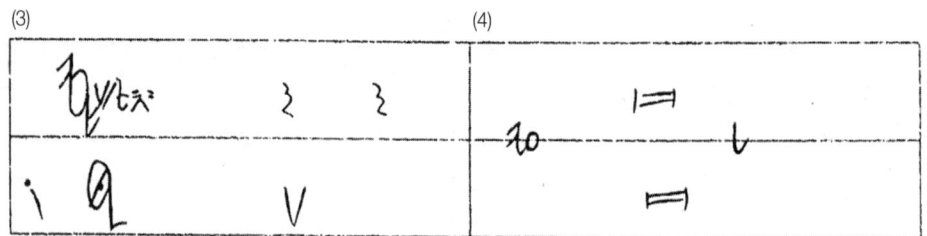

(3번) : 영기 앞에 모아 들고 오른발 뒤 비껴 딛고 왼발 모으는 동작. 양팔 90° 정도 굽혀 영기 앞으로 모아 들고 오른발 뒤쪽 비껴 밖으로 디딘 후 두 발 모은다.

(4번) : 위 상태에서 허리 90° 정도 굽혔다 편다.

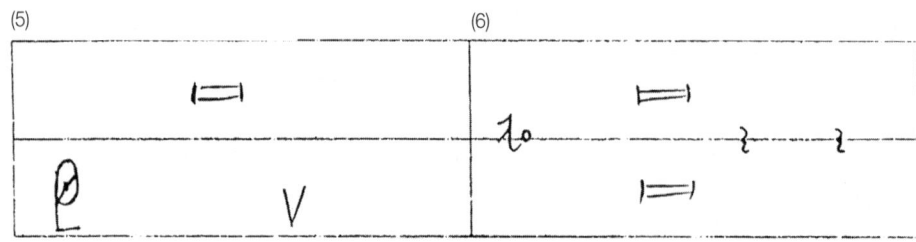

(5번) : 위 상태에서 왼발 뒤쪽 비껴 바깥쪽을 디딘 후 두 발 모은다.

(6번) : 위 상태에서 허리 90° 정도 굽힌다.

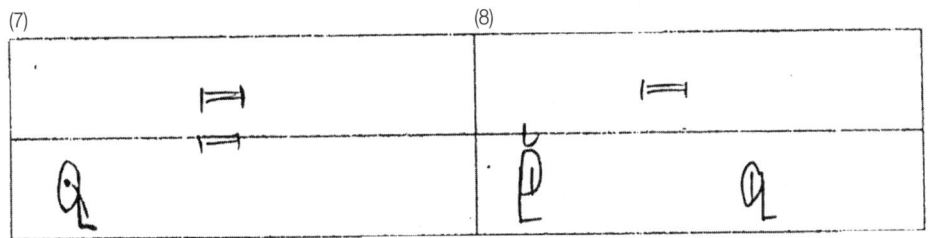

(7번) : 위 상태에서 오른발 앞으로 디딘다.

(8번) : 위 상태에서 허리 펴면서 왼발 제자리 디딘 후, 오른발 제자리 디딘다.

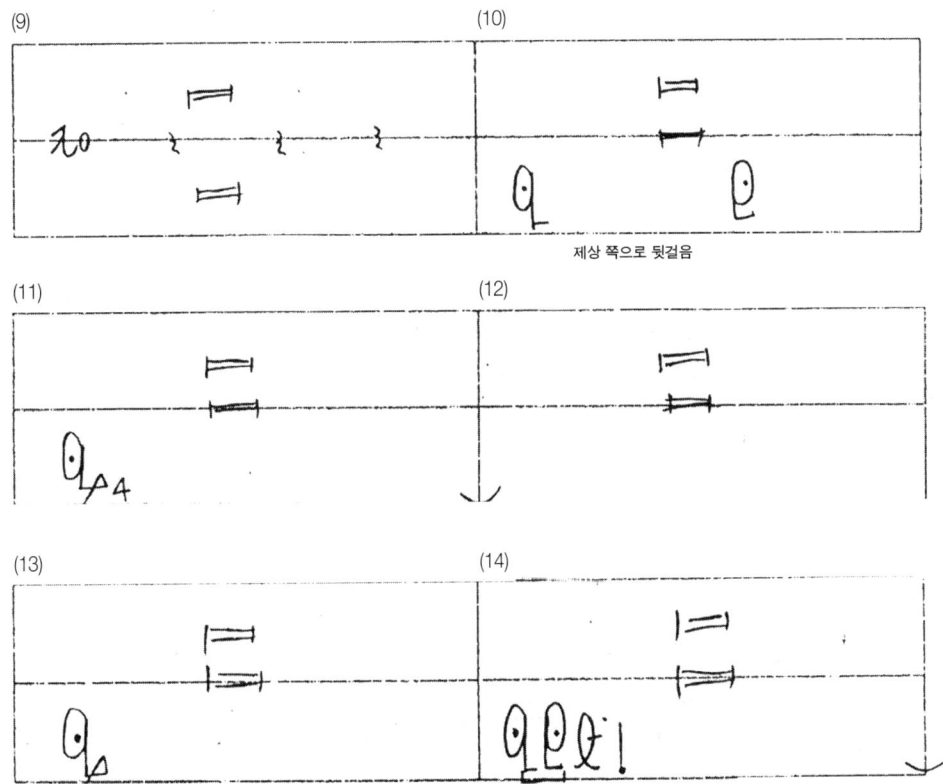

(9번) : 위 상태에서 허리 90° 정도 굽힌다.

(10번~13번) : 오른발부터 뒷걸음으로 여덟 걸음 걷는다.

(14번) : 위 상태에서 오른발 뒤로 딛고 왼발 뒤로 디디면서 왼쪽으로 돌아 제상 쪽을 바라보고 선다.

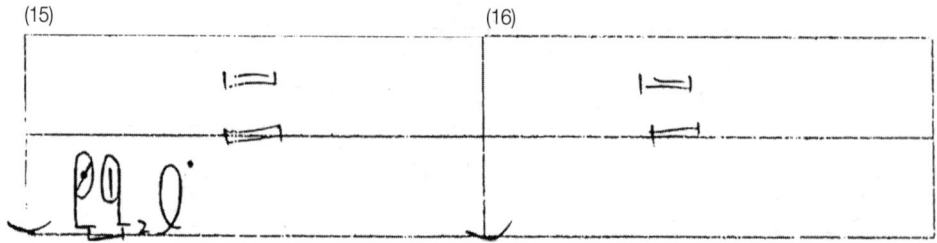

(15~16번) : 왼발 뒤 비껴 딛고 오른발 모아 디디면서 왼쪽으로 한 바퀴 도는 동작. 위 상태에서 왼발 뒤쪽 비껴 바깥쪽을 딛고 오른발 두 번 디디면서 왼쪽으로 한 바퀴 돈다.

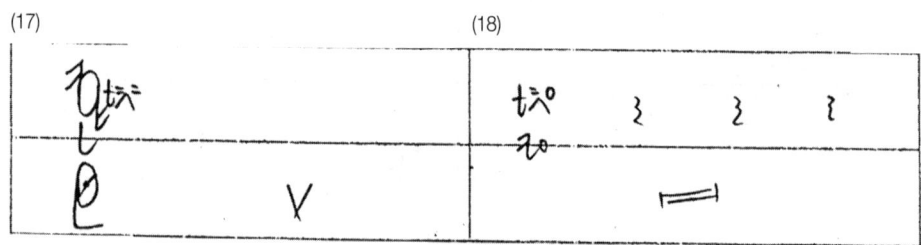

(17번) : 왼발 뒤 비껴 딛고 오른발 모아 디디면서 영기 앞으로 들고 허리 펴는 동작. 허리 펴면서 양팔 90° 정도 굽혀서 앞으로 들고 왼발 뒤쪽 비껴 바깥쪽으로 디딘 후, 두 발 모은다.

(18번) : 위 상태에서 허리 90° 정도 굽힌다.

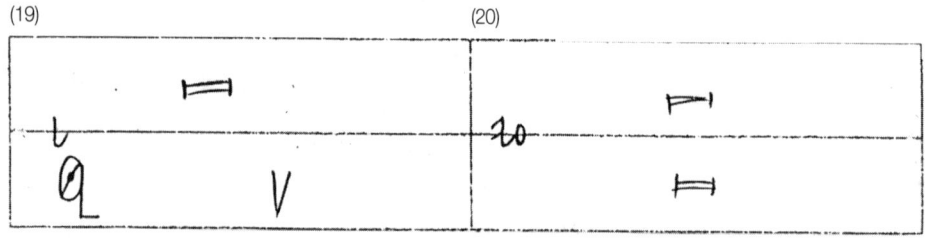

(19번) : 오른발 뒤 비껴 딛고 왼발 모아 디디면서 허리 펴는 동작. 위 상태에서 허리 펴면서 오른발 뒤쪽 비껴 바깥쪽을 디딘 후, 두 발 모은다.

(20번) : 위 상태에서 허리 90° 정도 굽힌다.

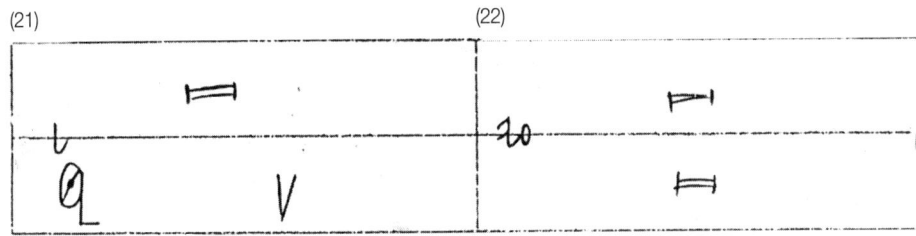

(21번) : 19번 동작을 반복한다.
(22번) : 20번 동작을 반복한다.

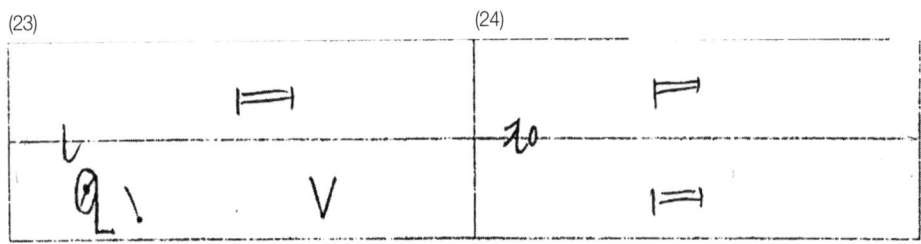

(23번) : 오른발 뒤 비껴 딛고 오른발 모으면서 허리 펼 때 왼쪽으로 돌아서는 동작. 허리 펴면서 오른발 뒤쪽 비껴 바깥쪽을 디디며 왼쪽으로 돌아서면서 두 발 모은다.
(24번) : 위 상태에서 허리 90° 정도 굽힌다.

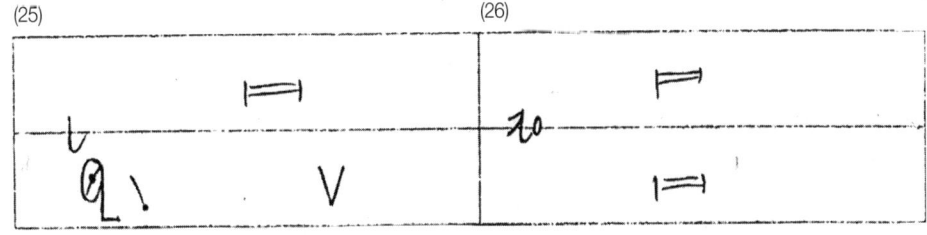

(25~26번) : 23~24번 동작을 반대방향 쪽에서 한다.

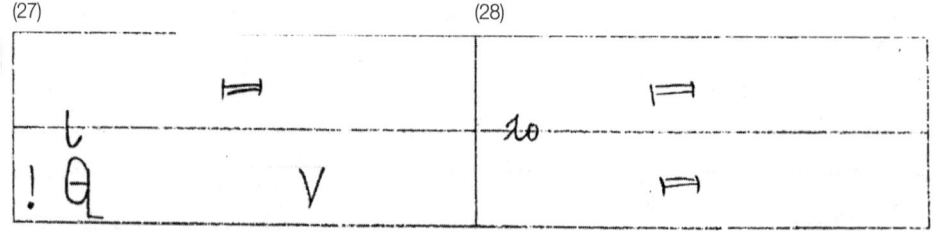

(27번) : 제상을 마주 서서 오른발 오른쪽으로 딛고 왼발 모으면서 허리 펴는 동작. 위 상태에서 제상을 바라보고 허리 펴면서 오른발 옆으로 디딘 후, 두 발 모은다.

(28번) : 위 상태에서 허리 90° 정도 굽힌다.

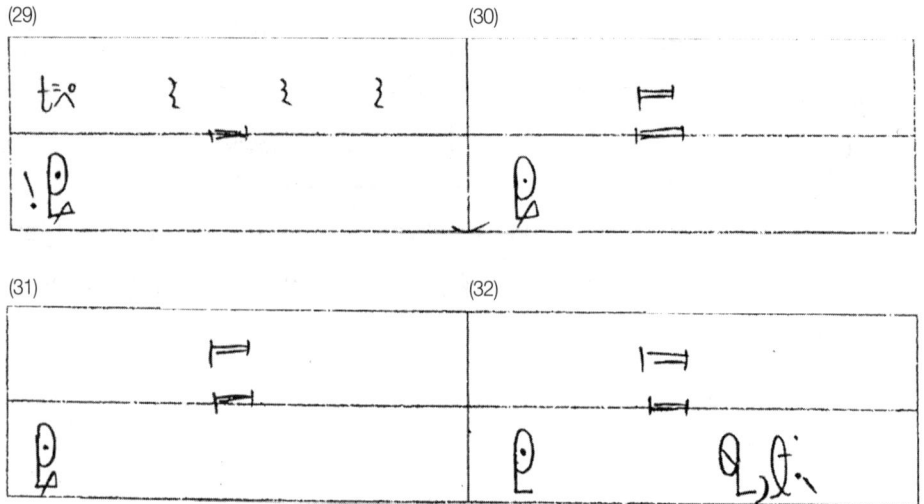

(29~31번) : 영기 들고 군문 쪽으로 뒷걸음 하는 동작. 위 상태에서 영기 들고 군문 쪽을 향하여 왼발부터 뒷걸음으로 여섯 걸음 간다.

(32번) : 왼발 뒤로 딛고 오른발 앞에 모아 디디면서 왼쪽으로 돌아 군문을 향해 서는 동작. 위 상태에서 왼발 뒤로 딛고, 오른발 앞쪽 비껴 안쪽으로 디디면서 왼쪽으로 돌아 군문 쪽을 향해 선다.

(33)

(34)

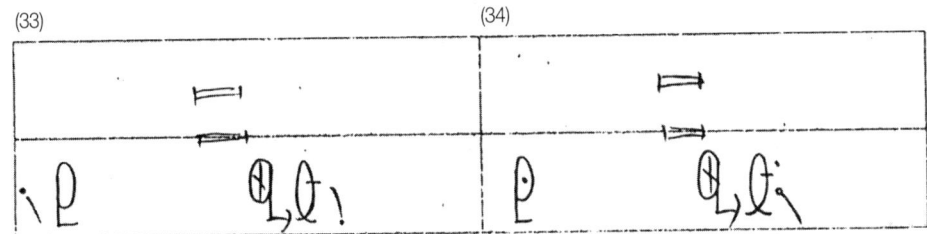

(33번) : 위 상태에서 왼발 앞으로 딛고, 오른발 디디면서 오른쪽으로 돌아선다.

(34번) : 32번 동작을 반복한다.

(35)

(36)

(37)

(38)

(39)

(40)

(41)

(42)

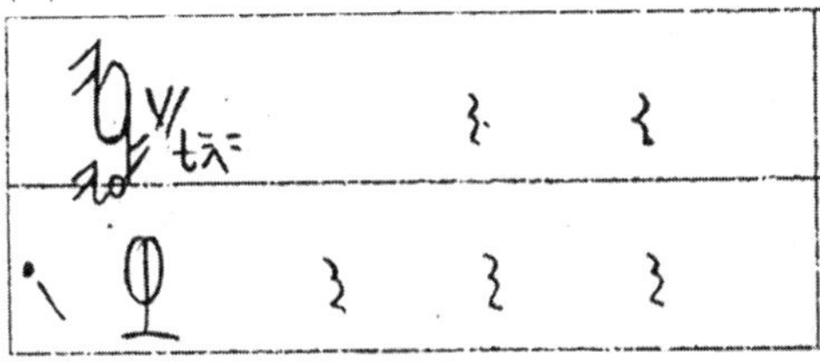

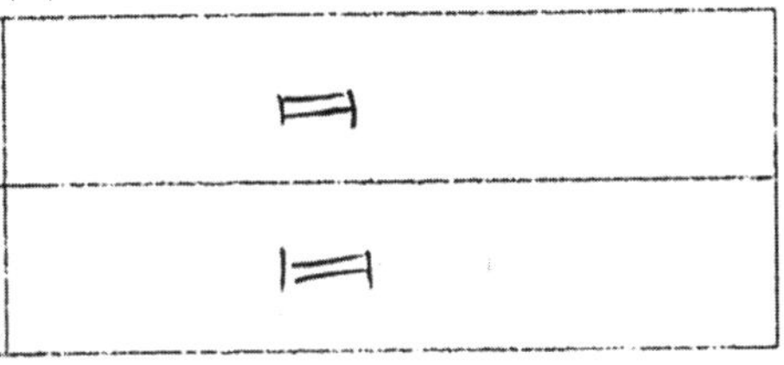

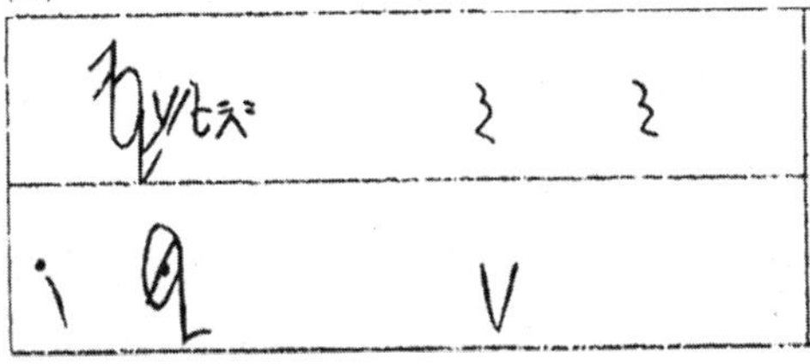

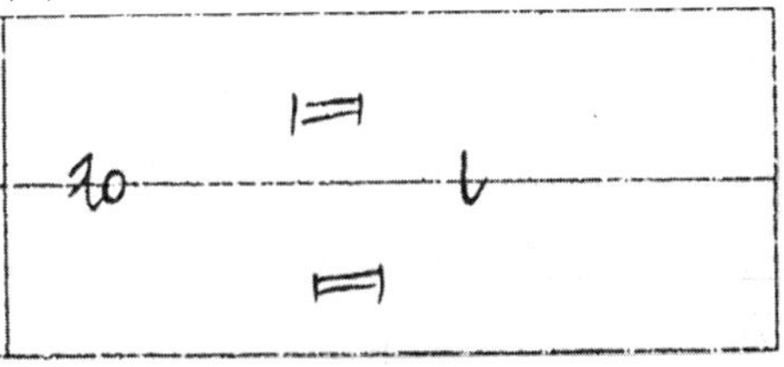

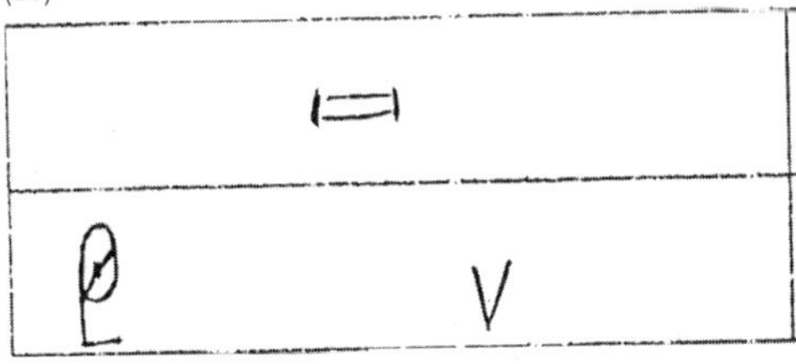

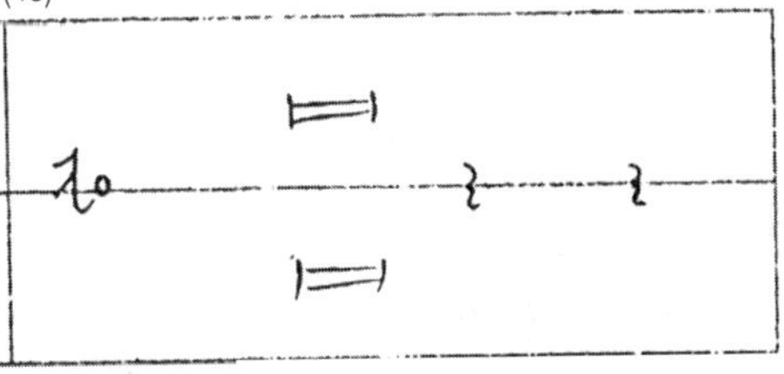

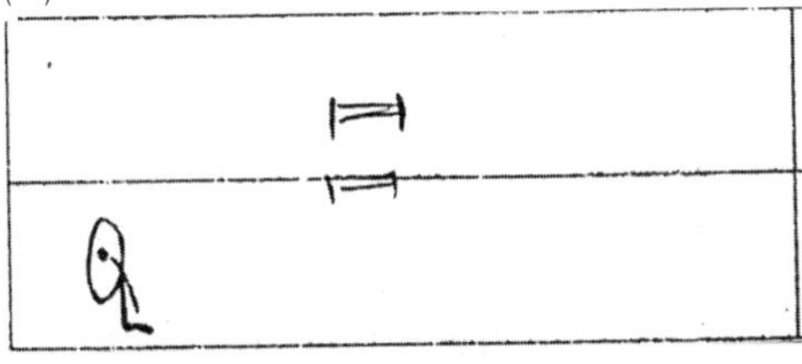

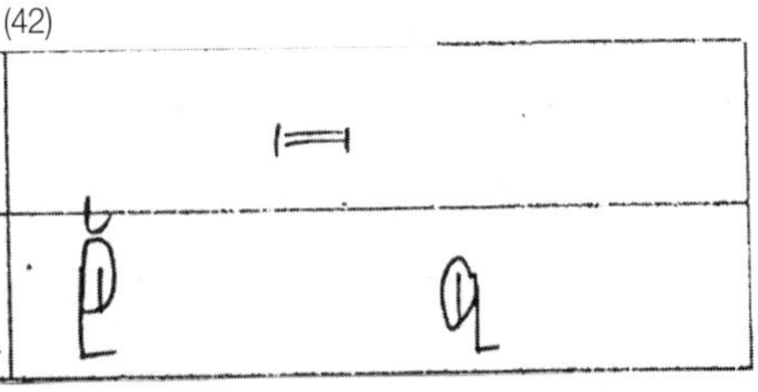

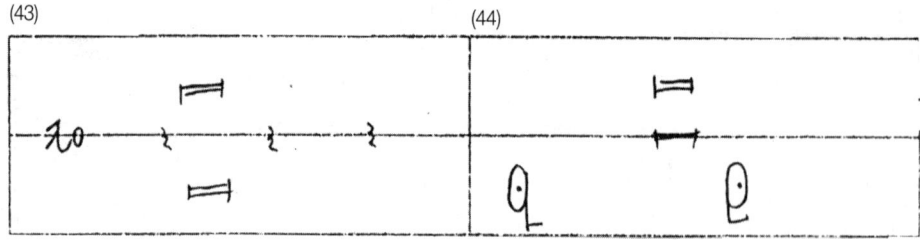

(35~44번) : 1~10번 동작을 반복한다.

(45번) : 오른쪽 영기 안으로 눕혔다 밖으로 눕히면서 오른발 들고 왼발로 뛰는 동작. 오른쪽 영기 팔 90° 정도 굽혀서 앞쪽에서 안쪽으로 눕혔다가 태극라인을 그리듯이 돌리면서 다시 바깥쪽으로 눕히면서 오른발 45° 정도 굽혀서 들고 왼발로 뒤로 네 번 뛴다.

(46번) : 왼쪽 영기 눕히면서 뛰는 동작. 왼쪽 영기 팔 90° 정도 굽혀서 앞쪽에서 안쪽으로 눕혔다가 태극라인을 그리듯이 돌리면서 다시 바깥쪽으로 눕히면서 왼발 45° 정도 굽혀서 들고 오른발로 뒤로 세 번 뛴 다음 양발 함께 모아 위로 한 번 뛴다.

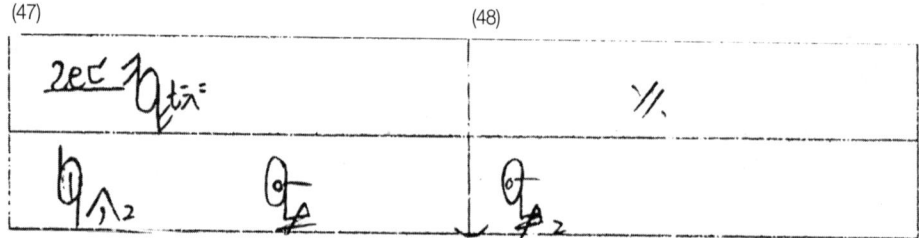

(47번) : 왼쪽 영기 들고 뛰는 동작. 왼쪽 영기 바깥쪽으로 눕혔다가 태극라인을 그리듯이 돌리면서 양팔 90° 정도 굽혀 앞으로 들고 두 발로 두 번 공중으로 뛴 후, 오른발 왼발 번갈아 까치발(한 박에 한 발씩 디디며 가볍게 뛰는 것)로 뛴다.

(48번) : 팔은 47번을 반복하면서 오른발부터 까치발 뛰기를 네 번 한다.

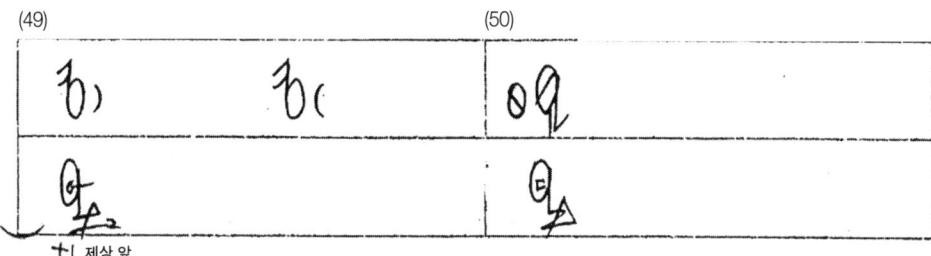

(49번) : 왼쪽 영기 밖으로 눕혔다가 바깥으로 눕히면서 오른부터 까치발 뛰기를 네 번 한다.

(50번) : 오른쪽 영기 앞쪽 비껴 바깥쪽으로 들고 왼쪽 영기는 오른쪽 영기와 나란히 들어서 오른발부터 까치발 뛰기를 두 번 한다.

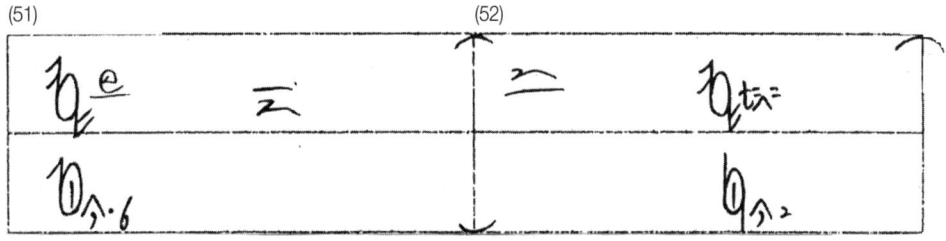

(51-52번) : 왼발 45° 정도 굽혀서 들고 오른발로 여섯 번 뒤로 뛰면서 양팔 90° 정도 굽혀서 앞쪽으로 든 상태에서 왼쪽 영기 돌리고 이어서 오른쪽 영기 돌리고 이어서 다시 왼쪽 영기 돌린 후, 양쪽 영기 팔 90° 정도 굽혀 앞으로 들고 양 발 모아 위로 두 번 뛴다.

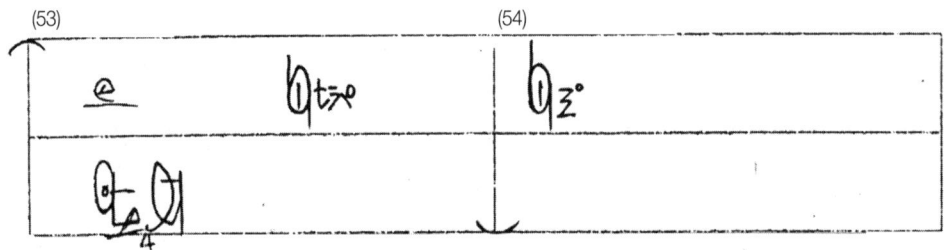

(53~54번) : 오른발부터 까치발 뛰기를 네 번 하면서 53번에 이어 왼쪽 영기 돌리고, 양쪽 영기 아래로 내린 후, 앞뒤로 돌린다.

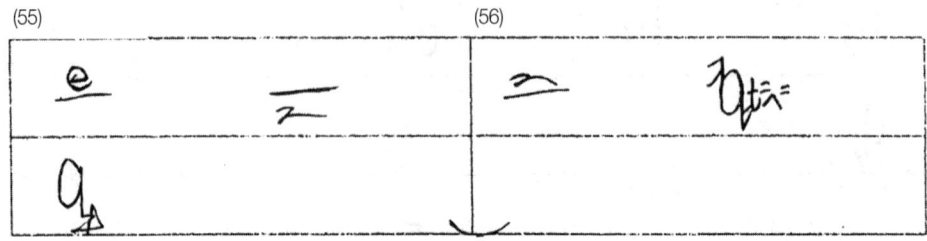

(55~56번) : 오른발부터 까치발 뛰기 네 번 하면서 55번에 이어 왼쪽 영기 돌리고 이어서 오른쪽 영기 돌리고 이어서 다시 왼쪽 영기 돌려서 양쪽 영기 팔 90° 정도 굽혀서 앞으로 든다.

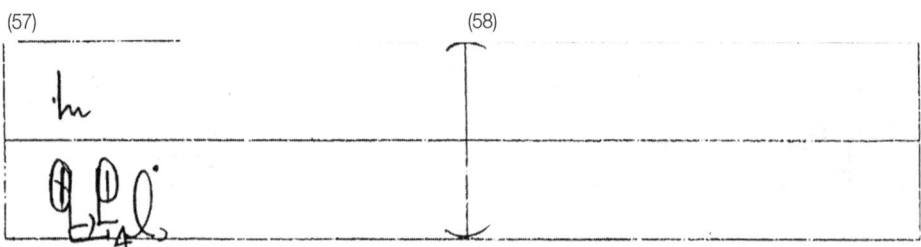

(57~58번) : 영기 흔들면서 오른발 안쪽으로 딛고 왼발 네 번 디디면서 왼쪽으로 두 바퀴 돈다.

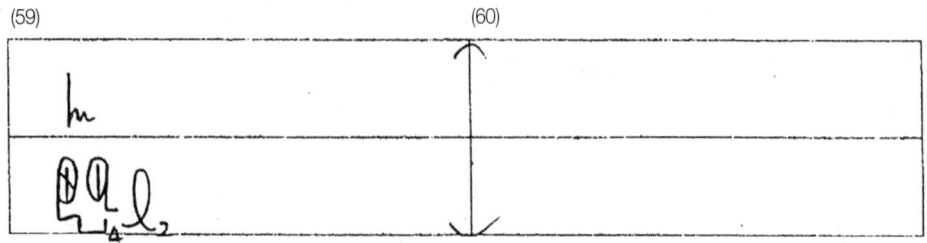

(59~60번) : 영기 흔들면서 왼발 딛고 오른발 디디면서 오른쪽으로 네 바퀴 돈다.

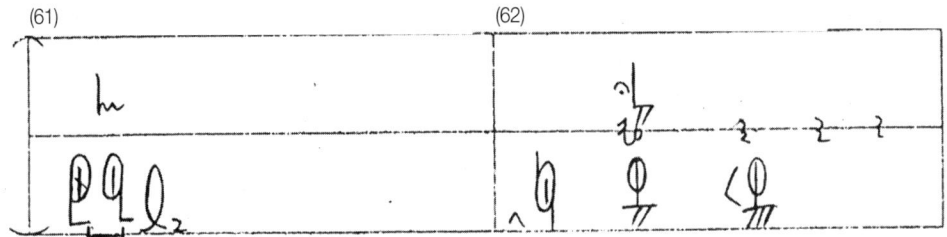

(61번) : 영기 흔들면서 오른쪽으로 계속하여 돈다.

(62번) : 두 발 모아 뛰어 무릎 대고 앉으면서 두 손으로 땅을 짚고 허리 굽힌다.

3. 오리정신청궤에서 추는 춤

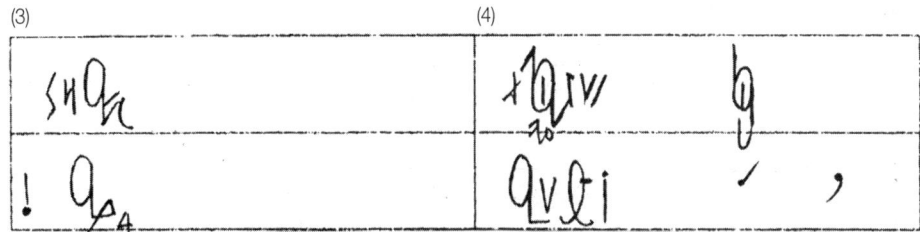

(1번) : (도는 동작부터) 신칼 앞으로 들고 왼쪽으로 도는 동작. 양팔 90° 정도 굽혀서 앞으로 들고 왼발 딛고 오른발 딛기를 두 번 하면서 왼쪽으로 한 바퀴 돈다.

(2번) : 제상 쪽을 보고 서서 왼발 뒤쪽 비껴 바깥쪽을 디디고 양발 모으면서 양쪽 신칼 아래로 모은 후, 위 아래로 굽신하면서 왼쪽 신칼 오른쪽 어깨에 걸친다.

(3번) : 앞으로 네 걸음 전진하면서 오른 신칼 밖으로 돌리는 동작. 오른쪽 팔 90° 정도 굽혀 신칼 바깥쪽으로 돌리면서 오른발부터 앞으로 네 걸음 걷는다.

(4번) : 허리 90° 정도 굽히면서 양쪽 신칼 팔 45° 정도 굽혀 앞쪽에서 모으며 오른발

디디고 양발 모으면서 오른쪽으로 돌아 제상 뒤쪽을 바라보고 선 후, 위 아래로 굴신하면서 양팔 아래로 내리며 허리 편다.

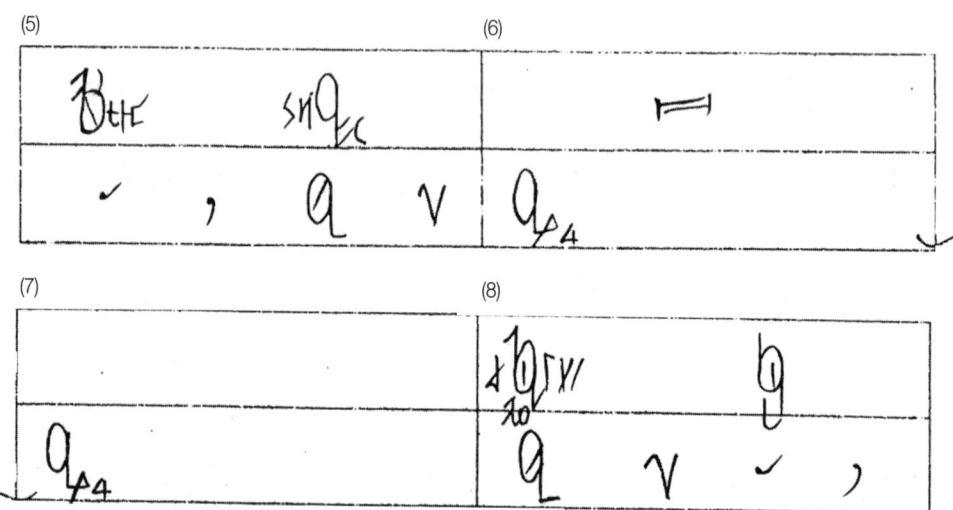

(5번) : 제자리에서 위 아래로 굴신하면서 왼쪽 팔 90° 정도 굽혀 신칼 오른쪽 어깨에 걸치고, 오른쪽 팔 90° 정도 굽혀 신칼 바깥쪽으로 돌리면서 오른발 앞쪽 비껴 바깥쪽을 디디고 두 발 모은다.

(6~7번) : 위 상태에서 앞으로 여덟 걸음 전진한다.

(8번) : 오른발 옆으로 딛고 두 발 모으면서 양쪽 팔 45° 정도 굽혀 앞쪽에서 모으며 허리 90° 정도 굽혔다가, 위 아래로 굴신하면서 허리 펴고 양쪽 신칼 아래로 내린다.

● 쌀춤

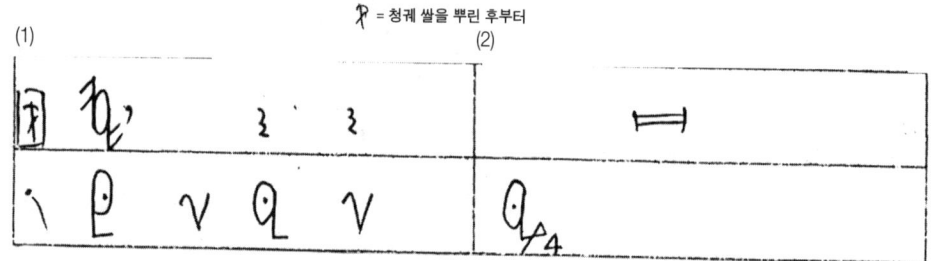

(1번) : 청궤 앞으로 들고 왼발 오른발 움직이는 동작. 양팔 90° 정도 굽혀 청궤 앞으로

들고 왼발 뒤로 딛고 두 발 모았다가, 오른발 뒤로 디디고 두 발 모은다.

(2번) : 위 상태에서 오른발부터 뒤로 네 걸음 걷는다.

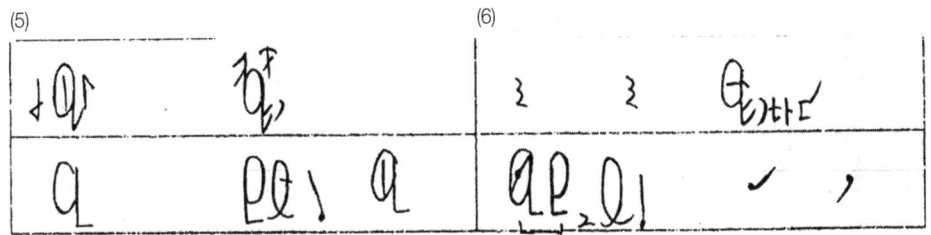

(3번) : 위 상태에서 오른발 뒤로 딛고 왼발 제자리 디딘 후 두 번 굴신한다.

(4번) : 왼손 청궤 잡고 팔 90° 정도 굽혀 앞쪽으로 들고 오른손은 팔 90° 정도 굽혀 신칼 옆으로 들어 오른쪽 어깨에 걸치고 오른발부터 네 걸음 앞으로 걷는다.

(5번) : 오른발 앞으로 디디면서 오른 신칼 살짝 뿌리쳐 돌리면서 팔 45° 정도 굽혀 아래로 내리고, 왼발 앞으로 디뎌 왼쪽으로 돌아서 오른발 제자리 디디면서 양팔 90° 정도 굽혀 앞쪽으로 든다.

(6번) : 오른발 뒤쪽 비껴 바깥쪽을 딛고 왼발 앞으로 딛기를 두 번 하면서 오른쪽으로 한 바퀴 돌아 제상 쪽을 보며 선 후, 위 아래로 굴신하면서 오른쪽 신칼 팔 90° 정도 굽혀 옆으로 들어 오른쪽 어깨에 걸친다.

(7) | (8)

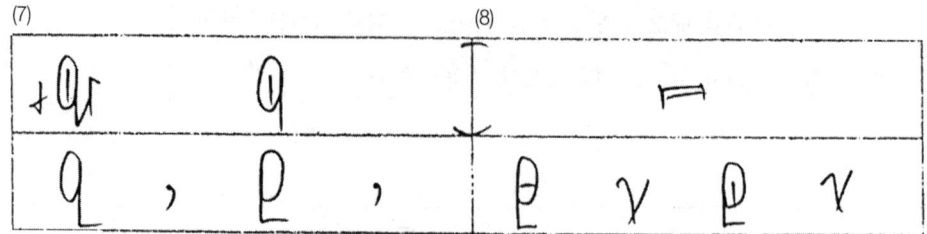

(7번) : 오른발 앞으로 디뎌 아래로 굴신하면서 오른쪽 신칼 살짝 뿌리쳐 돌리면서 팔 45° 정도 굽혀 아래로 내리고, 왼발 앞으로 디뎌 아래로 굴신하면서 왼팔 아래로 완전히 내린다.

(8번) : 위 상태에서 왼발 옆으로 디뎌 두 발 모으고, 다시 왼발 제자리 딛고 두 발 모은다.

(9번) : 오른 신칼 오른쪽 어깨에 대면서 왼쪽으로 돌아 군문을 향해 서는 동작. 오른쪽 신칼 팔 90° 정도 굽혀 옆으로 들어 오른쪽 어깨에 걸치면서 오른발 딛고 왼발 딛기를 두 번 하면서 왼쪽으로 돌아 군문을 향해 선다.

(10번) : 제자리에서 두 번 굴신하면서 오른 신칼 돌려 내리는 동작. 위 아래로 굴신하고 다시 위 아래로 굴신하면서 오른쪽 신칼 살짝 뿌리쳐 돌리면서 팔 45° 정도 굽혀 아래로 내린다.

(11번) : 왼발부터 제자리 굴신하면서 왼쪽으로 한 바퀴 도는 동작. 위 상태에서 왼발 제자리 디디고 양발 모으면서 왼쪽으로 한 바퀴 돌아 제상 쪽을 본다.

(12번) : 제자리 두 번 굴신하면서 왼손 청궤 잡고 오른 신칼 오른쪽 어깨에 대는 동작. 위 아래로 제자리에서 두 번 굴신하면서 왼손 청궤 잡고 오른쪽 신칼 팔 90° 정도 굽혀 오른쪽 어깨에 댄다.

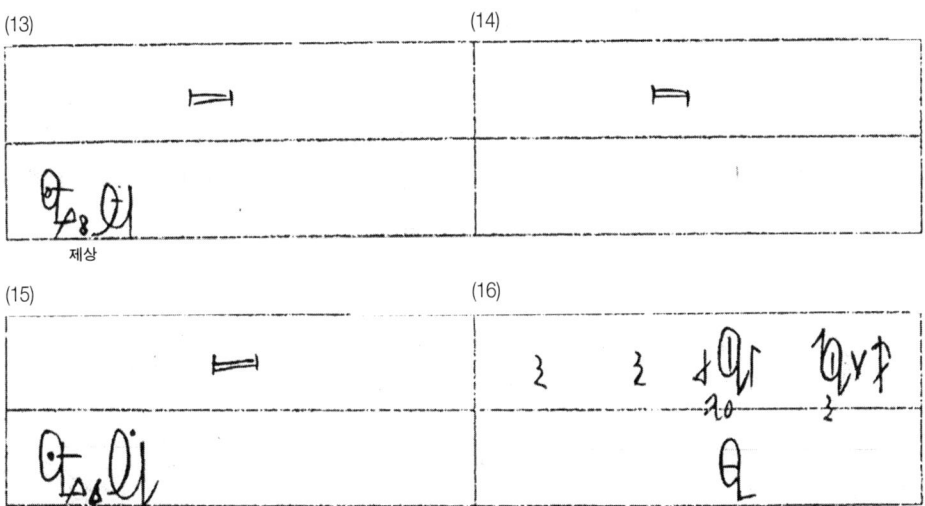

(13~15번) : 14번 소절부터 오른발부터 시계 반대방향으로 열두 걸음 걸으면서 원을 그린다.

(16번) : 위에 이어서 두 걸음 더 걸은 후, 오른발 옆으로 디디면서 허리 90° 정도 굽히고 오른쪽 신칼 살짝 뿌리쳐서 팔 45° 정도 굽혀 아래로 내린 다음 양팔 45° 정도 굽혀 모은다.

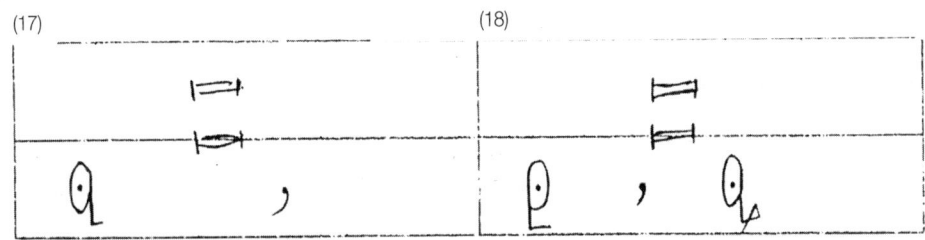

(17번) : 위 상태에서 오른발 뒤로 딛고, 아래로 굴신한다.

(18번) : 위 상태에서 왼발 뒤로 딛고 아래로 굴신하고, 오른발부터 두 걸음 뒤로 걷는다.

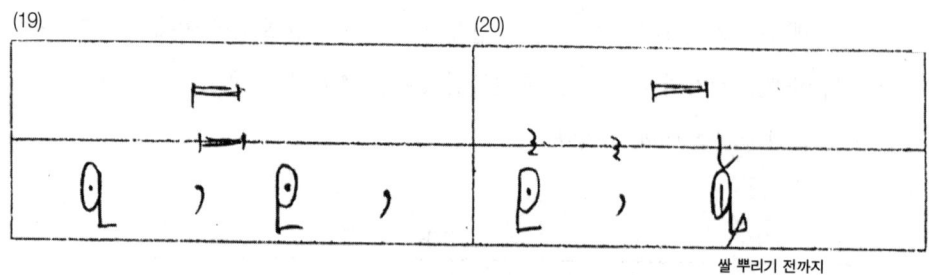

(19번) : 오른발 뒤로 디뎌 굴신하고 왼발 뒤로 디뎌 굴신한다.
(20번) : 왼발 뒤로 디뎌 아래로 굴신하고, 허리 펴면서 오른발부터 두 걸음 제자리 딛는다.

● 본향춤(홍포관대 놀리는 춤)

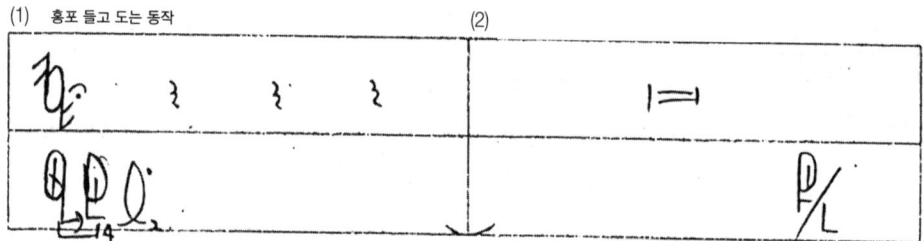

(1~번) : 양손 홍포 들고 왼손은 손등을 위로, 오른손은 손바닥을 위로 향하여 양팔 90° 정도 굽혀 앞으로 들고 오른발 제자리 안쪽 방향으로 딛고 왼발 딛기를 네 번 하면서 왼쪽으로 두 바퀴 돌아 왼발 가져다 대며 짚는다.

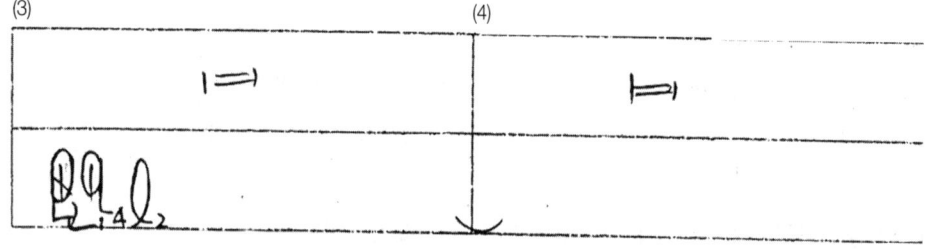

(3~4번) : 위 상태에서 도는 방향만 오른쪽으로 바꾸어 돈다.

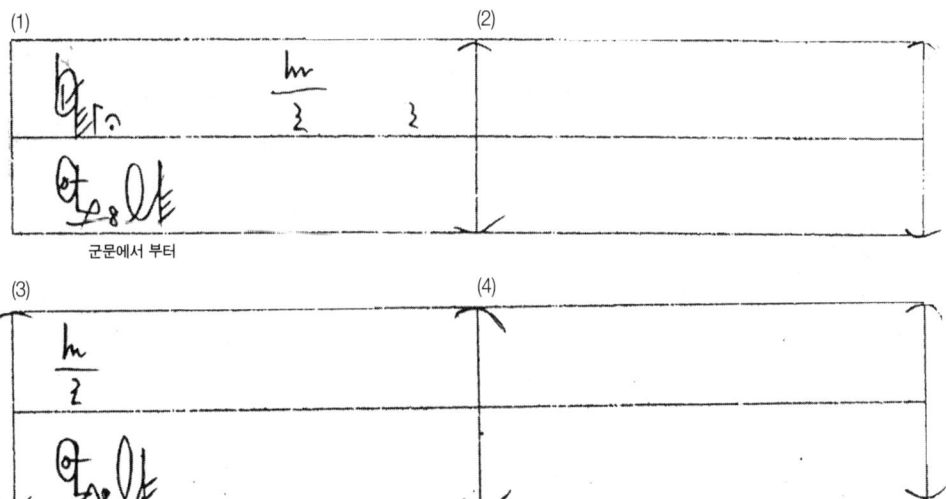

(5번) : 위 상태에서 제상 쪽을 바라보고 서서 아래로 굴신했다가, 오른발 뒤쪽 비껴 바깥쪽을 디디고 두 발 모은다.

(6번) : 오른발부터 앞으로 두 걸음 걸은 후, 왼발 앞쪽 비껴 안으로 딛고 허리 90° 정도 굽히면서 양팔 90° 정도 굽혀 아래로 내리고 허리 펴면서 두 발 모은다.

● 군복차림의 신청궤춤

군문에서 부터

(1~4번) : 왼손 아래로 내리고 오른손 손바닥을 위로 하여 오른팔 135° 정도 굽혀 들고 왼손 흔들면서 군문 쪽에서부터 까치발 뛰기 열여선 번을 하며 시계 반대방향으로 원을 그린다.

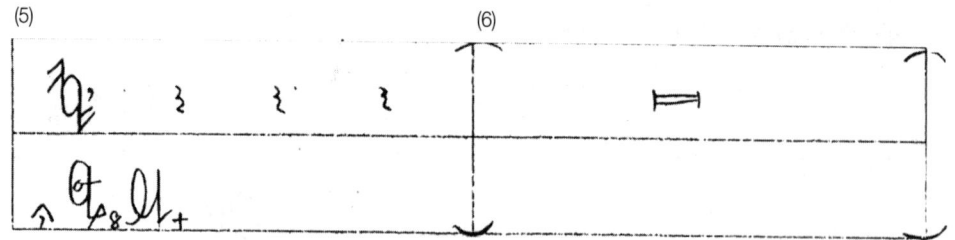

(5~6번) : 양팔 90° 정도 굽혀 앞으로 들고 오른발부터 여덟 번 뛰면서 계속 원을 그린다.

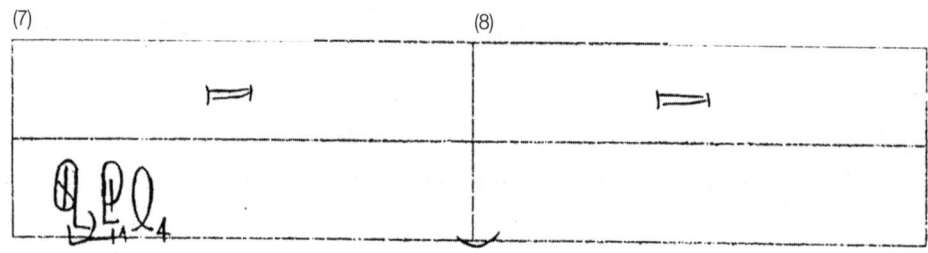

(7~8번) : 위 상태에서 오른발 딛고 왼발 딛기를 하면서 제자리에서 오른쪽으로 네 번 돈다.

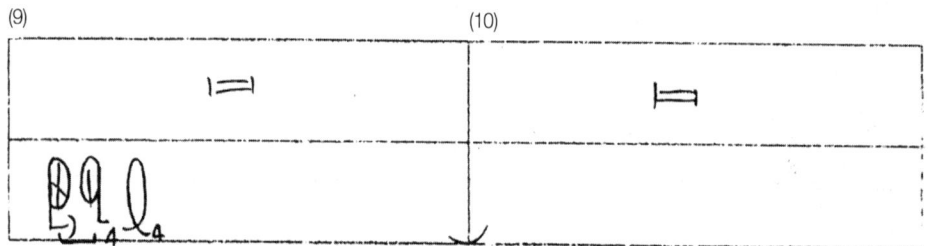

(9~10번) : 위 상태에서 왼발 딛고 오른발 디디면서 제자리에서 왼쪽으로 네 번 돈다.

● 굿판을 시작하는 굿춤

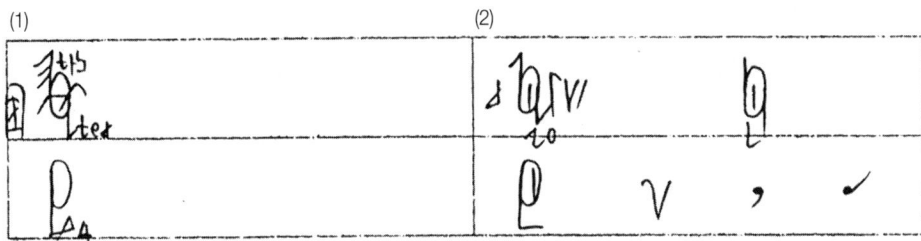

(1번) : 왼발부터 앞으로 네 걸음 걸으면서 왼쪽 신칼 왼쪽 어깨에 대고 오른쪽 신칼 팔 45° 정도 굽혀 안쪽으로 돌린다.

(2번) : 왼발 제자리 딛고 두 발 모으면서 허리 45° 정도 굽히며 양쪽 신칼 팔 45° 정도 굽혀 살짝 뿌리치면서 앞으로 모았다가, 아래 위로 굴신하면서 허리 펴고 양팔 아래로 내린다.

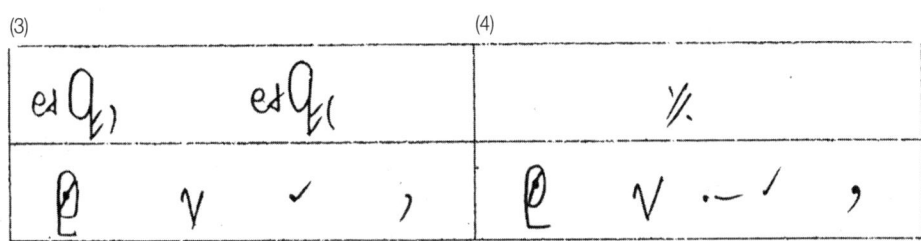

(3번) : 왼발 뒤쪽 미껴 바깥쪽을 딛고 양발 모으면서 오른팔 90° 정도 굽혀 오른쪽 신칼 살짝 뿌리치듯이 안쪽으로 돌리고, 위 아래로 오금하면서 오른쪽 신칼 다시 바깥쪽으로 돌린다.

(4번) : 3번 동작을 반복하되 굴신할 때 오른쪽으로 돌아선다.

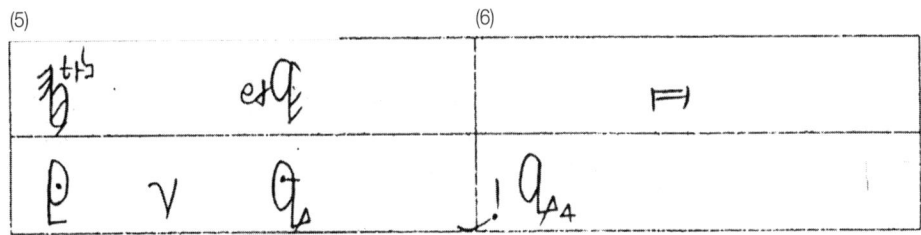

(5번) : 왼발 뒤쪽을 딛고 두 발 모으면서 왼쪽 신칼 왼쪽 어깨에 걸치고 오른발부터 두 걸음 앞으로 걸으면서 오른팔 90° 정도 굽혀 신칼 살짝 뿌리치면서 앞쪽으로 돌린다.

(6번) : 위의 상태에서 제상 쪽을 향하여 오른발부터 앞으로 네 걸음 걷는다.

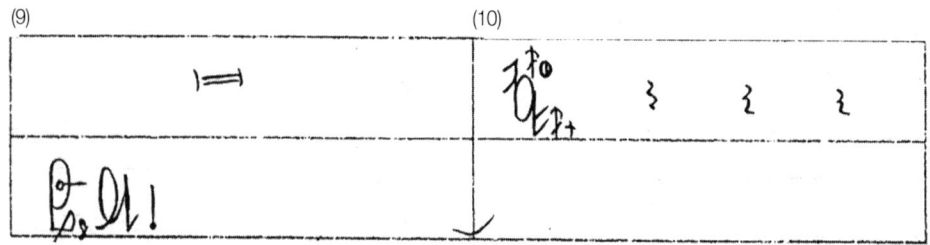

(7번) : 양팔 90° 정도 굽혀 양쪽 신칼 살짝 뿌리치면서 앞으로 모으고 왼발 제자리 딛고 오른발 뒤쪽 비껴 디디면서 오른쪽으로 약간 돌아서고, 다시 왼발 제자리 딛고 오른발 뒤쪽 비껴 디디면서 오른쪽으로 돌아 제상 뒤쪽을 바라보고 선다.

(8번) : 위 상태에서 왼쪽 신칼 오른쪽 어깨에 걸쳤다가 양쪽 신칼 모두 왼손에 쥔다.

(9번) : 왼발부터 시계 반대방향으로 원을 그리며 걷는다.

(10번) : 9번에 이어 계속 걸으면서 양팔 90° 정도 굽혀 앞쪽에서 왼손은 양쪽 신칼 아래를 잡고 오른손은 신칼 중간을 잡는다.

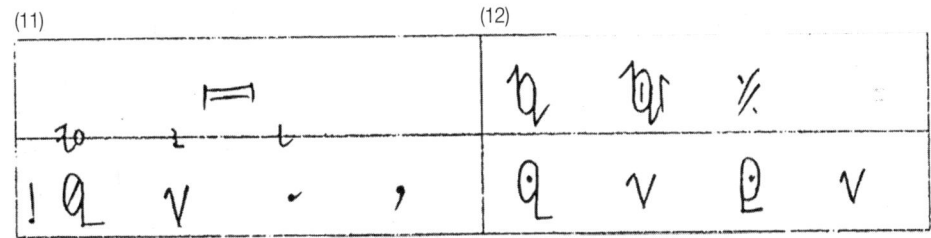

(11번) : 오른발 옆으로 디뎌 왼발 모아 굴신하면서 허리 굽혔다 펴는 동작. 위 상태에서 제상 쪽을 보고 오른발 앞쪽 비껴 바깥쪽을 딛고 양발 모으면서 허리 90° 정도 굽히고, 위 아래로 굴신하면서 허리 편다.

(12번) : 두 손 앞으로 들었다 내리면서 오른발 뒤로 디디면서 양팔 45° 정도 굽혀 앞으로 들고 양발 모으면서 양팔 45° 정도 굽혀 아래로 내리고, 왼발 뒤로 디뎌 모으면서 양팔 똑같이 되풀이한다.

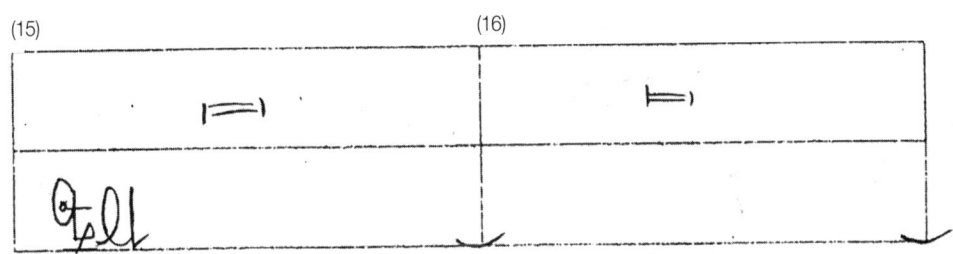

(13번) : 12번 동작을 반복한다.

(14번) : 팔 동작은 잎의 동작과 같이 하면서 위 아래로 굴신한 후, 오른발 딛고 왼발 앞으로 디디면서 양팔 90° 정도 굽혀 앞쪽으로 든다.

(15~16번) : 위 상태에서 오른발부터 걸으며 시계 반대방향으로 원을 그린다.

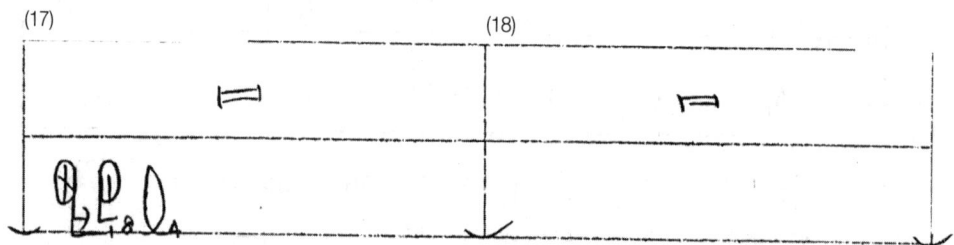

(17~18번) : 위 상태에서 오른발 딛고 왼발 딛기를 여덟 번 하면서 제자리에서 오른쪽으로 네 바퀴 돈다.

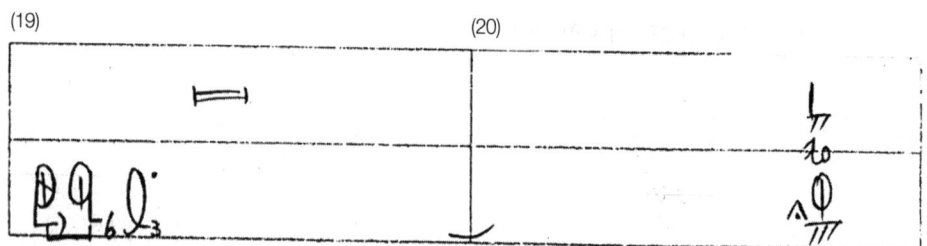

(19번) : 왼발 딛고 오른발 딛기를 네 번 하면서 제자리에서 왼쪽으로 두 바퀴 돈다.
(20번) : 19번 동작에 이어서 왼쪽으로 한 바퀴 더 돈 후, 두 발 위로 뛰어서 바닥에 무릎 대고 허리 굽혀 양손 바닥 짚고 앉는다.

● 본향당신놀림(활춤)

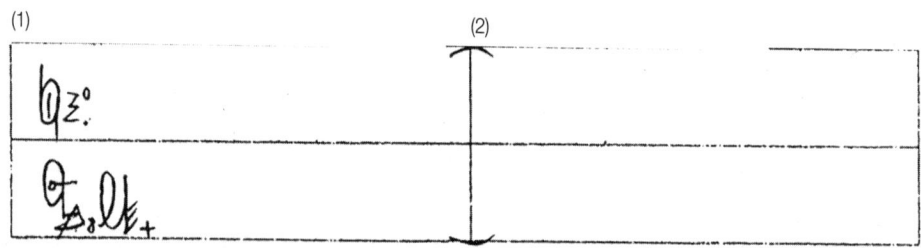

(1~2번) : 양손 아래로 내린 상태에서 앞뒤로 흔들며 여덟 걸음 까치발 걷기로 군문에 서부터 제상 쪽으로 간다.

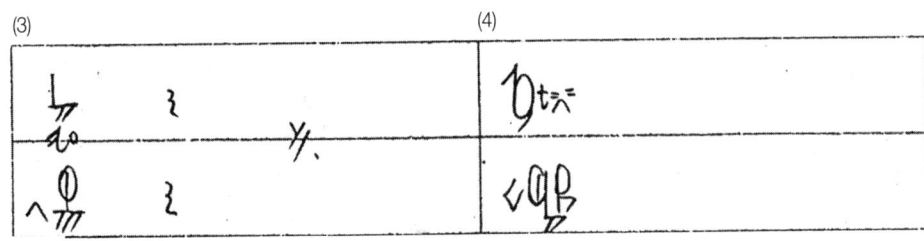

(3번) : 2번 동작에 이어서 두 발 위로 뛰어 바닥에 무릎 대고 허리 굽히며 두 손바닥 짚고 앉는다.

(4번) : 왼팔 45° 정도 굽혀 앞으로 들고 오른쪽 다리 무릎 세워서 앉는다.

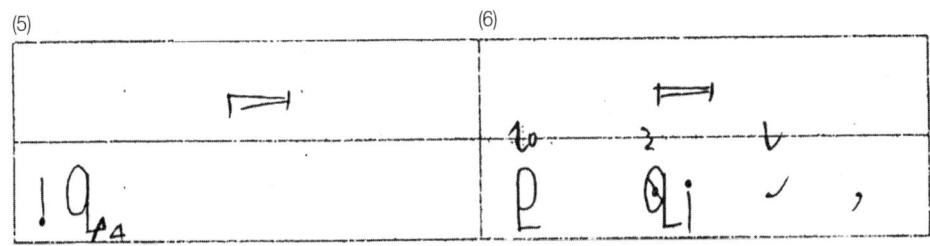

(5번) : 팔은 위 상태로 하고 제상 쪽을 향하여 오른발부터 네 걸음 앞으로 걷는다.

(6번) : 위 상태에서 왼발 앞으로 디디면서 허리 45° 정도 굽히고 오른발 뒤쪽 비껴 안쪽을 디디며 제상 바깥쪽으로 돌아선 후, 허리 펴면서 위 아래로 오금한다.

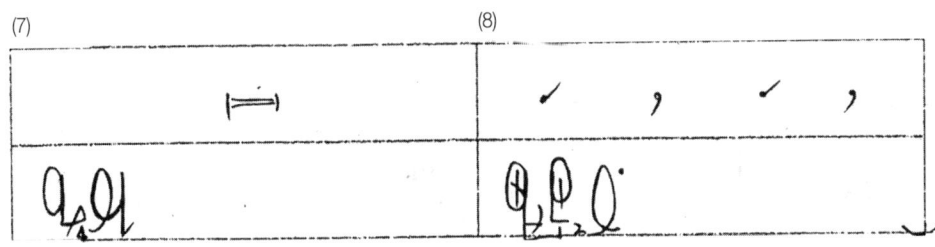

(7번) : 위 상태에서 오른발부터 시계 반대방향으로 원을 그리면서 네 걸음 걷는다.

(8번) : 위 상태에서 양팔 위 아래로 굴신하면서 오른발 딛고 왼발 딛기를 두 번 하면서 왼쪽으로 한 바퀴 돈다.

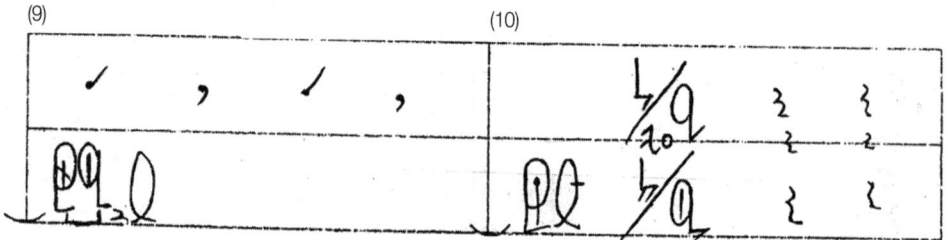

(9번) : 계속 양팔 위 아래로 굴신하면서 왼발 딛고 오른발 딛기를 두 번 하면서 오른쪽으로 한 바퀴 돈다.

(10번) : 왼발 앞으로 디뎌 오른쪽 뒤로 돌아서고 왼손으로 땅을 짚고 오른손 앞으로 들면서 허리 굽힌다.

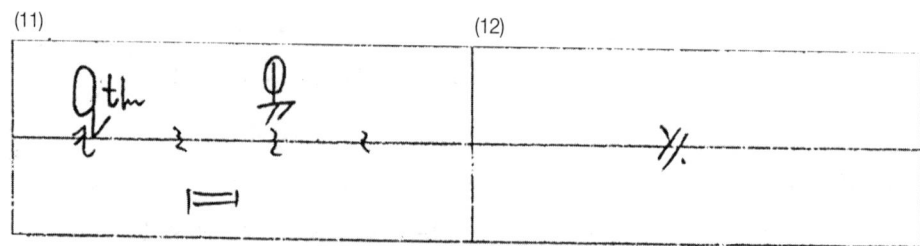

(11번) : 위 상태에서 오른쪽 신칼 앞으로 들어 뒤로부터 앞으로 흔들어서 양손 바닥을 짚고 허리 90° 정도 굽힌다.

(12번) : 11번 동작을 반복한다.

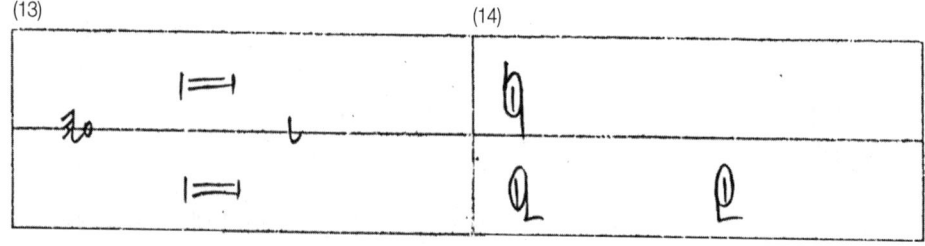

(13번) : 위 상태에서 허리 135° 정도 굽혔다가 다시 편다.

(14번) : 오른발부터 일어서면서 두 팔 아래로 내리는 동작. 양팔 아래로 내리면서 오른발 딛고 왼발 디디며 일어선다.

4. 공연에서 추는 춤

● 떡 조각을 양손에 들고 추는 춤

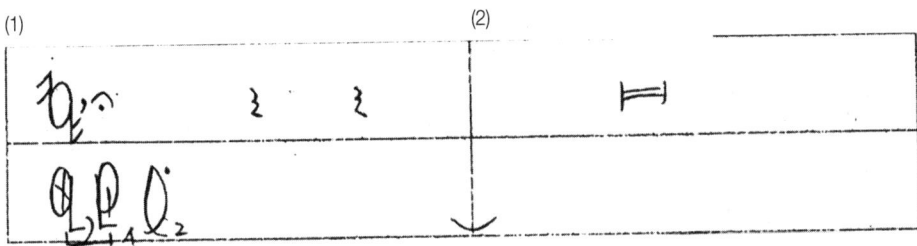

(1~2번) : 두 손 앞으로 들고 제자리에서 왼쪽으로 도는 동작. 양팔 90° 정도 굽혀 양손에 앞으로 들고 오른발 딛고 왼발 딛기를 네 번 하면서 왼쪽으로 두 바퀴 돈다.

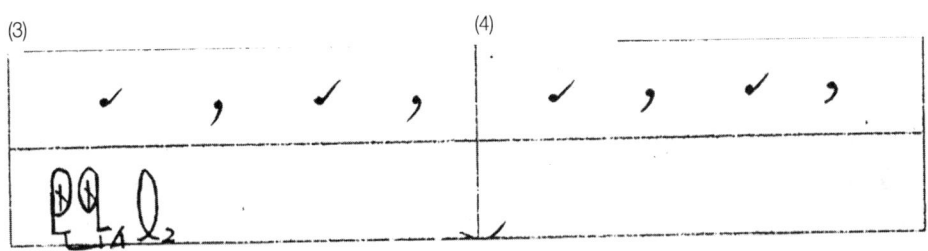

(3~4번) : 굴신하면서 오른쪽으로 도는 동작. 양손에 떡 들고 상체 굴신하면서 왼발 딛고 오른발 딛기를 네 번 하면서 오른쪽으로 두 바퀴 돈다.

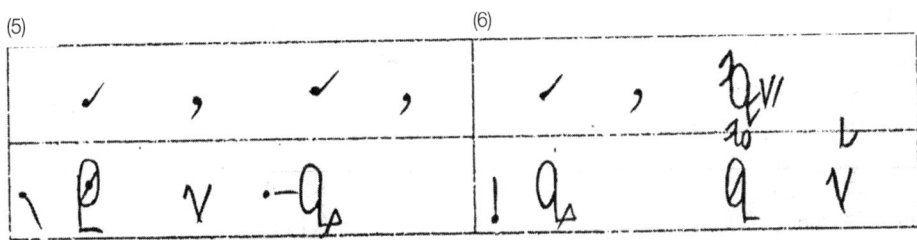

(5번) : 왼발 뒤 비껴 딛고 오른발 모으면서 군문 쪽으로 돌아서 걷는 동작. 상체 계속 굴신하면서 왼발 뒤쪽 비껴 바깥쪽을 디디며 약간 돌면서 양발 모으고, 제상을 바라보고 섰을 때 오른쪽 방향으로 오른발부터 두 걸음 걷는다.

(6번) : 계속 상체 굴신하면서 제상 쪽으로 오른발부터 두 걸음 걷고, 오른발 디디면서 허리 90° 정도 굽혀 양팔 90° 정도 굽혀서 앞쪽으로 모은 다음 양발 모으면서 허리 편다.

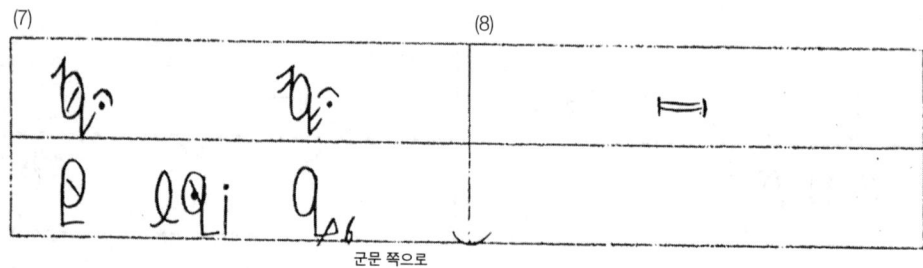

(7번) : 6번에 이어 양팔 45° 정도 굽혀 비껴 바깥쪽으로 벌리면서 왼발 딛고 오른쪽으로 돌면서 오른발 뒤쪽 비껴 안쪽을 디디며 제상 뒤쪽을 본 후, 양팔 90° 정도 굽혀 앞쪽으로 모으면서 오른발부터 군문 쪽을 향해 두 걸음 걷는다.

(8번) : 위 상태를 유지하면서 계속 네 걸음 걷는다.

● 손바닥 춤

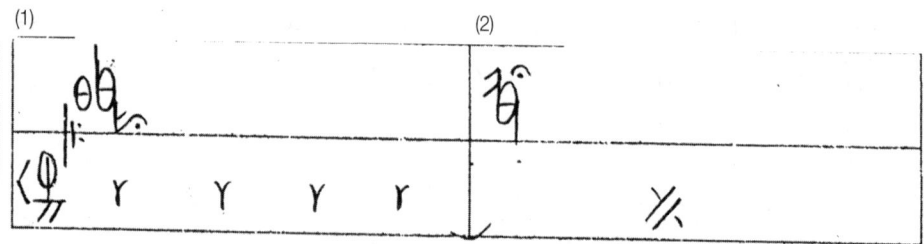

(1번) : 무릎 대고 앉아서 네 번 굴신하면서 오른손 매고 왼손 옆 펴기 동작. 무릎 대고 앉아서 오른팔 90° 정도 굽혀 손바닥 위로 향하게 하여 옆으로 들고 왼손은 옆으로 펴서 들고 하체는 네 번 굴신한다.

(2번) : 계속 굴신하면서 왼손 매고 오른손 펴기 동작. 계속 굴신하면서 왼팔 90° 정도 굽혀 손바닥 위로 향하게 하여 옆으로 들고 오른팔은 옆으로 펴서 든다.

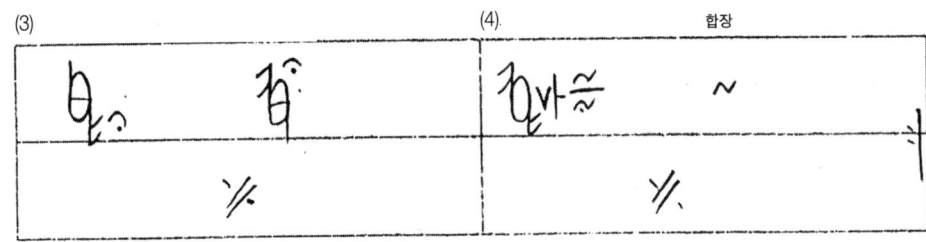

(3번) : 계속 굴신하면서 오른손 매고 왼손 폈다가 왼손 매고 오른손 옆 펴기 동작. 계속 굴신하면서 1번과 2번 손동작을 한 번씩 한다.

(4번) : 계속 굴신하면서 왼손은 손등을 위로 하여 손끝이 안으로 오게 하고 오른손은 손바닥을 위로 오게 하여 손끝이 안으로 향하게 하여 두 손바닥 마주 대었다가 두 손 합장한다.

● 떡 춤(나까시리놀림)

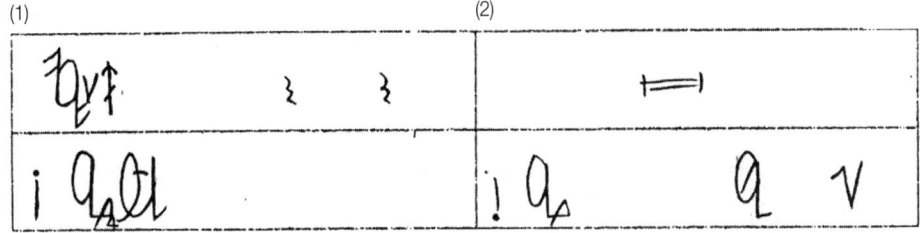

(1번) : 두 손 앞에 모아 떡을 들고 뒷 방향을 향하여 반원을 그리며 걷는 동작. 양팔 90° 정도 굽혀 양손에 앞으로 모아 떡을 들고 제상 뒤쪽을 향해 오른발부터 네 걸음 걸으며 반원을 그린다.

(2번) : 제상을 향하여 두 발 걷고 오른발 옆으로 딛고 왼발 모아 디디는 동작. 위 상태에서 제상 쪽을 향해 오른발부터 두 걸음 걷고, 오른발 디디며 양발 모은다.

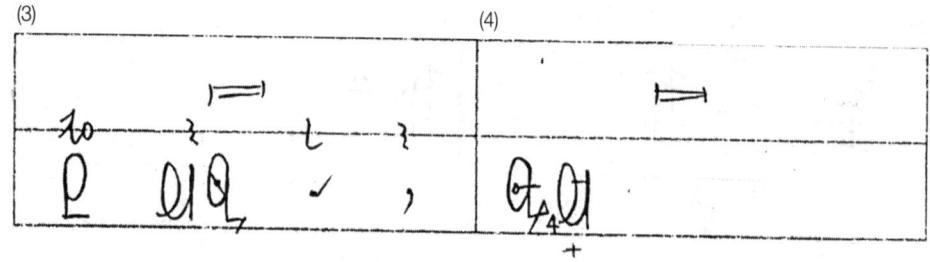

(3번) : 위 상태에서 허리 90° 정도 굽히면서 왼발 앞으로 디디고 뒤로 돌아서 오른발 뒤쪽 비껴 디딘 후, 허리 펴면서 위 아래로 굴신한다.

(4번) : 제상을 향하여 반원을 그리며 걷는 동작. 위 상태에서 오른발부터 반원을 그리며 네 걸음 걷는다.

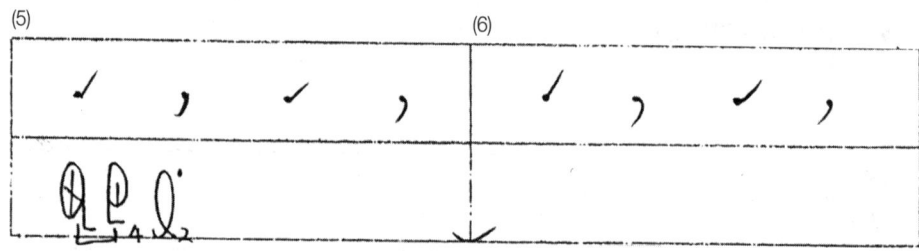

(5~6번) : 제자리에서 굴신하면서 왼쪽으로 돌기. 상체 위 아래로 굴신하면서 오른발 딛고 왼발 딛기를 네 번 하면서 왼쪽으로 두 바퀴 돈다.

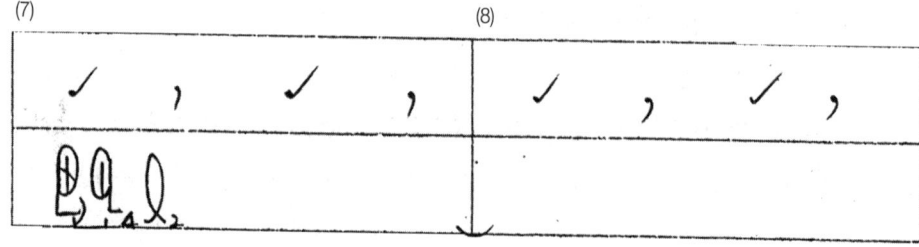

(7~8번) : 제자리에서 굴신하면서 오른쪽으로 돌기. 상체 위 아래로 굴신하면서 왼발 딛고 오른발 딛기를 네 번 하면서 오른쪽으로 두 바퀴 돈다.

5. 석살림에서 추는 춤

● 신칼과 요령 들고 추는 춤

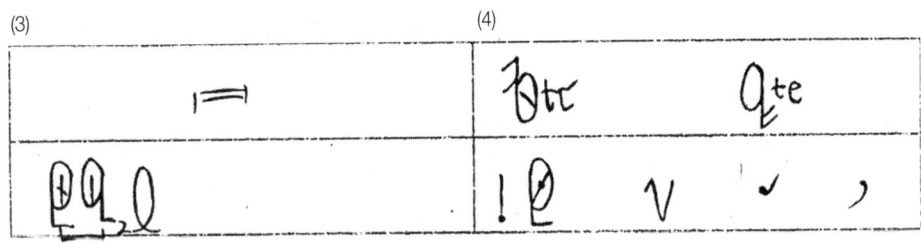

(1번) : 요령 들고 제자리에서 왼쪽으로 도는 동작. 양팔 90° 정도 굽혀 요령 앞으로 들고 오른발 딛고 왼발 딛기를 두 번 하면서 왼쪽으로 돈다.

(2번) : 왼쪽 신칼 왼쪽 어깨에 대고 왼발 제자리 디디고 양발 모은 후, 양쪽 신칼 팔 90° 정도 굽혀 앞쪽으로 들어 왼쪽으로 돌린다.

(3번) : 2번 동작에서 왼발 딛고 오른발 딛기를 두 번 하면서 오른쪽으로 한 바퀴 돈다.

(4번) : 제상 쪽을 보면서 왼쪽 신칼 오른쪽 어깨에 대고 왼발 뒤쪽 비껴 바깥쪽을 디디고 양발 모은 후, 오른팔 90° 정도 굽혀 오른쪽 신칼 앞쪽으로 들어 안으로 돌리면서 위 아래로 굴신한다.

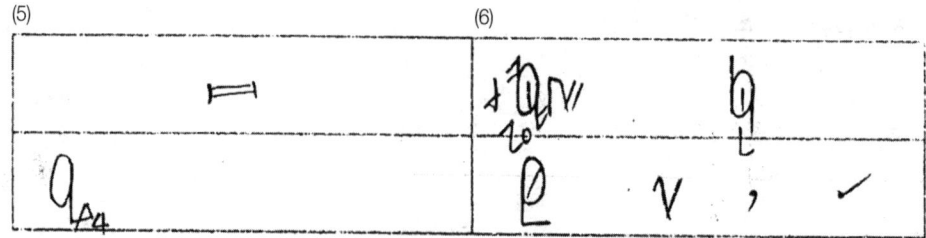

(5번) : 위 상태에서 오른발부터 앞으로 네 걸음 걷는다.

(6번) : 허리 45° 정도 굽히면서 양팔 90° 정도 구부려 내려 모으고 왼발 디디고 양발 모은 후, 허리 펴고 양쪽 신칼 아래로 내리며 아래 위로 굴신한다.

● 저고리끈을 놀리는 춤

(1번) : (저고리끈을 한 손에 한 쪽씩 갈라 쥐고) 오른발부터 시계 반대방향으로 원을 그리며 여덟 번 뛰면서 양쪽 팔 90° 정도 굽혀서 오른손 앞으로 들고 왼손 아래로 내린 상태에서 앞쪽으로 든다.

(2번) : 양팔 90° 정도 굽혀 아래에서 모으며 왼발 딛고 양발 모으면서 왼쪽으로 돌아서서 양팔 90° 정도 굽혀 앞으로 들면서 두 번 굴신한다.

(3번) : 오른발부터 시계 반대방향으로 여덟 걸음 걸으면서 오른손 앞에서 반원 그려서 내리고 왼손도 오른손과 같이 반복한 후 양팔 90° 정도 굽혀 앞쪽으로 든다.

(4번) : 위 상태에서 왼발 딛고 양발 모으면서 왼쪽으로 돌아서 오른발부터 걷는다.

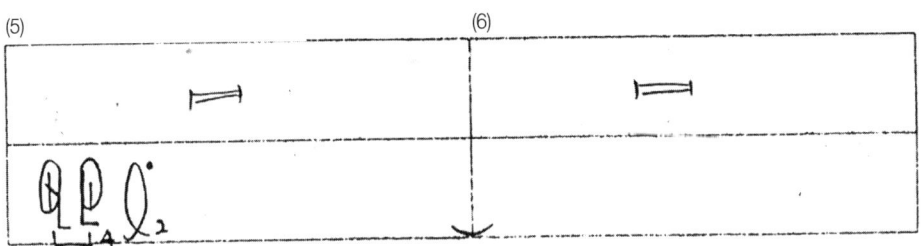

(5~6번) : 위 상태에서 오른발 딛고 왼발 딛기를 네 번 하면서 왼쪽으로 두 바퀴 돈다.

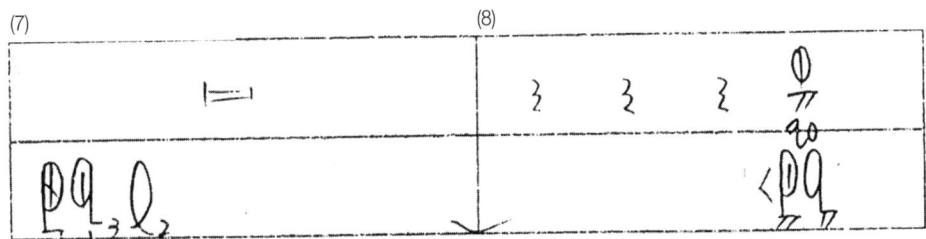

(7번) : 위 상태에서 왼발 딛고 오른발 세 번 디디면서 8번 중간까지 오른쪽으로 두 바퀴 돈다.

(8번) : 7번에 이어서 돌다가 무릎 대고 두 손 땅을 짚고 허리 굽혀 앉는다.

● 치마를 가사로 입고 추는 춤

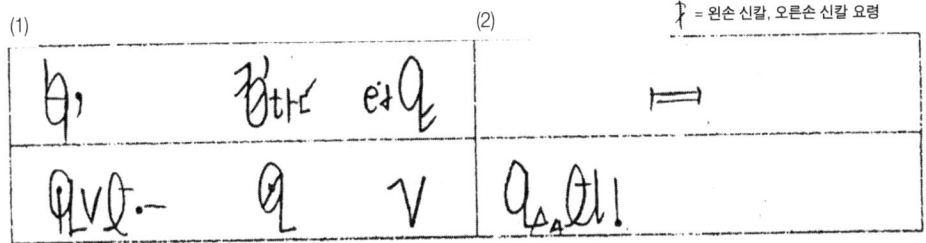

(1번) : 양팔 옆 아래에서 오른발 앞으로 딛고 양발 모으면서 왼쪽으로 돌고, 오른발

뒤쪽 비껴 바깥쪽을 디디면서 왼손 오른쪽 어깨에 걸치고 양발 모으면서 오른팔 90° 정도 굽혀 오른손 살짝 뿌리치면서 바깥쪽으로 돌린다.

(2번) : 위 상태에서 오른발부터 반원을 그리며 두 걸음 걸어서 제상 쪽을 본다.

(3번) : 왼발 디디고 양발 모아 오른쪽으로 약간 돌아서면서 허리 90° 정도 굽히고 양팔 45° 정도 굽혀 신칼 살짝 뿌리치며 아래로 내린 후, 위 아래로 오금하면서 허리 펴고 양손 아래로 내린다.

(4번) : 3번에 이어 계속 위 아래로 굴신하면서 양팔 아래에서 45° 정도 굽혀 두 신칼 모아 왼손으로 신칼 잡고 오른손으로 요령 잡아 왼쪽 신칼 오른쪽 어깨에 걸친다.

(5번) : 왼팔 45° 정도 굽혀 왼손으로 두 신칼 아래를 잡고 오른팔 135° 정도 굽혀 오른손 두 신칼 중간을 잡고 왼발부터 시계 방향으로 원을 그리며 네 걸음 걷는다.

(6번) : 양팔 90° 정도 굽혀 양손 앞으로 들어서 왼발 딛고 오른발 디디며 오른쪽으로 반 바퀴 돌았다가, 허리 굽히며 두 손 바닥을 짚고 양쪽 무릎 바닥에 대며 앉는다.

● 바라 들고 추는 춤

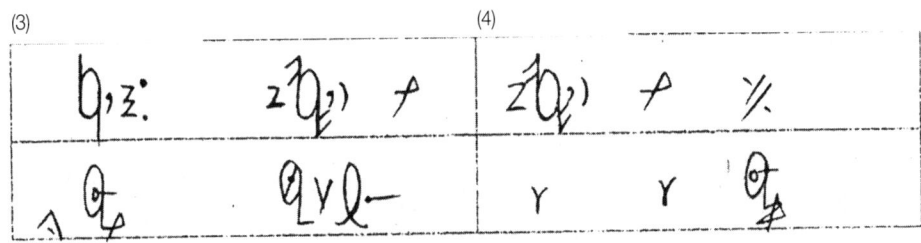

(1번) : 무릎 바닥에 대고 바라 쥐고 허리 90° 정도 굽힌 상태에서 오른발부터 일어서면서 양팔 90° 정도 굽히고 앞쪽에서 바라 두 번 친다.

(2번) : 양손 내리면서 왼발 뒤쪽 비껴 바깥쪽을 디뎌 굴신하고 양발 모아 굴신한 후, 오른발 뒤쪽 비껴 바깥쪽으로 디뎌 굴신하고 양발 모아 굴신한다.

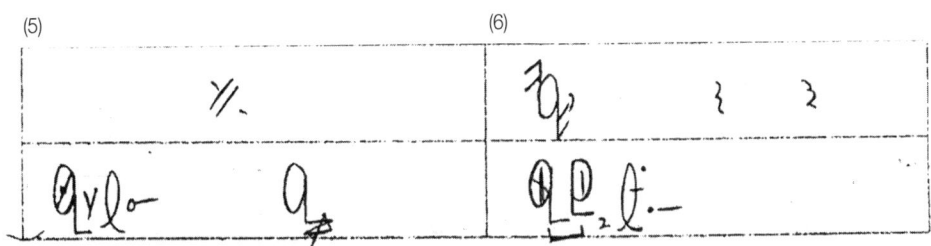

(3번) : 양손 앞으로 들어 아래 위로 흔들면서 오른발부터 두 발 뛰며 걸은 후, 오른발 뒤쪽 비껴 바깥쪽을 딛고 양발 모으면서 오른쪽으로 반 바퀴 돌면서 바라 두 번 친다.

(4번) : 바라 두 번 치면서 두 번 굴신하고 다시 두 번 치면서 까치발 걷기 두 번 한다.

(5번) : 계속 바라 네 번 치면서 오른발 위쪽 비껴 바깥쪽을 딛고 양발 모으면서 오른

쪽으로 돌아서 오른발부터 앞으로 까치발 걷기를 두 번 한다.

(6번) : 팔 90° 정도 굽혀 바라 앞으로 들고 오른발 딛고 왼발 딛기를 두 번 하면서 왼쪽으로 돈다.

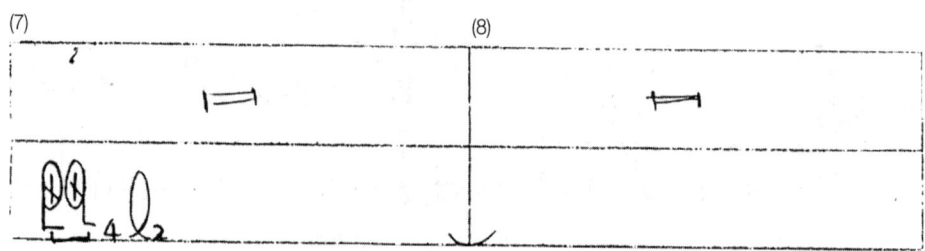

(7~8번) : 위 상태에서 왼발 딛고 오른발 딛기를 네 번 하면서 오른쪽으로 두 바퀴 돈다.

(9번) : 제상 쪽을 보고 왼발 옆으로 디디면서 바라 한 번 치고 양발 모으면서 또 한 번 치고, 위 아래로 굴신하면서 셋째 박에 바라 두 번 치고 넷째 박에 다시 한 번 친다.

(10번) : 1, 2박에 바라 치고 3, 4박에 내리면서 두 번 걷는다. 오른발 옆으로 디디면서 바라 한 번 치고 양발 모으면서 또 한 번 치고, 왼발 뒤쪽 비껴 바깥쪽으로 딛고 양발 모으면서 바라 아래로 내린다.

(11번) : 첫째, 둘째 박마다 바라 한 번씩 치면서 굴신하고, 오른발부터 두 걸음 걸으면서 바라 아래로 내린다.

(12번) : 제상 쪽을 보고 박마다 한 번씩 치면서 앞으로 두 걸음 걸은 후, 오른발 오른쪽으로 디뎌 왼발 모아 디딘다.

(13번) : 제상 쪽을 보고 왼발 뒤쪽 비껴 바깥쪽을 디디며 바라 한 번 치고 양발 모으며 뒤로 돌아서면서 또 한 번 치고, 두 번 굴신하면서 바라 아래로 내린다.

(14번) : 오른발 오른쪽으로 디디면서 바라 한 번 치고 양발 모으면서 또 한 번 치고, 바라 아래로 내리면서 왼발 뒤쪽 비껴 바깥쪽을 디디고 양발 모으면서 오른쪽으로 돌아선다.

(15번) : 1, 2박에 두 번 치고 오른발부터 제자리 디디고 3, 4박에 내리면서 3번 방향으로 두 발 전진하는 동작. 오른발 제자리 디디며 바라 한 번 치고 왼발 제자리 디

디면서 또 한 번 친 후, 바라 아래로 내리면서 오른발부터 두 걸음 걷는다.

(16번) : 1, 2박에 두 번 치며 오른발 오른쪽으로 모아 왼발 모으고 3, 4박에 내리면서 왼발 뒤 비껴 디디고 오른발 모아 오른쪽으로 돌아서는 동작. 오른발 디디면서 바라 한 번 치고 양발 모으면서 또 한 번 친 후, 바라 아래로 내리면서 왼발 뒤쪽 비껴 바깥쪽을 딛고 양발 모으면서 약간 오른쪽으로 돌아선다.

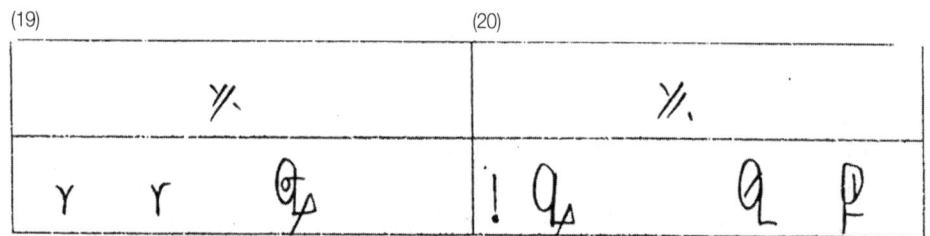

(17번) : 1, 2박에 두 번 치며 두 번 굴신하고 3, 4박에 내리면서 오른발 뒤 비껴 딛고 왼발 모으면서 왼쪽으로 돌아서는 동작. 한 박에 한 번씩 굴신하면서 바라도 한 번씩 치고, 셋째 박부터 바라 아래로 내리면서 오른발 뒤쪽 비껴 바깥쪽을 딛고 양발 모으면서 약간 왼쪽으로 돌아선다.

(18번) : 1, 2박에 두 번 치며 두 번 굴신하고 3, 4박에 내리면서 오른발 뒤 비껴 딛고 왼발 모으면서 오른쪽으로 돌아서는 동작. 첫째, 둘째 박은 위와 같고 셋째 박부터 바라 아래로 내리면서 왼발 뒤쪽 비껴 바깥쪽으로 딛고 양발 모으면서 약간 오른쪽으로 돌아선다.

(19번) : 1, 2박에 두 번 치며 두 번 굴신하고 3, 4박에 내리면서 두 번 걷는 동작. 첫째, 둘째 박은 위와 같고 셋째 박부터 바라 아래로 내리면서 오른발부터 두 걸음 걷는다.

(20번) : 1, 2박에 두 번 치며 앞으로 두 발 전진하고 3, 4박에 내리면서 오른발 오른쪽으로 디뎌 왼발 모아 닫는 동작. 제상 쪽을 보면서 한 박에 한 번씩 바라 치면서 오른발부터 두 걸음 걸은 후, 셋째 박부터 바라 아래로 내리면서 오른발 딛고 왼발 가져다 댄다.

(21번) : 1, 2박에 두 번 치며 오른쪽으로 돌아서서 3, 4박에 내리면서 굴신하는 동작. 한 박에 한 번씩 바라 치면서 왼발 앞쪽 비껴 바깥쪽을 디디고 오른발 뒤쪽 비껴 안쪽을 디디면서 돌아서 제상 반대쪽을 바라보고, 셋째 박부터 바라 아래로 내리면서 두 번 굴신한다.

(22번) : 1, 2박에 두 번 치고 3, 4박에 내리면서 시계바늘 도는 방향으로 네 걸음 전진하는 동작. 바라는 위와 같이 하면서 시계방향으로 돌면서 네 걸음 걷는다.

(23번) : 바라를 앞에 들고 왼쪽으로 도는 동작. 팔 90° 정도 굽혀 바라 앞에서 들고 오른발 딛고 왼발 딛기를 두 번 하면서 왼쪽으로 한 바퀴 돈다.

(24번) : 바라를 앞에 들고 오른쪽으로 돌아 앉으면서 바라 뒤로 던지는 동작. 바라 위와 같이 든 채 왼발 딛고 오른발 디디면서 오른쪽으로 돌아서 제상 뒤쪽을 보고 앉으면서 바라 뒤로 던진다.

6. 불도맞이에서 추는 춤

● 수룩춤

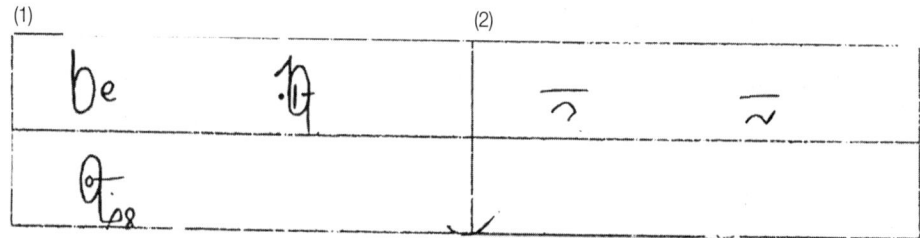

(1번) : 왼손 뒷짐 지고 오른팔 소매 감으며 왼발 옆으로 디디고 오른발 모아 디디면서 오른쪽으로 돈다.

(2번) : 오른팔 45° 정도 굽혀 아래로 내리면서 왼 소매 감아 뒤로 보내면서 오른쪽으로 돌아 제상 반대쪽을 보고 오른발 디디며 위 아래로 굴신한다.

(3번) : 왼팔 앞으로 들어 왼쪽 소매 감아 뒷짐 지고 오른팔은 옆으로 펴면서 오른발부터 시계방향으로 반원을 그리며 네 걸음 걷는다.

(4번) : 3번에 이어서 계속 네 걸음 걸으면서 오른쪽 손목을 안과 밖으로 한 번씩 꺾는다.

(5번) : 4번에 이어 왼발 옆으로 딛고 오른 손목 안으로 꺾으면서 양발 모은 후, 왼팔 앞으로 들면서 위 아래로 굴신한다.

(6번) : 오른발 뒤쪽 비껴 바깥쪽으로 딛고 아래로 굴신하면서 양손 팔 90° 정도 굽혀 앞에서 모아 왼손은 손등을 위로 하여 손끝이 안으로, 오른손은 손바닥을 위로 하여 손끝이 밖으로 하였다가 다시 반대로 뒤집으면서 양발 모으고 굴신한다.

(7번) : 손은 6번 동작을 반복하면서 왼발 뒤쪽 비껴 바깥쪽을 딛고 아래로 굴신한 후, 양발 모으고 굴신한다.

(8번) : 왼팔 앞으로 들어 왼쪽 소매 바깥으로 돌려서 팔 90° 정도 굽혀 아래로 내리면서 오른발 뒤쪽 비껴 바깥쪽을 딛고, 왼팔 아래로 펴서 내리면서 위로 굴신한다.

(9번) : 왼손 뒷짐 지고 오른손 앞에서 소매 돌리며 왼발 뒤 비껴 딛고 오른발 모아서 굴신한다.

(10번) : 오른쪽 소매 앞에서 바깥으로 돌려 뒷짐 진다.

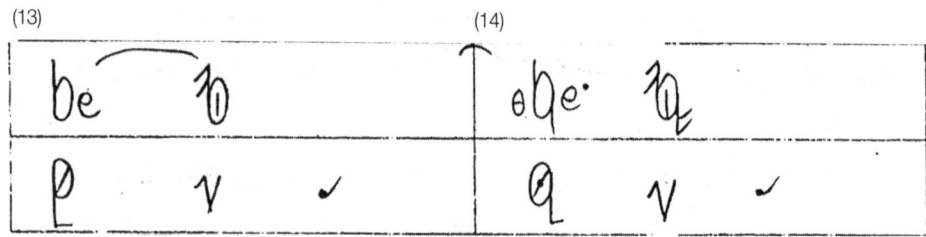

(11번) : 왼쪽 소매 앞에서 바깥으로 돌려 뒷짐 지면서 왼발 옆으로 딛고 양발 모은 후, 위로 굴신한다.

(12번) : 오른발 딛고 양발 모으면서 오른 소매 앞에서 돌리고, 오른손 뒷짐 지면서 위로 굴신한다.

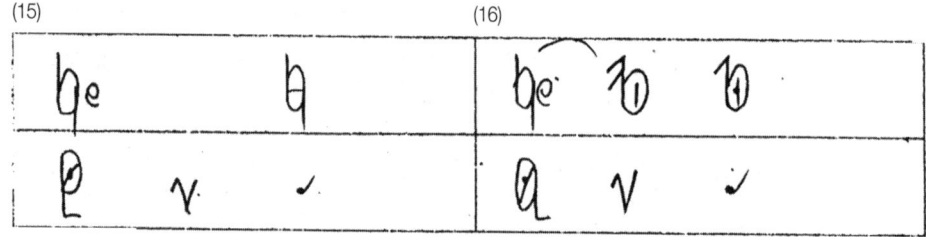

(13번) : 왼쪽 소매 앞에서 돌려 팔 90° 정도 굽혀 아래로 내리면서 왼발 딛고 양발 모아 위로 굴신한다.

(14번) : 양팔 옆으로 들어 양쪽 소매 앞쪽에서 바깥으로 돌려 팔 90° 정도 굽혀 아래로 내리면서 오른발 뒤쪽 비껴 바깥쪽을 딛고 양발 모아 위로 굴신한다.

(15번) : 양쪽 소매 앞에서 돌리면서 왼발 뒤쪽 비껴 바깥쪽을 딛고 양발 모으고, 위로 굴신하면서 양팔 옆으로 들어서 편다.

(16번) : 양쪽 소매 앞에서 바깥으로 돌려 왼팔 90° 정도 굽혀 아래로 내리면서 오른발

뒤쪽 비껴 바깥쪽을 딛고 양발 모은 후, 위로 굴신하면서 왼손 뒷짐 진다.

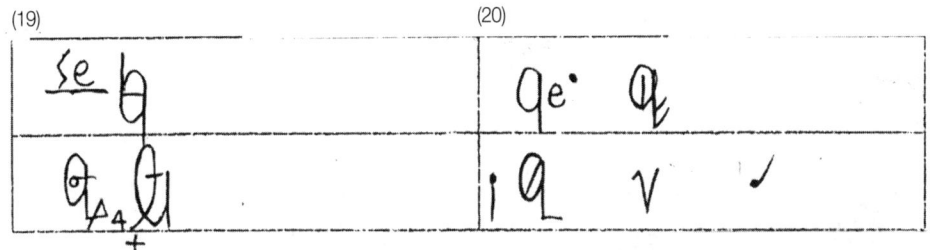

(17번) : 왼쪽 소매 앞쪽에서 돌리며 왼발 뒤쪽 비껴 바깥쪽을 딛고 양발 모아 오른쪽으로 돌아서 위로 굴신한다.

(18번) : 오른손 뒷짐 지고 왼쪽 소매 앞에서 바깥으로 돌려 팔 90° 정도 굽혀 아래로 내리고 왼발부터 시계 반대방향으로 반원을 그리며 네 걸음 걷는다.

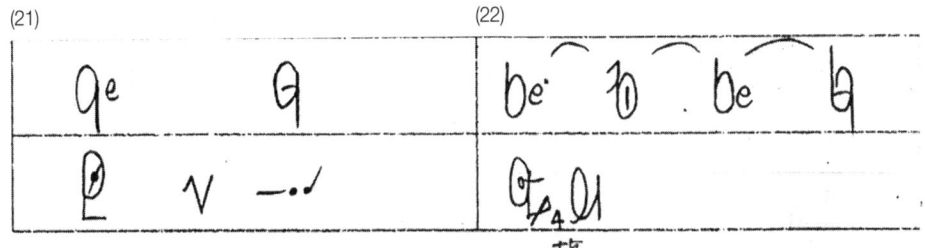

(19번) : 18번에 이어서 왼손 돌려서 양팔 옆으로 펴며 계속 네 걸음 걷는다.

(20번) : 제상 반대방향을 보며 오른발 디디면서 오른쪽 소매 앞쪽에서 바깥으로 돌리고 양발 모으면서 오른팔 90° 정도 굽혀 아래로 내린 후, 위로 굴신한다.

(21)　　　　　　　　　　　　(22)

(21번) : 오른쪽 소매 앞에서 돌리면서 왼발 뒤쪽 비껴 바깥을 딛고 양발 모으고, 오른

팔 옆으로 펴면서 왼쪽으로 돌아서 위로 굴신한다.

(22번) : 왼쪽 소매 앞에서 바깥으로 돌려 팔 90° 정도 굽혀 아래로 내리고 이어 왼쪽 소매 앞에서 돌려 양팔 옆으로 펴면서 오른발부터 시계 반대방향으로 네 걸음 걷는다.

(23)	(24)
좋바~ ᵖ	벙 벙,
앙언	앙 ℓvi ／ ，

(23번) : 계속하여 걸으면서 양손 팔 90° 정도 굽혀 앞에서 모아 왼손은 손등을 위로 하여 손끝이 안으로, 오른손은 손바닥을 위로 하여 손끝이 밖으로 하였다가 다시 반대로 뒤집는다.

(24번) : 양팔 아래로 내리면서 왼발 디뎌 양발 모으면서 오른쪽으로 돌아 제상 반대쪽을 보고, 위 아래로 굴신하면서 양팔 옆으로 편다.

(25)	(26)
2(b,) 올 얖	⊐
오 ₽ 앉옾ℓ	앉₆ℓ₃

(25번) : 왼손 반원을 그리며 앞 안쪽으로 팔 45° 정도 굽히고 이어 왼팔 옆으로 펴면서 오른손 반원 그리며 앞 안쪽으로 팔 45° 정도 굽히면서 오른발 오른쪽 비껴 앞쪽을 딛고 왼발은 왼쪽 옆을 디딘 후, 양팔 90° 정도 굽혀 앞으로 들며 오른발 딛고 왼발 디디면서 오른쪽으로 돈다.

(26번) : 위 상태에서 오른발 딛고 왼발 딛기를 두 번 하면서 제자리에서 왼쪽으로 한 바퀴 돈다.

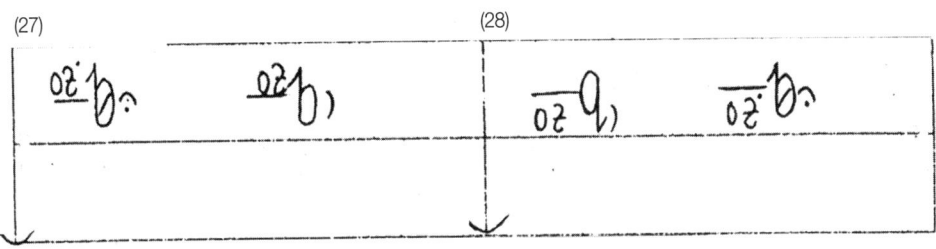

(27번) : 오른발 딛고 왼발 딛기를 두 번 하면서 제자리에서 왼쪽으로 한 바퀴 돌며 왼쪽 소매 밖으로 돌렸다가 안으로 돌린다.

(28번) : 계속 제자리에서 돌면서 오른 소매 안으로 돌렸다가 밖으로 돌린다.

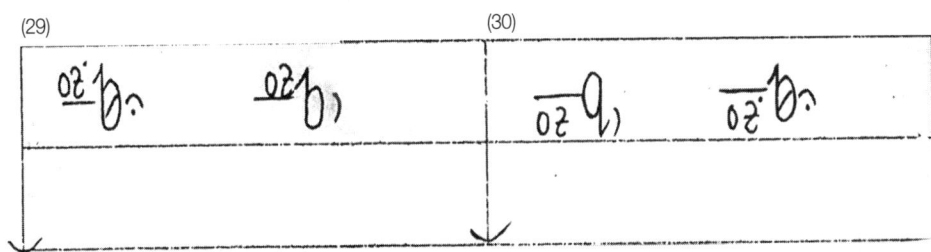

(29~30번) : 27~28번 동작 반복한다.

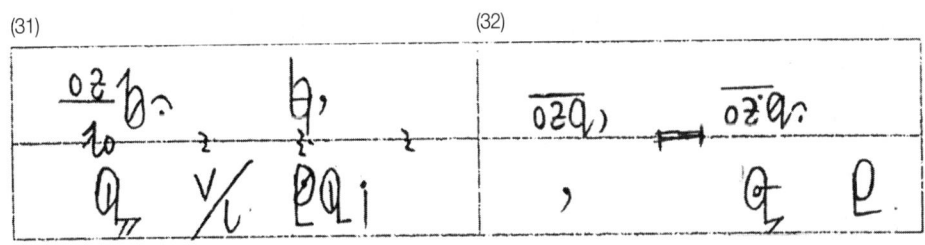

(31번) : 허리 90° 정도 굽히고 왼쪽 소매 밖으로 돌리면서 오른발 굽혀 딛고 양발 모아 다리 펴고, 양팔 옆으로 펴면서 왼발 뒤쪽 비껴 바깥쪽을 딛고 오른발 디뎌 제상 반대쪽을 본다.

(32번) : 허리 그대로 구부린 채, 위로 굴신하면서 팔 45° 정도 굽혀 오른쪽 소매 안으로 돌리고, 오른쪽 소매 바깥으로 돌리면서 오른발 딛고 왼발 앞으로 디딘다.

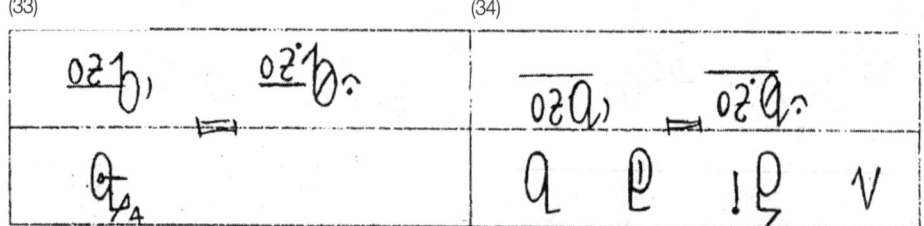

(33번) : 시계 반대방향으로 네 걸음 걸으면서 왼 소매 안으로 돌렸다가 밖으로 돌린다.

(34번) : 계속 허리 구부린 채, 오른쪽 소매 앞에서 안으로 돌리며 오른발 앞으로 딛고 왼발 제자리 딛고, 오른쪽 소매 밖으로 돌리며 제상을 보면서 왼발 앞으로 딛고 양발 모은다.

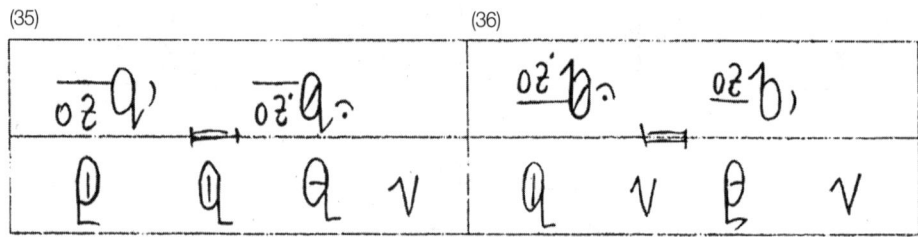

(35번) : 위 상태에서 오른손 안으로 돌리면서 왼발 제자리 딛고 오른발 제자리 딛고, 양팔 옆으로 펴면서 오른발 옆으로 딛고 양발 모은다.

(36번) : 35번 동작을 왼손으로 진행하면서 오른발 제자리 딛고 양발 모으고, 왼발 옆으로 딛고 양발 모은다.

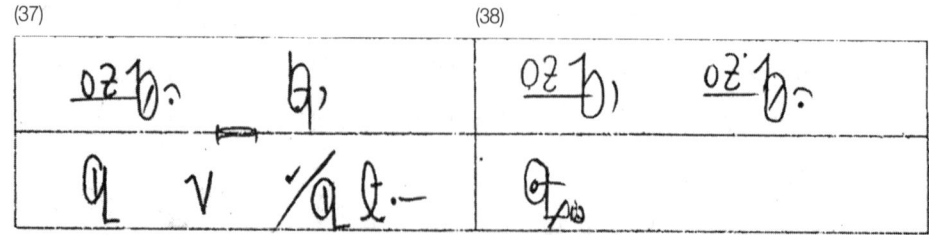

(37번) : 왼손 밖으로 돌리면서 오른발 제자리 딛고 양발 모으고, 양팔 옆 아래로 펴면서 위로 굴신하며 오른발 제자리 디뎌 오른쪽으로 돈다.

(38번) : 왼손 안으로 돌렸다가 밖으로 돌리면서 시계 반대방향 쪽으로 걷는다.

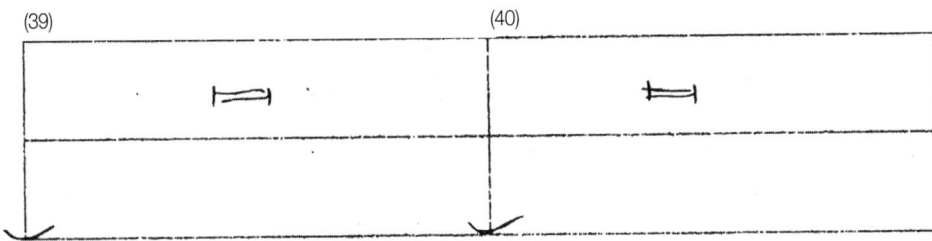

(39~40번) : 위 자세에서 계속 걷는다.

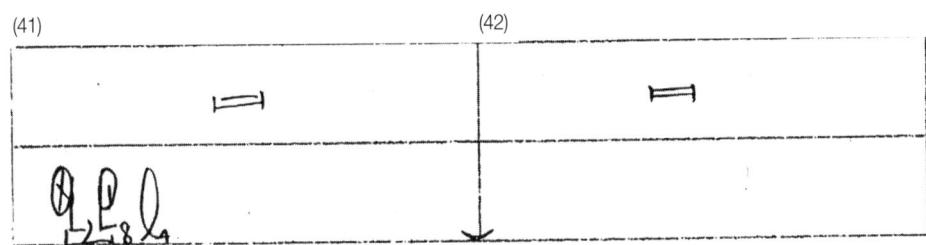

(41~42번) : 위 자세에서 오른발 딛고 왼발 딛기를 여덟 번 하면서 오른쪽으로 네 바퀴 돈다.

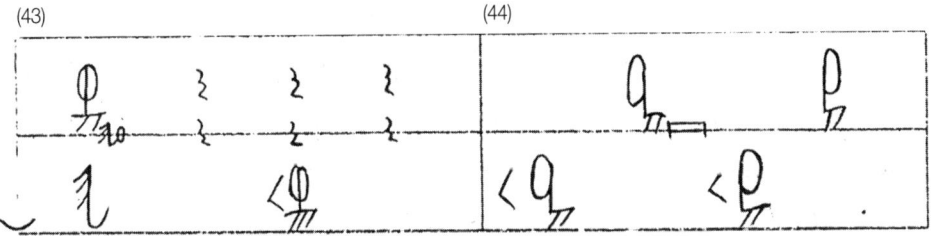

(43번) : 손으로 땅을 짚으며 허리 굽혀 앉았다가 무릎 대고 앉는다.

(44번) : 허리 135° 정도 구부린 채로 오른쪽 무릎 앞으로 짚고, 오른손 앞을 짚고, 왼쪽 무릎 앞으로 짚고, 왼손 앞을 짚는다.

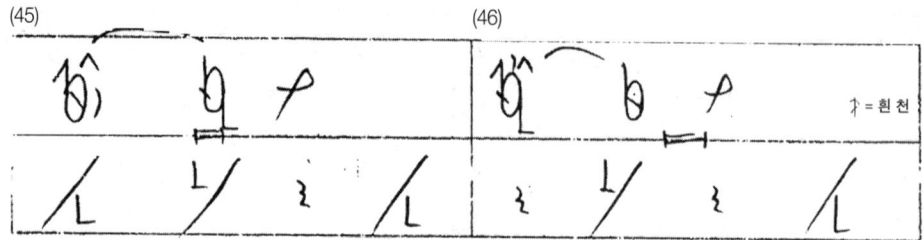

(45번) : 왼손 안으로 돌려서 땅을 짚고 오른손 안으로 돌려서 땅을 짚는다.

(46번) : 45번 동작을 반복하여 흰 천 잡고 허리를 편다.

● 할망춤

(1번) : 무릎 바닥에 대고 허리 굽혀 앉아 굴신하면서 왼팔 45° 정도 굽혀 왼손 앞에서 비껴 바깥쪽으로 반원을 그리듯이 돌려서 손바닥이 위로 향하게 하고, 다시 한 번 굴신하면서 오른팔 45° 정도 굽혀 오른손 앞에서 안쪽으로 반원을 그리듯이 돌려서 손등이 위를 향하게 한다.

(2번) : 한 번 굴신하며 오른팔 45° 정도 굽혀 오른손 비껴 바깥쪽으로 돌려 손바닥이 위로 향하게 하고, 다시 한 번 굴신하며 오른손 앞 안쪽으로 돌려서 손등이 위로 향하게 한다.

(3~4번) : 1, 2번 동작 반복한다.

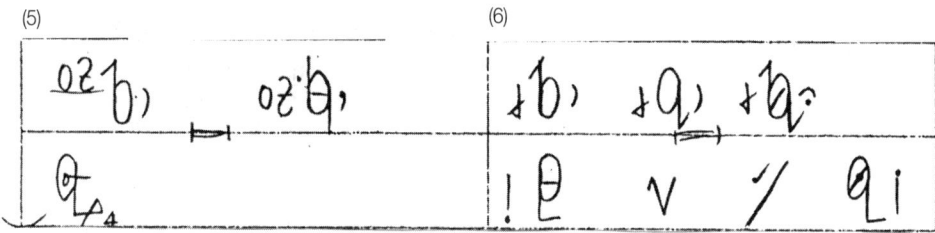

(5번) : 허리 그대로 굽힌 상태에서 시계 반대방향으로 네 걸음 걸으면서 왼팔 45° 정도 굽혀 왼손 반원을 그리듯이 앞 안쪽으로 돌린 후, 양손 돌려 옆으로 편다.

(6번) : 제상 쪽을 보고 왼발 옆으로 디디며 왼팔 45° 정도 굽혀 살짝 뿌리치듯이 앞 안쪽으로 돌리고 양발 모으면서 오른팔 45° 정도 굽혀 살짝 뿌리치듯이 앞 안쪽으로 돌린 후, 양팔 45° 정도 굽혀 왼손은 손등이 위로 향하고 오른손은 손바닥이 위로 향하게 하여 양손 앞쪽 비껴 바깥쪽으로 든다.

● 바라춤

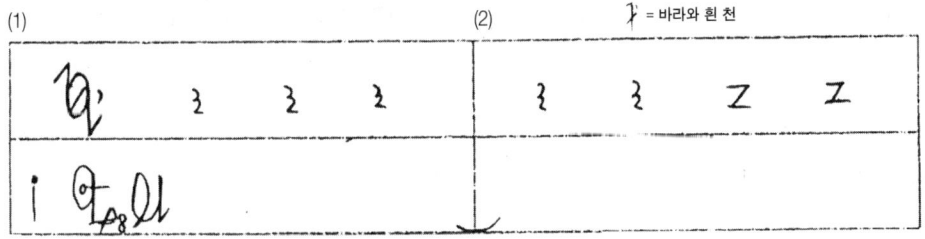

(1번) : 제상 반대쪽을 바라본 상태에서 양손 앞쪽 비껴 바깥쪽으로 들고 시계 반대방향으로 원을 그리며 네 걸음 걷는다.

(2번) : 계속하여 네 걸음 걸으며 셋째, 넷째 박에 바라를 한 번씩 친다.

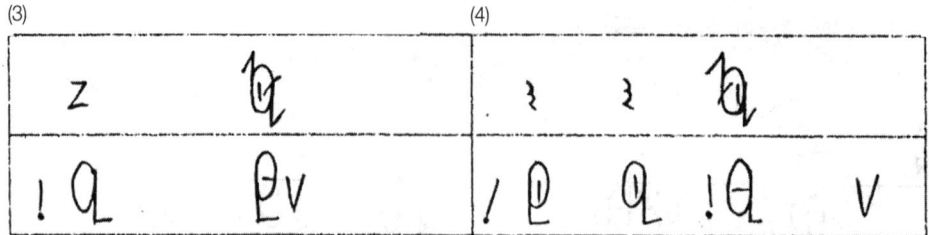

(3번) : 제상 쪽을 보고 오른발 앞으로 디디면서 바라 한 번 치고, 왼발 옆으로 딛고 양발 모으면서 양팔 45° 정도 굽혀 왼손 아래 감고 오른손 앞쪽 비껴 바깥쪽으로 든다.

(4번) : 왼발 오른발 제자리 한 번씩 딛고, 오른발 옆으로 딛고 양발 모으면서 오른손 아래로 감고 왼손 앞쪽 비껴 바깥쪽으로 든다.

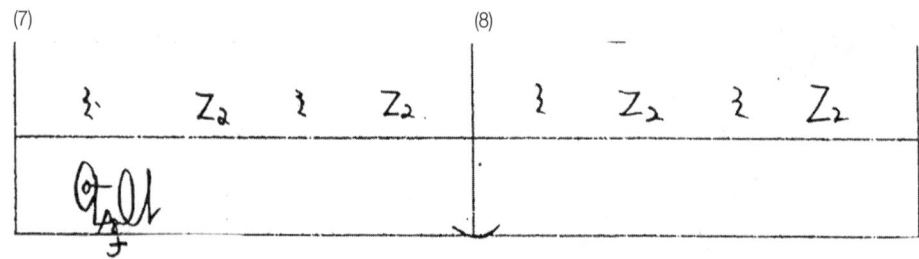

(5번) : 4번 동작을 반대로 진행한다.

(6번) : 왼발 오른발 한 번씩 제자리 딛고, 양팔 45° 정도 굽혀 양손 앞쪽 비껴 바깥쪽으로 들며 오른발 뒤쪽 비껴 바깥쪽을 딛고 왼발 디디며 오른쪽으로 돌아선다.

(7~8번) : 둘째 박과 넷째 박에 두 번씩 바라를 치면서 시계 반대방향으로 원을 그리며 여덟 걸음 걷는다.

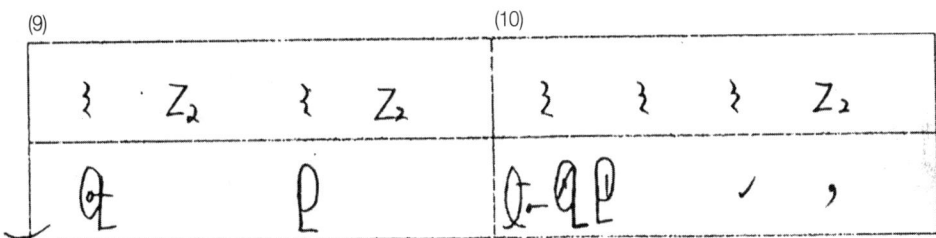

(9번) : 위와 같이 바라를 치면서 첫째 박에 오른발 딛고 셋째 박에 왼발 앞으로 디딘다.

(10번) : 오른쪽으로 돌아서며 오른발 앞쪽 비껴 바깥쪽으로 딛고 이어 왼발 디딘 후, 위 아래로 굴신하면서 넷째 박에 바라 두 번 친다.

(11번) : 계속 네 걸음 걸으면서 둘째 박과 넷째 박에 바라 두 번씩 친다.

(12번) : 둘째 박에 바라 두 번 치면서 왼발 7번 방향으로 딛고, 양팔 45° 정도 굽혀 왼손은 손등이 위로 향하게 하고 오른손은 손바닥이 위로 향하게 하여 양손 앞으로 들고 오른발 비껴 안쪽으로 딛고 왼발 디뎌 돌아선다.

(13번) : 위 자세에서 오른발 딛고 왼발 딛기를 두 번 하면서 왼쪽으로 한 바퀴 돈다.

(14번) : 위 자세에서 왼쪽으로 한 바퀴 더 돌면서 둘째 박에 바라 두 번 치고, 셋째 넷째 박에 양팔 45° 정도 굽혀 앞쪽으로 들고 마지막에 제상 쪽을 향해 본다.

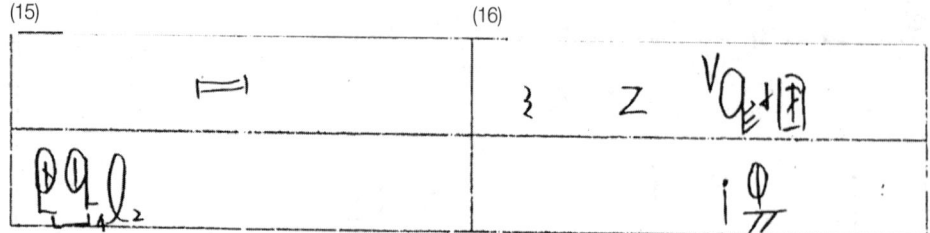

(15번) : 위 자세에서 왼발 딛고 오른발 딛기를 두 번 하면서 오른쪽으로 한 바퀴 돈다.
(16번) : 계속 오른쪽으로 한 바퀴 더 돌면서 둘째 박에 바라 치고, 셋째 넷째 박에 바라 오른쪽 어깨 위로 던지며 제상 반대쪽을 보고 앉는다.

● 할망다리추낌

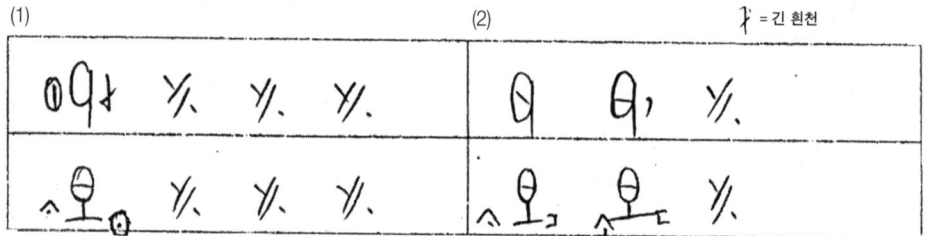

(1번) : (긴 흰 천의 한쪽 끝을 오른손으로 잡고) 양발 모두 들며 뛰기를 뒤로 네 번 하면서 흰 천 앞으로 뿌리치기를 네 번 한다.
(2번) : 양발 모두 들며 뛰기를 왼쪽으로, 오른쪽으로 번갈아가며 뛰면서 흰 천 왼쪽 오른쪽으로 번갈아 뿌리친다.

● 할망춤

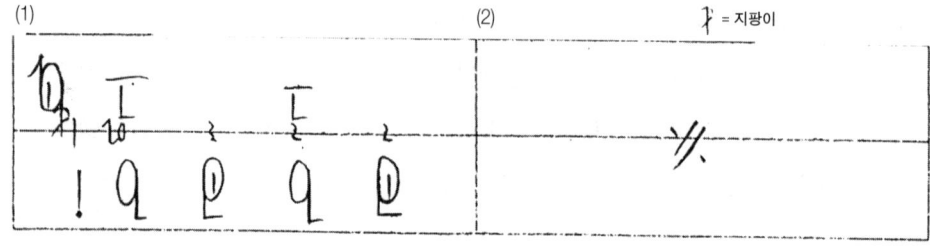

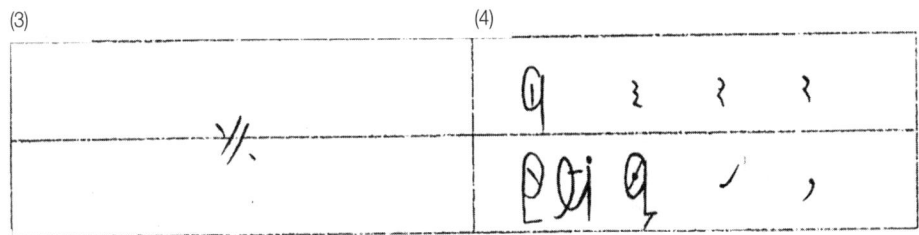

(1번) : 제상 쪽을 바라보고 왼손 뒷짐 지고, 오른발 앞으로 디디면서 오른손 바닥 짚고 왼발 제자리 딛고, 오른발 앞으로 디디면서 오른손 다시 바닥 짚고 왼발 제자리 디딘다.

(2~3번) : 1번 동작을 반복한다.

(4번) : 오른손 아래로 내리면서 왼발 앞쪽 비껴 안쪽으로 디디며 오른쪽으로 돌아서 제상 반대쪽을 보고 왼발 뒤쪽 비껴 바깥쪽을 딛고 위 아래로 굴신한다.

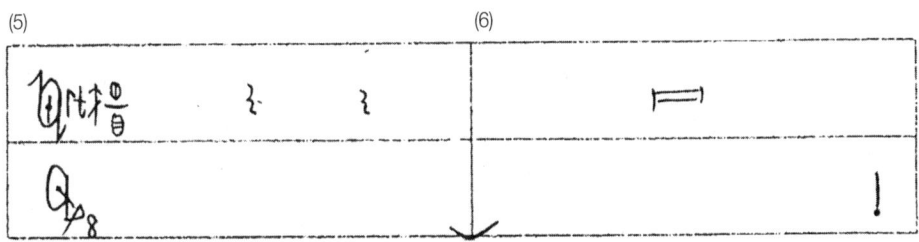

(5~6번) : 지팡이 등 뒤에서 가로잡고 군문 쪽으로 여덟 걸음 걸어가 제상 쪽을 본다.

(7번) : 위 상태에서 오른발 앞쪽 비껴 바깥쪽을 딛고 왼발 옆으로 디딘다.

(8번) : 위 상태에서 오른발 뒤쪽 비껴 바깥쪽을 딛고 왼발 제자리 디딘 다음, 오른발 앞으로 딛고 양발 모은다.

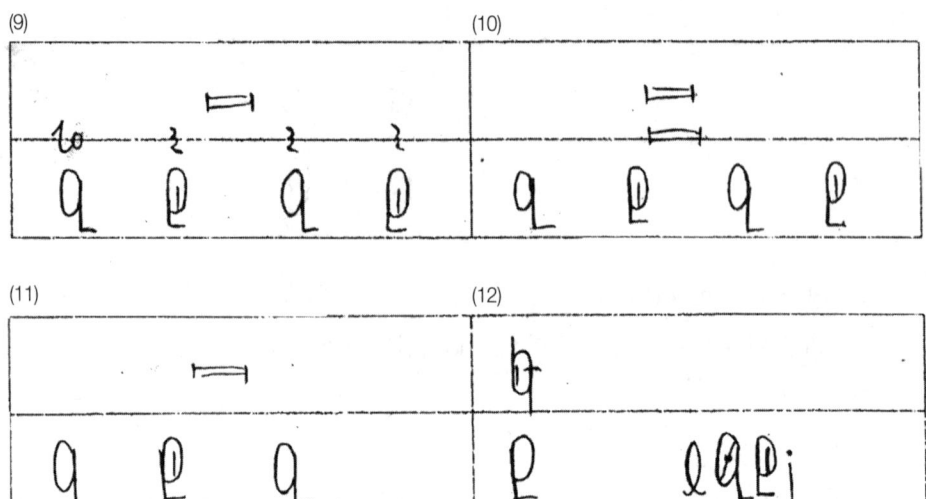

(9~11번) : 지팡이 등 뒤에서 가로잡고 허리 굽혀서 오른발 앞으로 딛고 왼발 제자리 딛기를 반복하여 걷는 동작. 위 상태에서 허리 45° 정도 굽혀 오른발 앞으로 딛고 왼발 제자리 딛기를 반복한다.

(12번) : 왼발 앞으로 디디면서 왼손 아래로 내리고 오른손 옆 아래쪽으로 내리고, 오른쪽으로 돌면서 오른발 뒤쪽 비껴 바깥쪽을 딛고 왼발 제자리 디디면서 제상 반대쪽을 본다.

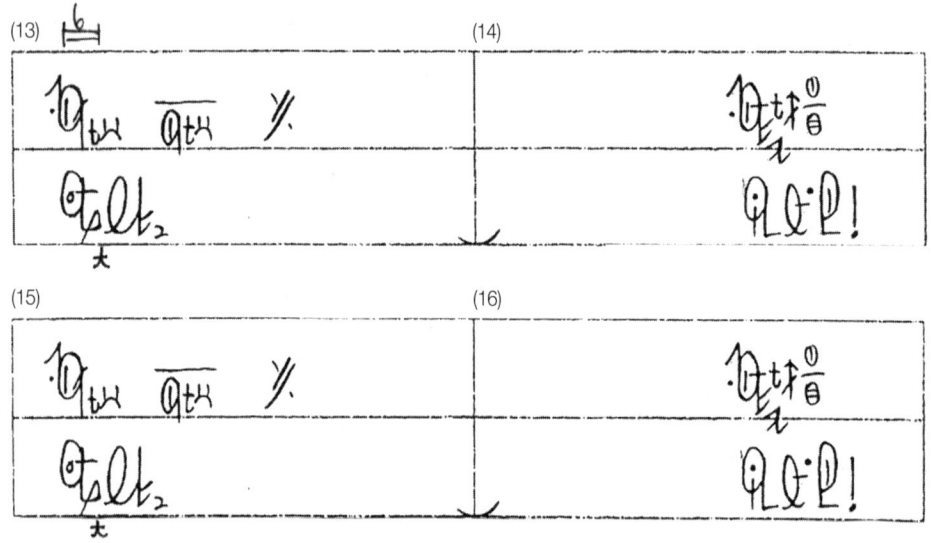

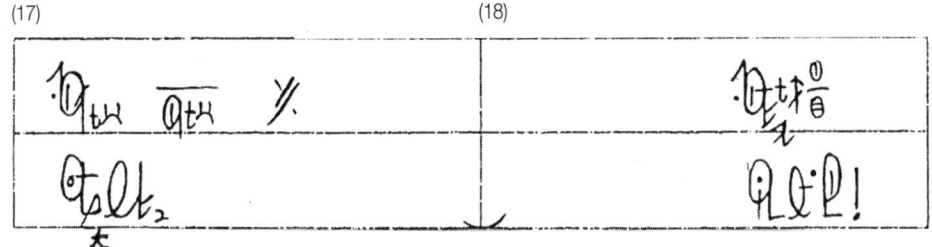

(13~18번) : 왼손 뒷짐 지고 오른손 지팡이 아래로 세워 다시 팔 아래로 내리기를 반복하면서 오른발부터 시계 반대방향으로 원을 그리며 군문 쪽으로 가서 허리 90° 정도 굽혀 제상을 보며 선다.

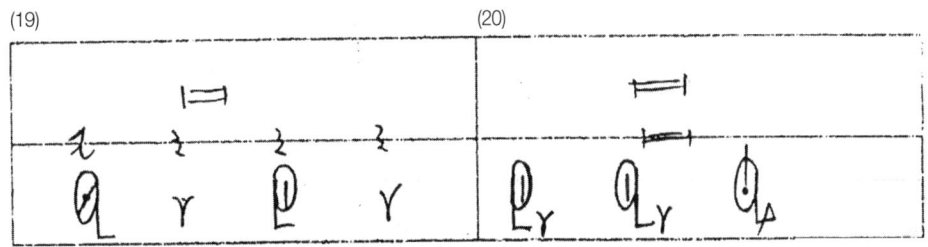

(19번) : 위 자세에서 오른발 뒤쪽 비껴 바깥쪽을 딛고 오금하고, 왼발 제자리 딛고 오금한다.

(20번) : 위 자세에서 왼발 제자리 디디면서 오금하고 오른발 제자리 디디면서 오금한 후, 오른발부터 두 걸음 걷는다.

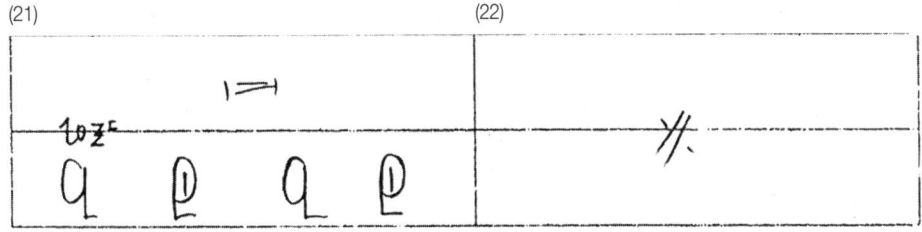

(21번) : 허리 45° 정도 굽힌 상태에서 좌우로 흔들며 오른발 앞으로 딛고 왼발 제자리 딛기를 반복해서 두 번 한다.

(22번) : 22번 동작을 반복한다.

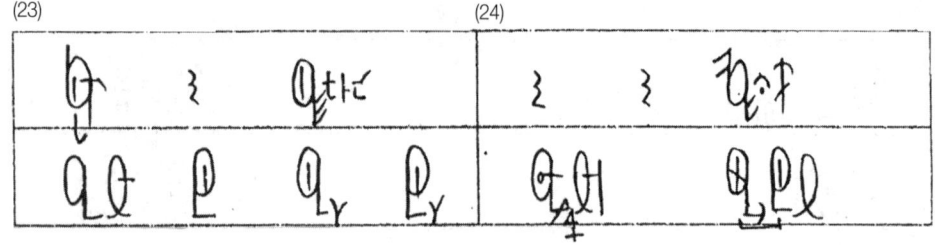

(23번) : 오른발 앞으로 디뎌 오른쪽으로 돌면서 허리 펴며 왼손 아래로 내리고 오른손 옆 아래쪽으로 펴고 왼발 제자리 디딘 후, 오른발 제자리 디디며 굴신하면서 오른손 지팡이 오른쪽 어깨에 메고 왼발 제자리 디디며 굴신한다.

(24번) : 위 자세로 오른발부터 시계 반대방향으로 반원을 그리며 네 걸음 걷고, 팔 90° 정도 굽혀 양손 모두 손바닥이 위로 향하게 하여 앞에서 지팡이 들고 오른발 딛고 왼발 디디면서 오른쪽으로 돈다.

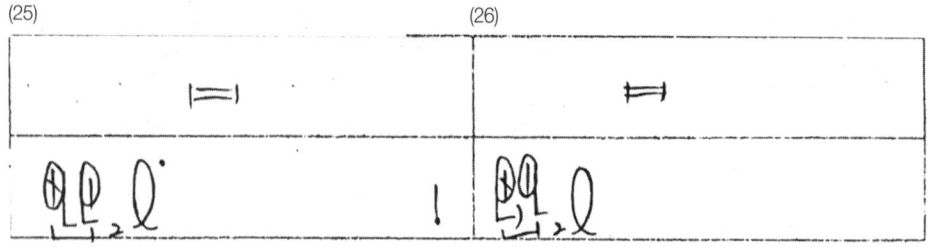

(25번) : 위 자세에서 오른발 딛고 왼발 딛기를 두 번 하면서 왼쪽으로 돌아 제상 쪽을 본다.

(26번) : 위 자세에서 왼발 딛고 오른발 딛기를 두 번 하면서 한 바퀴 돈다.

● 구할망춤

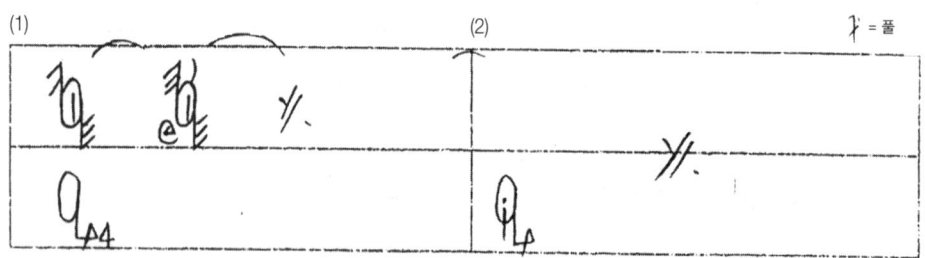

(1번) : 오른발부터 앞으로 네 걸음 걸으면서 왼손 앞 안쪽으로 굽히고 오른손 꽃 꺾기를 두 번 반복한다.

(2번) : 오른발부터 뒤로 걸으며 1번을 반복한다.

● 질치기춤

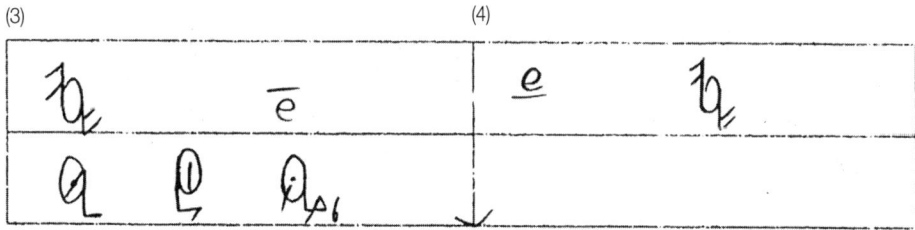

(1번) : 두 손 아래로 내리고 제상 쪽을 보고 오른발부터 앞으로 두 걸음 걷고, 왼손 오른쪽 어깨에 대면서 오른발 앞으로 딛고 왼발 당겨서 모은다.

(2번) : 두 손 아래로 모으며 왼발 옆으로 디디고 오른쪽으로 돌아서 오른발 제자리 딛고, 두 손 아래로 내리면서 위 아래로 굴신한다.

(3번) : 양팔 90° 정도 굽혀 앞으로 들며 오른발 뒤쪽 비껴 바깥쪽을 딛고 왼발 제자리 딛고, 오른손 돌리며 오른발부터 6번 방향으로 두 걸음 걷는다.

(4번) : 3번에 이어 계속 네 걸음 걸으면서 왼손 돌려 양팔 90° 정도 굽혀 양손 다시 앞으로 든다.

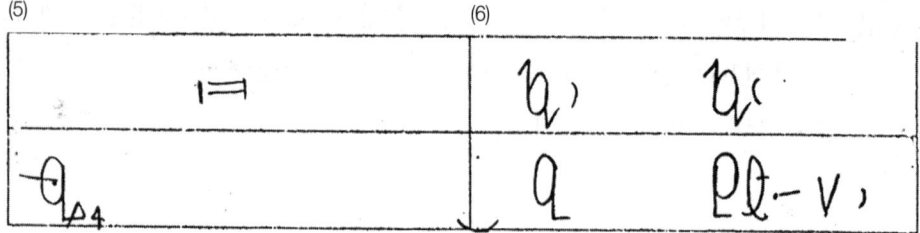

(5번) : 위 상태에서 오른발부터 7번 방향으로 앞으로 네 걸음 걷는다.

(6번) : 오른발 앞으로 디디면서 양팔 90° 정도 굽혀 앞에서 안쪽으로 휘어 들고, 양팔 그대로 밖으로 휘면서 왼발 앞으로 디뎌 오른쪽으로 돌아 양발 모아 아래로 굴신 한다.

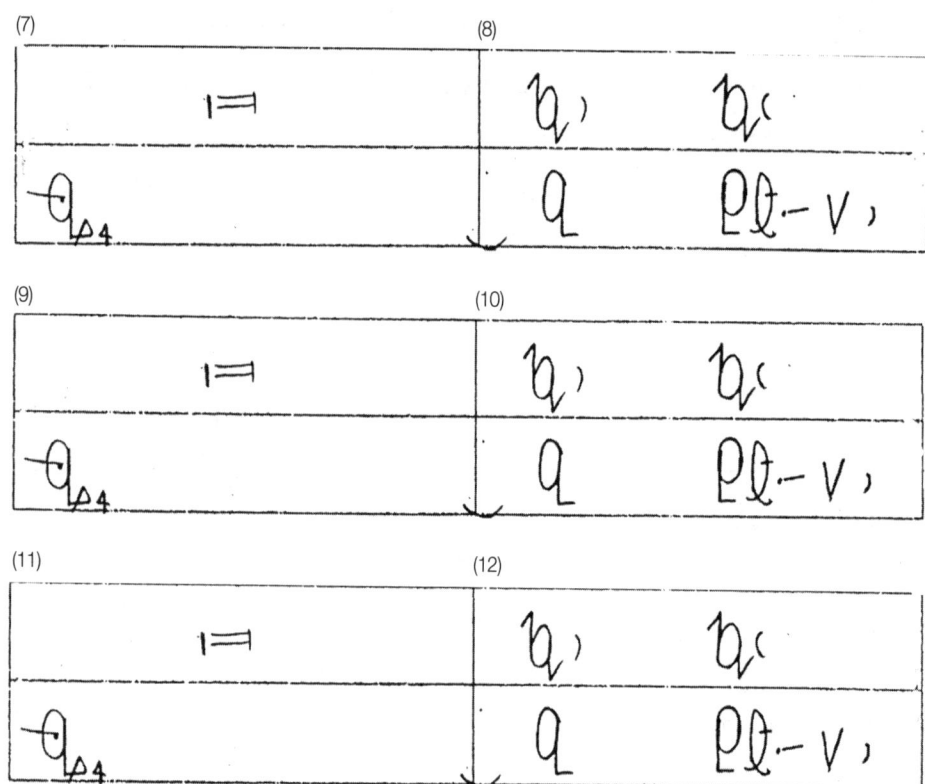

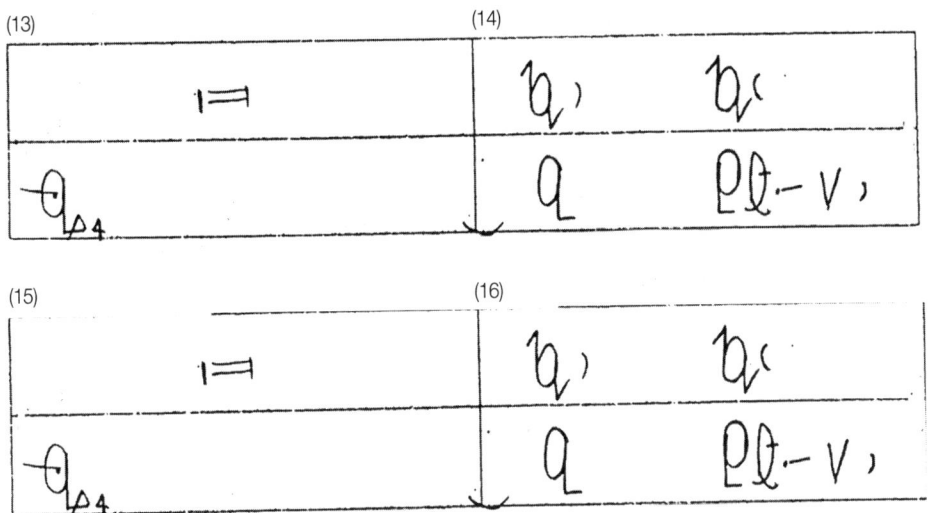

(7~16번) : 5, 6번 동작을 방향을 바꾸면서 반복한다.

부록

칠머리당 영등굿의 춤

● 일시: 2004년 3월 4일(음 2월 14일)
● 장소: 제주시 건입동 사라봉 칠머리당
● 출연
　수심방: 무형문화재 71호 보존회장 김윤수(남, 59세)
　소　미: 양창보, 정공철, 이용옥, 고순안, 이용순

〈초감제〉

[삼석울림]

하늘 옥황 삼천천제석궁에 굿의 시작을 알리기 위하여 설쇠, 북, 징 세 악기를 일제히 쳐서 굿의 시작을 알리는 제차. '삼석울림'의 연물을 '삼석연물'이라 하며, 굿 가락 중 가장 기본이 되는 '느진석(느린 가락)·중판(중간 가락)·ᄌᆞ진석(빠른 가락)'의 순으로 처음에는 느리다가 점점 빨라졌다가 다시 느려지며 끝나는데 이를, 〈삼석울림〉이라 한다.

[청신삼배]

삼석울림이 끝나면, 수심방은 홍포관대를 입고 갓을 쓴 관복차림이다. 관복차림을 한 수심방은 요령과 신칼을 들고 제상 앞 '신자리' 위에 서서, 느린연물 소리에 맞추어 춤을 추기 시작한다.
　이 때 추는 가장 느린 춤은 〈베포춤〉, 연물은 〈베포연물〉이다.
　수심방은 오른손으로 요령을 흔들고 왼손으로는 신칼을 어깨에 올렸다 내리는 동작을 반복하면서, 먼저 왼쪽으로 3번 돌고 다시 오른쪽으로 3번 돈다. 제상을 향해 서서 신칼을 어깨에 올린 채 요령을 흔든 다음 선 채로 절을 하는 행동을 3번 반복한다. 무릎을 꿇고 앉아서 당에 모신 해신, 당신, 영등신 각 신위마다 절을 3배 한다.

절을 마친 후 일어서서 제상을 향해 선 다음 오른손에는 요령을 흔들고 왼손으로는 제상 위의 쌀을 한 줌 집어 뿌린다.

[궤문열림39)]

(오른손에 요령을 들고 서서 사설 시작)
(오늘은) 영등송별대제일(送別大祭日)로 굿청의 문이 열릴 때가 되었습니다.
에- 상궷문[上竅門]도 엽니다.
상궷문[上竅門]도 열렸습니다.
중궷문[中竅門]도 열립니다.
하궷문[下竅門]도 열립니다.

[베포도업40)]

(수심방은 장구를 앞에 놓고 앉아서 사설을 시작한다.)
(장구를 두세 번 두드린 다음, 요령 흔들며)
(영등)송별대제일로
천지혼합(하늘과 땅이 열리기 전의 암흑)이 됩니다.
천지혼합 때의 제(祭)를 이릅니다.
(심방은 요령을 흔들며 창을 하고, 소미들은 악기를 친다.)

---

39) 지연·혈연의 관계를 맺고 있는 당신이 상주하는 신성처로서 당에는 상궤·중궤·하궤라는 혈(穴)이 제단 위 또는 아래에 설치되어 있다. 당굿을 시작할 때는 이 궤문을 열고 당굿이 끝나면 제물(祭物)을 조금씩 뜯어 궤에 넣어 잡식(雜食)을 하고 궤문을 닫는다.
40) 〈베포도업〉은 '베포치다'와 '도업치다'의 복합어. 자연현상의 발생을 노래하는 것을 '베포 친다'고 하는데, 이 뜻은 '처음 갈리다', '열리다', '뻗히다'는 뜻이며, 인문현상의 발생을 노래하는 것으로서 '도업친다'는 '처음 생겨나다', '시작하다'의 뜻이다.

천지혼합 때의 제를 이르니,

(어둠은 걷히고) 천지개벽이 되어옵니다.

천지개벽 때의 제를 이릅니다.

(요령, 연물소리)

천지개벽 때(時)의 제를 이르니,

(그 다음에) 천황(하늘)이 열리던 때의 제를 이르니,

지황(땅)이 열리고, 인황(인간세계)이 열리고

산이 생기고, 물이 생겨나고, 국이 생기고, 원이 생겨나니,

(그 다음엔) 제청(祭廳)의 굿 시작을 알리는 제를 이르자.

(요령, 연물소리)

[제청도업]

제청(祭廳)의 시작[都邑]을 알리는 제(祭)를 이르니

제를 지내는 날은 몇 월 몇 일인가 하니

금년은 2004년 갑신년 영등달[영등신이 오시는 달] 2월 14일

영등송별제를 올리는 것은

어느 마을 어떤 사람들이

이러한 공사(公事)를 신에게 올리느냐 하면

국[局 ; 판, 굿하는 장소]을 크게 나누면 대한민국

제주도 제주시 건입동 경(境)에 있는 칠머리당[本鄕堂]입니다.

(당에 모신 신들은) 칠머리감찰지방관 도원수와 해신부인,

남당 할아버지, 남당 할머니,

용왕대왕, 영등대왕, 영등이방, 영등형방, 영등부인, 영등호장님이 지켜주시어,

영등 2월 초하룻날 지내던 영등환영제를 (올해부터는) 영등풍어제로 바꾸어 지내게 되었고,

오늘 열나흘 날(2월 14일)은 영등송별대제를 올립니다.

마흔여덟 상단골, 서른여덟 중단골, 스물여덟 하단골[41]

상선(上船) 중선 하선 무역선 채낚기선 타는 선원들과

잠수(潛嫂) 해녀 일동이

영등 대왕, 영등 부인, 영등할머니에게

(영등신들이 지켜주시는 덕에) 바다에서 벌어먹은 역가(役價 : 일의 대가)를 올려 굿을 하고 있으면, 자손들에게 풍어를 이루어주고,

안녕 평안토록 해주십사 하여 제일마다

중요무형문화재 71호 칠머리당굿 기능보유자

성은 김씨 병술생(丙戌生)이 회장으로 있는 보존회가 주관하고

주최는 문화재청, 제주도청, 제주시가 맡고

자손들 마음먹어 오늘 14일은 영등송별대제를 올리려고

제청에 제사를 올렸습니다.

삼선향(三仙香) 향불을 사루어 땅을 돋우고

삼주잔(三酒盞) 술을 부어 위(位)를 올립니다.

초감제에 떨어진 신전(神前) 없이 내려 하강(下降) 하십시오.

(수심방은 요령을 바닥에 놓고 양손으로 장구를 치면서 무가를 부르기 시작한다. 악은 연주되지 않는다. 심방이 무가를 창하는 동안, 마을 주민들이 나와서 절을 하고, 소미는 열명을 올릴 사람들의 이름을 적은 종이와 베를 장구 앞에 차려 놓는다.)

태초에 천지는 혼합[암흑]이 되었습니다.

천지혼합 시(時) 도업을 제 이르니

천지가 밝아오기 시작했습니다.

천지개벽 때가 되었음을 이르니,

첫 갑자년 갑자월 갑자일 갑자시에

밤도 캄캄한 한 덩어리

낮도 캄캄한 한 덩어리가 되옵디다.

을축년 을축월 을축일 을축시에

---

41) 신앙민집단을 상·중·하단골 조직으로 나누어 이르는 관용구. 예를 들어 "마흔여덟 상단골"이라 하면, 나이가 많은 웃어른들이란 의미에서 48세 이상의 어른들을 의미.

하늘 머리는 땅을 두툼하게 돋우고

땅의 머리는 땅을 모두어 땅이 내릴 때,

하늘이 (시루떡) 떡층 같이 구분이 됩디다.

동방은 잇몸을 들고 옵니다.

서방은 꼬리를 치고 옵니다.

남방은 날개를 치고 옵니다.

북방은 활개를 짓고 옵니다.

동성개문(東城)이 열리고,

서성개문(西城)이 열리고,

남성개문(南城)이 열리고,

머리에 인 이도 삼하늘(三十三天),

발을 디딘 이도 삼하늘(三十三天),

삼십삼천(三十三天) 서른세 하늘의 시작을 알리는 제(祭)를 이르자.

제(祭)를 이르니,

이 하늘, 이 세상 대명천지가 밝아 옵디다.

동녘 하늘엔 견우성(牽牛星), 서녘 하늘엔 직녀성(織女星),

남녘 하늘엔 노인성(老人星), 북녘 하늘엔 태금성, 북두칠원성군[北斗七星]이

떠오릅디다.

일광님도 뜨고, 월광님도 떠오릅디다.

산이 솟아나고, 강물이 흐르게 된 제(祭)를 이르자,

하늘 옥황을 차지한 천지왕이 솟아나고,

땅을 차지한 지부왕 총명부인 솟아나고,

저승을 차지한 대별왕과 이승을 차지한 소별왕이 태어나니,

남정중 화정려법(南正重火正黎法[42]) 도읍을 제이르자.

---

[42] 사략(史略) 전욱(顓頊) 고양씨 조(高陽氏條), "…南正重司天以屬神 火正黎司地以屬民 使無相侵瀆…"에서 인용. 남정중의 예법, 또는 다툼의 분한(分限)을 구별하는 법. '남정중화정려 도 엽'은 '십오성인(十五聖賢) 도엽'으로 신정시대부터 역사시대에 이르는 동안의 15성현, 천왕 씨로부터 공자에 이르기까지 15성인들이 인간세상에 무엇을 만들었는가를 이르는 대목이다.

제를 이르니,

옛날(太古)에 천황씨(天皇氏)는 목덕(木德)으로 왕(王)이 되시어

형제 열두 분이 무위이화(無爲而化 : 행함이 없이 이루시어)하여 1만8천세를 여시었고,

지황씨(地皇氏)는 화덕(火德)으로 왕이 되시어 형제 11인이 각각 1만8천세를 여시었고,

인황씨(人皇氏)는 형제 9인이 구주(九州)로 나누어

백오십세에 사만오천육백년을 여시었고,

그 뒤에 유소씨(有巢氏)가 나시어,

나무로 집을 지어 살고,

나무 열매를 따먹으며 사옵디다.

수인씨가 나시어

나무로 불을 내어 불에 구워먹는 법을 가르치고[43],

복희씨(伏羲氏)[44]는 나시어 성은 풍성이라,

팔괘(八卦)를 그려 쓰면서 글 쓰는 것을 가르치고,

장가가고 시집가는 것을 알고, 그물을 쳐 고기 잡는 것을 가르치시고,

염제 신농씨(神農氏)는 태어나 보습과 따비를 만들어

밭가는 법을 가르쳤고,

백가지 풀을 맛보아 병을 치료하고 약을 지었으며,

황제씨(皇帝氏)는 태어나 성은 희성(姬姓)이라

방패와 창을 사용하여 제향(祭享)하지 않는 이들을 치며,

배와 수레를 지어 통과하지 못하는 이들을 건네주며,

전욱 고양씨(顓頊高陽氏)는 나시어

---

43) 〈사략초권〉에 "至燧人氏하여 始鑽燧하여 敎人火食하니…" 수인씨에 이르러 비로서 부싯돌을 뚫어 불을 내어 사람들로 하여금 불에 구워서 먹는 법을 가르치니.

44) 〈사략초권〉에 "伏羲氏는 風姓이니 蛇身人首라 始畵八卦하며 造書契하여 以代結繩之政하며, 制嫁娶하여 以儷皮로 爲禮하며, 結網罟하여 敎佃漁하시고…" 복희씨는 풍성이라 뱀의 몸에 사람의 머리를 지녔다. 비로소 팔괘를 그려 글을 지어서 이를 사용하여 결승지정(글 대신 노끈을 맺어 일을 표현하던 옛날 중국의 행정)을 대신하였고, 시집가고 장가가는 법을 만들고, 여피(한 쌍의 가죽을 결혼식 때 폐백으로 사용)로써 예를 하며, 그물과 그물을 맺어 사냥하고 고기 잡는 것을 가르치시고….

달력을 만들어 사계절법을 마련하고,

그림자를 보아 (해시계를 만들어) 시간(時間) 보는 법을 가르치고,

부안씨가 나시고, 그 뒤에 갈천씨가 나시고,

그 뒤에 요안씨가 나시고,

본도향씨 나시고, 혼돈씨 나시고, 태후 복희 나시고,

적화씨 나시고, 그 뒤에 소호 금천씨(少昊 金天氏) 나시고,

하우왕(夏禹王) 상탕왕(商湯王) 주문왕(周文王) 권력싸움 벌여가니,

하늘에서 공자가 태어났던지 시서와 주역을 찬조하시고

악한 사람은 선하게 하고, 글을 배워준 선비들을 가르치고[45],

은왕(殷王) 상나라 탕(商湯) 주나라 무왕(周武王)의 춘추전국시대

풍성(風姓) 강성(姜姓) 희성(姬姓) 외딴 성

열다섯 십오성인(十五聖人) 도업[都邑] 제를 이르자.

[날과 국 섬김]

(심방 계속 장고를 치며 진행)

(날은 갈라 어느 날, 달은 갈라 어느 달이오며, 어느 고을 어떤 인간들이 이 공사 올리느냐 하면)

국을(굿하는 장소를) 살라 갑니다.

국을 가른다고 하면,

해동국(海東國), 달단국(韃靼國)하는 나라(國)도 국이고,

주위(周圍) 팔개의 만국(八蠻國)과 십이개의 나라(國)인데,

---

45) 〈사략초권〉에 "孔子가 以天縱之聖으로 轍環天下하시어 道不得行于世하여, 刪詩書하시며, 定禮樂하시며, 贊周易하시며, 修春秋하여, 繼往聖開來學하시고, 而傳其道者는 顔子曾子라 事在論語하니라…" 공자는 하늘이 내린 성인으로 수레를 타고 온 세상을 돌아다니셔서 도(道)를 세상에 실행하지 못하여, 시경과 서경을 간추러 고치고, 예(禮)와 악(樂)을 정하시며, 주역을 찬조하시며, 춘추를 닦으시어 지난 성인을 이으시고, 오는 학자를 열으셨으니, 그 도를 전한 이는 안자와 증자다. 사적이 논어에 있다.

동양 3국(조선, 중국, 일본)과 서양 각국 마련하고,

중국은 천제의 나라(天帝之國) 일본은 주년소국,

우리나라 천하 해동조선(海東朝鮮國) 대한민국,

첫 서울은 송도(開城)에 태조가 나라를 열고,

둘째 서울은 무학 대사가 점지한 서울, 셋째 서울은 한양 서울,

넷째는 외정36년의 경성 서울, 다섯째는 우리나라 조선 500년

태평성대 때, 곧 바로 올라 상서울 마련하고,

(서울에 있는 고을 이름을 들은 대로 읊은 대목)

안동밭골 좌동밭골 먹자고을 모시정골,

수박골 불탄 대궐 마련하고

경상도는 77관, 전라도는 53관, 충청도는 33관,

섬중 제1 섬은 제주도(濟州島), 제2도는 거제도(巨濟島), 제3도는 남해도(南海島),

제4도는 진도(珍島), 제5도는 강화도(江華島), 제6도는 완도(莞島)

그 중 제일 큰 섬은 제주도인데 제주도는 사면이 바다로 둘러있고,

긴 강물 푸른 바다로 빙빙 두른 섬입니다.

제주의 산은 갈라 한라산, 제주 땅은 갈라 녹하지(鹿下地)땅

제주의 바다는 황해수(黃海水),

저 산(漢拏山) 앞엔 당(堂)이 500개소

이 산(漢拏山) 앞엔 절[寺]이 500개소,

신들이 출현한 곳은 어승생악(어승생岳) 단골마리

아흔아홉골(九九溪谷) 500장군, 500라한이 나시었네.

한라산은 한 골이 부족하여 99계곡이라

범도 곰도 왕도 나지 않는 섬이외다.

영평팔년(永平 八年) 을축년(乙丑年) 을축 삼월 열사흘 날(14일)

모홍혈(毛興穴) 삼성혈(三姓穴)에서

자시(子時)에는 고을라(高乙那)가 태어나고,

축시(丑時)에는 양을라(良乙那)가 태어나고,

인시(寅時)에는 부을라(夫乙那)가 태어나,

고씨, 양씨, 부씨 탐라왕 삼성친(三姓親)이 도읍하고,

고려 때 김통정 장군은 항파두리(북제주군 애월읍 고성리 지명)에 만리토성을 둘러쌓았고

조선 숙종 때 영천 이형상 목사는 당오백 절오백을 파괴하여

산천영기 소렴당 하나 남고, 이아 올라가도 헌절 하나 남아 있고

대정현에는 대정 현감, 정의현에는 정의 원님,

제주목에는 제주 판관, 명월진에는 명월 만호,

삼 고을에 사 관장 법 마련하고

도장은 삼도장입니다.

동문 밖을 나서면, 서른여덟 마을 대도장내

서문 밖을 나서면, 마흔여덟 마을 대도장내

읍면은 13읍면이 있는데,

대정현은 이십칠 리 정의현은 삼십팔 리, 제주목(濟州牧) 안은 팔십여 리

영내(營內) 읍성(邑城) 안에는 동문(東門), 남문(南門), 서문(西門) 삼문이 있습니다.

[열명 · 연유 닦음]

● 열명 올림

● 연유닦음

(장고)

들어오며 나가며, 들어오며 나가며,

모든 백성이 연향전서 올려와 받는 공사(公事)입니다.

무엇 때문에 이 공사를 올리느냐 하면,

해(年)가 드는 공사도 아닙니다.

달(月)이 걸리는 공사도 아닙니다.

옷이나 밥은 돈을 줘도 줍니다.

그 중에 귀한 것은 우리 인간 목숨 아닙니까?

우리 인간이 탄생(誕生)할 때,

석가모니 부처님께 빌었던 공덕으로

아버지의 뼈를 빌고, 어머니의 살을 빌고,

칠성단에 가 명(命)을 이어달라 빌고,

제석님전에 가 복(福)을 내려달라 빌어,

인간 세상에 태어나면

한두 살 적에는 철을 몰라 부모님 공을 갚지 못하고,

(장고)

열다섯 살, 스무 살, 서른 살이 가까워지면,

하느님 공은 천덕(天德)이고,

지하님 공은 은덕(恩德)이요,

조상님과 부모님이 공은 호천망극(昊天罔極)이라

즉, 조상님과 부모님의 공은 끝없는 하늘과 같으니,

조상님과 부모님의 은공을 갚지 못하고,

한번 아차 하는 순간에 죽어서 이별하게 되면

두 번 다시 못 오는 것이

인간 백성이 아닙니까?

(장고)

이 자손들이 받은 원액까지 외다.

우리 제주 한라산은 험한 산(惡山)이고

남녀노소 없이 바쁘게 농사를 짓고,

바다에서 배를 타고 나가 고기를 잡고,

옛날부터 부명도식하는 자손들입니다.

남자는 태어나면, 칠팔월이 되면

소리를 소리를 뽑아

〈홍애기소리[46]〉하며 축산업을 하고,

여자들은 물질[해녀작업]을 배워 바다에 다니며

긴 숨 짧은 숨 '숨비 소리[47]' 를 하며 해산물을 채취하며 부명도식하고 사는 제주섬입니다.

이 자손들 상선(上船) 중선(中船) 하선(下船)

무역선 채낚기선 등 배를 가지고 어업에 종사하는 자손들

칠성판에 등을 죄고 인물 좋은 홍낭채 거느려

동해바다, 서해바다, 남해바다, 외국까지 다 다니면서

고기잡이 하여 아이들 좋은 공부 시키고,

행동발신(行動發身; 모든 활동)하는 자손들입니다.

잠수(潛嫂) 해녀들은 작은 망사리(채취물을 담는 장비) 큰 망사리,

작은 비창(전복을 따는 도구) 큰 비창을 가지고 물 속에 들어가

깊은 바다 얕은 바다, 긴 숨 짧은 숨 숨쉬며,

'숨비소리[48]' 하며 소라, 전복 잡아다 팔아서

아이들 등 따뜻한 옷 입히고, 배부른 밥 먹이고

좋은 활동을 시키는 자손들,

해마다 영등대왕 영등할머님전에

일 년 동안 벌어먹은 역가(役價)[49]를 올리고 있으면,

자손들 바다에 다니는 데 풍어를 이루어 주고,

상선 중선 무역선을 타고 외국에 다니고

국내에서 운항하는 배,

모래운반선을 타고 건축용 모래를 공급하는 자손들도

안녕 기원하여 주고,

모든 것 편안하게 시켜 주고

채낚기선 타고 고기잡이 하는 자손들

이 자손들 동해 서해 남해 바다 다니며

---

46) 제주의 김매는 노래의 하나로 끝에 "홍-"하는 소리가 들린다고 〈홍하고 외는 소리〉라는 뜻의 민요.
47) 해녀들이 물 속에서 작업하다 물 밖에 나왔을 때, 깊은 숨을 내쉬며 내는 휘파람소리.
48) 해녀들이 바다에서 숨을 고르는 휘파람 소리.
49) 벌어먹은 대가로 신에게 바치는 제물.

갈치여 고등어 옥돔, 복어,

고등어, 오징어 많이 잡게 해달라고 빌어주고,

잠수 해녀들에게는 동바다 서바다에서

소라, 전복, 해삼, 문어, 성게, 오분재기 많이 잡게 해 달라

영등할머님전에 벌어먹은 역가(役價)를 올립니다.

영등대왕 영등할머니는

초하루 날은 환영풍어제(歡迎豊漁祭)50)에서 역가(役價)를 받고,

오늘 열나흘 날은 영등송별대제에서 역가를 받아,

내일은 저 우도섬 '질진깍'51)에서 배를 놓아 본국으로 돌아갑니다.

영등할머니가 제주도를 떠나가실 때는

제주도 400리를 돌아가며

고기 씨도 모두 많이 뿌려두고 가고

소라씨, 전복씨랑 오분재기씨랑, 문어씨랑 해삼씨를

많이 뿌려두고 가시게 하고,

더구나 채낚기선을 하는 자손들을 위해서는

갈치씨도 많이 뿌려두고 가고,

고등어, 옥돔, 복어, 오징어,

많이 뿌려두고 가시라고 해서

오늘은 마음먹고 뜻 먹어

역가를 올리려고 합니다.

---

50) 칠머리당에서는 음력 2월 1일 〈영등환영제〉를 하고, 2월 14일 〈영등송별제〉를 한다. 그런데 2004년부터 건입동 수산업협동조합(수협)이 주최하는 〈풍어제〉를 칠머리당굿 보존회가 맡아 하게 되어, 2월 초하루의 〈영등환영제〉는 풍어제를 겸하게 되어 〈영등환영풍어제〉가 되었다.
51) 영등신이 제주를 떠날 때 그 곳을 거쳐 떠난다고 하는 우도면 바닷가의 지명.

[군문열림]

오늘은 영등대제일 날로 자손들이 서천제미(西天祭米) 공연(供宴) 바쳐
칠머리당의 본향신 감찰지방관도원수님과
칠머리당에 같이 모신 남당할아버지 남당할머니,
칠머리당에 같이 모신 영등대왕, 해신부인님 모두 오시라고
제청을 설비하게 되었습니다.

(장고)

신이왈 인이법(神曰人法)하고[52], 인이왈 신이법(人曰神法)[53] 아닙니까?
문이 열려야 신이 들고 나는 법 아닙니까?
천황 가면, 천황열두문(天皇十二門)도 열리게 해 주십시오.
지황 가면, 지황열한문(地皇十一門)도 열리게 해 주십시오.
인황 가면, 인황아홉문(人皇九門)도 열리게 해 주십시오.
동의 청문(東靑門), 서의 백문(西白門),
남의 적문(南赤門), 북의 흑문(北黑門),
중앙 황신문(中央黃門),
본당문(本堂門), 신당문(神堂門)이 열렸는지를 모르겠습니다.

● 군문 돌아봄

청금산엔 청금산 용왕문, 적금산엔 적금산 용왕문,
동쪽에는 청용왕문(靑龍王門), 서쪽에는 백용왕문(白龍王門),
남쪽에는 적용왕문(赤龍王門), 북쪽에는 북흑용왕(北龍王門),
동경국 대왕문, 서경국은 부인문,
용왕의 거북사자문(龍王龜使者門),
자손들의 영혼들이 들어간 문이 어찌됐는지 모릅니다.

---

[52] 신은 인간의 법을 말하고.
[53] 인간은 신의 법을 말하고.

일문전[54] 삼도리대전상[55] 신수푸며[56]

하늘옥황 도성문(都城門) 열어오던 금정옥술발[57](搖鈴)을 들어 받들고

초군문(初軍門) 이군문(二軍門) 삼서도군문[三都軍門]도 돌아보자.

● 굿문춤 1 〈군문 돌아보는 춤〉

　제상의 오른쪽에 위치한 악사석에서 징·설쇠·북을 느리게 치기 시작한다. 수심방은 장구를 치우고 자리에서 일어난다. 신칼과 요령을 손에 들고 신자리 위에서 왼쪽으로 3번 오른쪽으로 3번 돈다. 제상을 향해서 신칼을 앞으로 모아 절을 한다. 요령을 흔들며 제상 앞을 돌다가 오른쪽 어깨에 신칼을 올리고 데령상 앞으로 걸어간다. 심방이 데령상 쪽을 향해서 걸어가면 제상의 왼쪽 편에 있는 악사석에서 연주를 시작한다. 이 때 소미 3~4명이 데령상 앞에 신자리를 깔고, 감상기와 기타 굿 진행에 필요한 물건들을 준비한다. 데령상 앞에서 왼손과 오른손의 신칼을 교대로 어깨에 올렸다 내린 후 신칼을 흔들면서 뒤로 3보 정도 뒷걸음질 한다. 다시 데령상 앞으로 걸어나와서 두 손을 앞으로 모아 절하고 제상 쪽으로 몸을 돌린다. 왼손의 신칼을 오른쪽 어깨에 올리고 오른손의 요령을 흔들며 제상쪽을 향해 걸어간다. 데령상에서 제상 쪽으로 올 때는 오른쪽 악사석에서 연주를 한다.

　제상 앞으로 돌아 온 심방은 신자리 위을 한 바퀴 돌고 양손을 모아 제상에 절한다. 양 손의 신칼을 흔들면서 뒷걸음질 한다. 오른쪽으로 돌면서 신칼을 흔들며 춤추다가 중간중간 요령을 흔든다. 왼쪽으로 돌면서 같은 동작을 반복한다. 연물소리가 조금 빨라지면, 제자리에서 돌면서 춤을 추다가 오른쪽 어깨 위에 신칼을 올리고 데령상 쪽을 향해 걸어간다. 왼쪽 악사석에서 연물을 친다.

　데령상 앞에 서서 요령을 흔들면서 말을 하는데 연물소리에 묻혀서 잘 들리지 않는다. 오른쪽 어깨에 신칼을 올린 채로 제상 앞으로 돌아와서 신자리 위를 왼쪽으로 한 바퀴 돈다. 정면을 향해 절하고 뒷걸음질 한 후 빨라진 연물소리에 맞추어 왼쪽과 오른쪽으로 돌면서 춤춘다. 심방이 마지막에 돌면서 추는 춤을 〈도랑춤〉이라 한다. 이 때의 연물을 '군문연물' 이라 하고, 이 때 추는 춤을 '군문 돌아보는 춤' 이라 한다.

---

54) 일문전(一門前).
55) 신을 청하여 맞아들이기 위하여 문 앞에 내어놓는 제상(祭床). 향로와 술잔이 놓여 있는데령상.
56) '신수푸다' 는 '귀한 것을 옮겨 놓다' 또는 '신이 내려 모이다'.
57) 천앙낙화금정옥술발, 요령(搖鈴).

- 각 군문에 인정 겖

- 군문춤 2 〈군문 여는 춤〉

군문 여는 춤은 감상기를 들고, 요령을 흔들며 데령상이 놓여 있는 신이 들어오는 입구(문전)와 제상을 차려 놓고 신자리가 깔려 있는 제청을 오가며 춤을 추기 시작하면, 감상기를 양손에 들고 돌면서 추는 도랑춤, 앉아서 절을 하며 감상기를 꼿꼿이 세워 떨면서 하는 동작, 앉아서 양손에 감상기를 들고 돌리며 요령을 흔들며 추는 춤, 등에 꽂은 신칼을 꺼내 두 신칼을 같이 잡고 신칼채를 놀리다 돌리며 신칼을 던져 점을 추는 춤, 좋은 점괘가 나오면 합장하여 절하고 손마디를 꺾으며 고맙다고 답례하는 〈손바닥춤〉, 여러 번 점을 치다군문 열리는 점괘가 나오면, 신칼, 요령, 감상기를 들고 격렬하게 춤을 추며, 뱅뱅 돌며 추는 〈도랑춤〉이 이어진다. 이러한 제춤의 관정은 거듭 반복될 수 있으며, 회를 거듭할수록 더욱 빠르고 거친 춤이 된다.

[연물] 군문연물 중판

(연물 소리 그치고, 심방이 제상을 향해 서서 사설을 시작한다.)

(악무)

첫째 군문, 두 번째 군문 돌아보고,
마지막 셋째 도군문까지 돌아보았더니
문문마다 감옥을 지키는 형방(刑房),
옥성나장(獄羅將) 문직내장님이 군문을 지키고 있구나.
제 인정 내어 걸어라 하는구나.
길에 앉은 길나제 발에 맞인 발나제
지전 천근을 거니,
인정이 과숙하다[58] 그러니 열어 주겠다고 하는구나.
옛날에 주석 삼문은 열두집사관(執事官)이
영기(令旗) 명기(命旗) 요령을 가지고 열었다는 말이 있고,

---

[58] 인정이 너무 많다. '인정'은 신에게 정성으로 바치는 돈. 인정은 신에게 바치는 저승돈과 이승돈. 이승돈은 금전(金錢)이고 저승돈은 지전(紙錢)이다.

신도문은 신의 형방(심방)의 짐작으로 열 수야 있겠습니까.
문 앞에 자잘영기 감상기를 앞세워
성주 개문개탁허여 하늘옥항 도성문을 열어오던
천앙낙화금정옥술발(요령)을 들어 받들고
첫째 군문, 두 번째 군문, 마지막 세 번째 도군문까지 열러 가자.

[산받음 : 신칼점과 산판점]

오른쪽 악사석에서 연물을 치기 시작하면, 심방은 제상 앞의 신자리에서 요령과 신칼을 들고 춤을 추다가 데령상 쪽으로 간다. 왼쪽 악사석에서 연물을 친다. 심방은 데령상 앞에 앉아서 절을 한 번 하고 나서 엎드려 신칼점을 친다. 소미 2명이 심방의 좌우에 서서 점괘를 지켜보고 있다.

신칼점이 끝나면 절을 한 번 하고, 자리에서 일어나 소미의 도움을 받아 관복 자락을 움직이는 데 불편하지 않도록 핀으로 찔러서 정리한다. 옷차림을 정리한 심방은 요령, 감상기, 신칼을 들고 군문 열 준비를 한다. 이 때 추는 춤을 〈군문 여는 춤〉이라 한다. 양손에 감상기를 들고, 오른 손에 요령을 잡고 뒷걸음치며 춤을 춘다. 감상기를 들고 흔들며 천천히 뒷걸음질로 서너 걸음 물러난 뒤 요령을 흔든 다음 다시 앞으로 나오는 행동을 3번 반복한다. 감상기를 들고 춤을 춘 후, 감상기를 어깨 위로 높이 든 다음 제상 쪽으로 걸어간다. 제장 앞에서도 감상기를 들고 뒷걸음쳤다가 앞으로 걸어 나오는 행동을 반복한다.

연물소리가 점점 빨라지기 시작하면 심방의 움직임도 커지고 걸음걸이도 빨라진다. 감상기를 들고 왼쪽으로 계속해서 돌다가 오른쪽으로 돌며 도랑춤을 춘다.

번쩍 뛰어 제상을 향해 꿇어앉는다. 감상기를 바닥에 세우고 엎드려서 어깨를 흔들며 '어어-' 하는 소리를 내다가, 고개를 들고 앉아서 오른쪽과 왼쪽의 감상기를 번갈아 가며 흔든다.

감상기를 바닥에 던지고 신칼을 양 손에 갈라 쥐고 오른쪽과 왼쪽을 번갈아 가며 흔든다. 요령을 흔든다. 요령을 바닥에 놓고 왼손에는 신칼의 자루 부분을 오른손에는 신칼치마 부분을 잡고 가슴 앞에서 2~3번 흔든 다음 신칼점을 친다. 신칼을 바닥에 놓고 손마디를 꺾으며 〈손바닥 춤〉을 춘다.

신칼, 요령, 감상기를 들고 일어서서 제상 앞을 왼쪽, 오른쪽의 순서로 4번 정도 돌며 도랑춤을 추다가 데령상 앞으로 온다. 데령상 앞에 서서 말을 하는 중간중간 요령을 흔든다. 데령상 앞에서 감상기를 들고 춤춘다.

제상 앞으로 온 심방은 빨라진 연물소리에 맞추어 도랑춤을 춘다. 번쩍 뛰어 제상 앞에 꿇어앉는다. 감상기를 바닥에 세우고 엎드려서 어깨를 흔든 다음, 감상기를 바닥에 던지고 신칼을 양 손에 갈라 쥐고 오른쪽과 왼쪽을 번갈아 가며 흔든다. 요령을 흔든다. 요령을 바닥에 놓고 왼손에는 신칼의 자루 부분을 오른손에는 신칼치마 부분을 잡고 2~3번 흔든 다음 신칼점을 친다. 신칼을 바닥에 놓고 손마디를 꺾으며 〈손바닥 춤〉을 춘다. 연물소리가 빠른석으로 바뀌고 심방은 감상기와 신칼을 들고 자리에서 일어나서는 더욱 격렬하게 도랑춤을 춘다. 춤추는 동안 빨라졌던 연물소리가 점점 느려지고 수심방은 감상기와 신칼을 들고 제장을 느리게 돈다.

연물소리 그치고, 수심방은 물을 마신 후 신칼과 천문을 들고 제상 앞에 서서 사설을 시작한다.

● 열린 금을 알아봄
첫째 군문, 둘째 군문, 셋째 군문까지 다 열었습니다.
산(算)을 받아 확인하지 않으면 열렸는지 아니 열렸는지 모릅니다.
신의 대천겁(신칼) 들어 받아
열린 금도 알아보자.

연물소리 시작된다. 신칼과 천문을 들고 돌다가 천문을 던져 점을 쳐서 군문이 열렸는지를 확인한다. 소미 1명이 산판점 치는 것을 돕는다. 산판점이 끝나면 연물소리 그치고, 심방의 사설이 이어진다.

[산받음]

(연물소리, 산판점)
초군문 이군문 제삼 도군문 열렸구나.
오늘은 영등송별대제일 날로
자손들의 운수를 보는 문과 신수를 보는 문이
열린 금을 알았구나.
자손들 운수문 신수문 열었구나.
상선 중선 하선 무역선다는 자손들,
모래운반선 운영하는 자손들
금년 윤달 들어 열섯달 운수문 신수문 알아보자.
소미 한 사람이 제상 쪽으로 가서 지전에 불을 붙여서 가지고 나오면, 다른 소미가 그것을 받아 제장 밖으로 가지고 나가서 태운다.

　　잠수(潛嫂) 해녀들 바다에 물질(해녀작업)하러 다니는,
　　동바다 서바다에 다니는 자손들
　　금년은 영등할머님께서
　　씨를 많이 뿌려두고 가서서
　　이 자손들 만선의 소망을 이루어주고
　　요왕(龍王)님께서 넋날 운수 혼날 운수 막아주시겠다면
　　(연물소리, 산판점)

산판점을 마치고 신칼 두 벌을 모아서 오른쪽 어깨에 올리고 자리에서 돌다가, 왼손에 칼자루를 오른손에 신칼치마 부분을 잡고 춤추다가 자리에 앉아 신칼점을 친다. 연물소리가 늦은석으로 바뀐다. 해녀들 데령상 쪽을 향해 절을 하고 심방의 신칼점 이어진다.

연물소리 그치고 수심방은 제상 앞에서 사설을 시작한다. 내빈들 제상 앞에 절을 하고, 해녀들은 데령상을 놓은 문밖을 향해 절한다.

　　군문이 열렸습니다
　　감찰지방관님과 영등대왕 영등할머님이시여
　　제주시장님께서도 해마다
　　마음먹고 뜻 먹고 오셔서 영등제에 와서 참석하십니다.
　　본향당신님(한집님)과 영등 할머님께
　　열명종사관(심방)이 제를 올립니다
　　이 자손님 중에는 시장님도 있습니다마는
　　아무튼 귀할 수도 막아주고
　　한집님과 영등할머님께서 몸도 건강하게
　　다 시켜주십시오.

[주잔권잔]

　　군문이 열렸습니다.

술잔은 저 먼 정⁵⁹⁾에 내어다가 술을 대접합니다.

초군문 열린 데도 제(諸)인정(人情)⁶⁰⁾ 잔입니다

이군문 열린 데도 제인정 잔입니다

제삼 도군문 열린 데도 제인정 잔입니다

도원수감찰지방관,

남당할아버지, 남당할머니, 영등대왕, 영등부인

영등이방, 영등형방, 영등수령, 영등호장 오는 문

열린 데도 제 인정 잔입니다.

청금산도 요왕(龍王), 적금산도 요왕(龍王),

동해에는 청요왕(靑龍王) 서해에는 백요왕(白龍王),

남해에는 적요왕(赤龍王) 북해에는 흑요왕(黑龍王),

어기역 비기역 사만사천 제 용신(四萬四千 諸龍神)

오는 문 열린 곳이랑

동해 동경국 대왕, 서해 서경국 부인,

자손들 몸 받은 천왕문 열린 곳이랑

제 인정 주잔들 많이 권(勸)하여 드립니다.

주잔(酒盞)은 많이 권(勸)하고 권(勸)하며 제를 넘겨 드려가며,

[분부사룀]

오늘은 영등송별대제를 올리는 날로

많은 자손들 오늘 마음과 정성을 다하고 와서

감찰지방관님과 영등할머님께

축원 올려 소원성취를 빌러 온 자손들

부모라 분부문안을 여쭙네다.

---

59) 저기 멀리 올레 밖 정낭이 있는 곳에, 신이 오시는 입구 〈대령상〉에.
60) '인정'은 인간이 신에게 바치는 돈이나 음식.

초군문도 곱게 열어주고,

이군문도 곱게 열어주고,

제삼도군문 곱게 열어주고,

여기 온 자손들의 운수와 신수를 보는 문도

다 곱게 열어주겠노라 문안을 여쭈옵고,

첫째로 상선 중선 하선 무역선 타는 자손들께 신이 내리는 분부의 말씀을 여쭙니다.

금년 무역선 타는 자손들 지금 현재에도 경제사정으로 인해

수난을 받고 그렇지만

걱정이 태산 같으나 그렇습니다마는

이것은 우리 제주도만 그런 게 아니고

각 도마다 그와 같은 사정이니 할 수가 없는 일입니다마는

오늘 여기 오신 무역하는 자손들은

지금 올 금년 이 봄까지는 조금 어려운 일입니다마는

오는 가을부터 가서 사업하고 있으면 차차 경제도 풀려서

무역하는 자손들도 좋을 듯하고

특히 모래운반선 대양호 선주님께도 분무 문안의 말씀을 전합니다.

금년에 지금도 걱정시름은 태산같으나 그렇지만

앞으로 이 봄이 가고 여름이 지나가고 있으면

좋은 일이 돌아와서 그만한 금전도 돌아올 듯하고

오늘 이 앞으로 마음과 정성을 다한 덕택으로

바다에 다니는 이들도 원상대로 바르게 돌아가게 하여

막 끝에 바다에 가서 죽은 영혼과 용왕님께 〈지들임〉[61]을 하여 제를 드리면 큰 걱정 없을 듯하고,

채낚기선 하는 자손들에게 분부말씀 전합니다.

금년 영등할머님이 와서

---

61) 바다를 지키는 용왕신, 선왕신 또는 바다에서 죽은 영혼들에게 바치는 백지에 싼 제물을 '지(紙)'라 하며, 이 지를 바다에 던지는 제차를 〈지들임〉이라 한다.

채낚기선 타는 자손들에 많은 씨를 뿌려두고 갈 듯하고,

동해바다 서해바다

남해바다 북해바다

오늘 여기 와서 축원하고 간 채낚기선 타는 자손들에겐

그만한 덕이 돌아올 듯하고,

바다에서도 먹을 연(緣) 입을 연(緣)

곱곱이 내세워 줄 듯하고,

그만한 금전을 돌아올 듯하니,

오늘 〈요왕맞이〉하고 요왕길을 닦을 때는

요왕길에 인정 잘 걸고, 굿의 막판인 〈배방선〉 할 때는

지를 싸서 바다에 잘 바치고 있으면

그만한 은덕이 돌아올 듯하다고 하여

영등신이 전하는 분부문안의 말씀을 여쭙니다.

잠수(潛嫂) 해녀 어른들 앞에 신이 내리는 분부문안의 말씀 여쭈어드립니다.

잠수 회장님이시여 영등굿을 차리는 일로 매년마다

마음정성하려니 회장님과 잠수회원 일동이

마음정성하는 것은 기특한 일이니

본향당신님과 영등할머님에서도

매년마다 상을 곱게 받으시고

자손들 마음정성 하는 줄도 영등할머니께서

다 알고 가니 영등할머님께서 이번에도

그만한 씨를 뿌려두고 갈 듯하고

자손도 바다에 물질하러 다니는 자손들에게도

사소한 일이야 없을까마는

어느 바다에 물질하러 갔다가

인명이 줄고 제명이 부족할 일을 막아주거든

본향당신 한집[62]님과 영등할머니 덕택으로도 알고

채취하는 물건도 많이 거두게 해 준다 문안입고,

첫째로 해연 동바당[63] 등대알[64]에서 작업하는 잠수 어른들도

오늘 각자 마음먹고 오신 자손들도 마지막에

점사(占事)를 받아보면 알겠지만,

어느 자손 중 한 사람 때문에

좀 시름될 일이 있을 듯하니 명심하고,

육십대 미만일 겁니다, 이런 자손이 물질[海女作業]하러 가다가

해변에서 하찮게 떨어져서 이마에 상처를 얻는 일이 생길지

어느 골목에서 다칠지 그런 일이 있을 듯하니,

이 자손들 명심하고 있으면

그만한 먹을 인연 입을 인연 내세워줄 듯하다 하여

분부문안 여쭤워드립니다.

신이 내리시는 분부의 말씀을 여쭤워드리며

영등송별대제를 한다 하니,

고기 낚으러 저 바다에 갔다가

바다에서 고혼(孤魂)되고 제물되어 시체도 찾지 못한 이런 영혼들

잠수 해녀들도 물질하러 갔다가

바다에서 인간 떠난 영혼들과

오늘 영등송별대제를 한다 하니

나도 따라가요 나도 따라가요 하며 따라오는

수중고혼이 된 영혼들,

해녀들이 앞으로 나와서 상 위에 차려진 그릇의 뚜껑을 열고 메 위에 숟가락을 꽂고, 술을 올린다. 소미 한 사람이 제상으로 와서 술병을 들고 나가며, 다른 소미에게 "저 술을 하영 캐우려불라"하고 말한다.

수심방은 조금씩 울먹거리며 사설을 이어간다.

---

62) '한집'은 당신 또는 본향당신의 별칭.
63) 건입동 동쪽 사라봉 밑의 해녀 작업장, 동바다.
64) 사라봉 등대 아래쪽의 지명.

[주잔권잔(원미권참)]

수원미[65]나 청감주나 권청(勸請)을 하고

고을마다 항구마다

오늘 상선, 중선, 하선이여

채낚기선 무역선 모래운반선 운영하는 자손들

어느 부모 조상들이나 모두 오시고

잠수 해녀 부모조상 형제간들이랑

나도 따라가겠소 나도 따라가겠소

더군다나 옛날 유씨 어머니[66]

임춘춘경 월일석 가려오던 내 조카여

몸 받은 부모조상 몸 받은 부모조상

당주전[67]에 부모조상 무형문화재 사무실에 모신 조상들

이 당베 절베 매어 온 옛선생님네[68] 삼촌님

더군다나 안사인 형님

인간문화재 71호로 거느려오던

간장 썩고 살 썩던 선생님, 더군다나 강신숙 형님네랑

앞장서서 나도 따라가겠소 나도 따라가겠소 하며

김윤수 무형문화재…

무형문화재 전수회관 삼삼은 구

심방은 울먹이며 사설을 하고, 수건으로 눈물을 닦는다. 울음소리에 쉬어 사설이 잘 들리지 않는다.

……

술잔[酒盞]은 많이 자주 권하여 넘겨드리며

팔자 궂은 우리 보존회 회원들이 몸 받은 부모 조상님네랑

---

65) 수안미, 원미, '원미'는 저승 가는 길에 간단하게 요기 할 숭늉.
66) 최초의 심방이 된 신화에 나오는 이승의 삼 하늘 서강베포땅의 유정승의 딸.
67) 심방의 조상을 모신 당주상 앞에.
68) 심방의 조상들.

주잔들 많이들 열두 주잔입니다.
주잔은 많이 권권하여 넘겨드리며
오리(五里) 안도 부정(不淨)이 많습니다.
십리(十里) 안도 부정(不淨)이 많습니다.
제청(祭廳) 안 제청 바깥에도 부정이 많습니다.
제석궁 신소미(小巫)를 데리고 연찻물로 부정을 씻습니다.

<small>소미 이용순 등장하고, 수심방은 사설을 마치고 들어간다.</small>
<small>소미가 물대접과 감상기를 들고 제장을 돌면서 사설을 시작한다.</small>

[새ᄃ림]

<small>(소무 이용순 물그릇(차대접)과 감상기를 들고 사설)</small>

초감제 제차로 〈군문열림〉에서 군문을 열었고,
〈새ᄃ림〉의 물감상 제차를 아뢰었습니다.
제장의 오리(五里) 안팎에, 십리 안팎에
제청 안 제청 바깥 부정(不淨)이 많은 듯합니다.
서정[69]이 많은 듯 합니다.
하늘로 내리는 물은 천덕수(天德水),
땅으로 솟는 물은 지덕수(地德水),
산샘에서 내리는 물은 굽이 넓은 초강초대접에 솜솜이 떠다가
신의 아이 앞길에도 부정이 많은 듯하고
서정이 많은 듯합니다.
자리(席)에도 부정 거리에도 부정이 많은 듯 합니다
이 물 저 물 다 버려두고
산샘에서 내리는 물을 굽이 넓은 차양차대접 솜솜이 떠다가
청댓섭 꽃놀리며 안으로 바깥으로 내어 씻고 내어 씻자.

---

[69] '부정'의 조운구.

왼쪽 악사석에서 연물이 시작되면, 소미는 왼손에 물그릇을 오른손에 감상기를 들고 왼쪽과 오른쪽을 번갈아가며 빙빙 돌며 춤을 추다가 데령상 앞으로 걸어간다. 데령상 앞에서 절을 하고 뒷걸음질 하다가 절을 한 번 하고는 뒤로 돌아 제상 앞으로 온다. 제상에 절을 하고 오른쪽과 왼쪽으로 한 번씩 돈 다음 댓가지로 물을 찍어내며 제장을 돈다. 연물소리가 점점 빨라지면 소미는 왼쪽과 오른쪽을 빠르게 빙빙 돌며 춤춘다. 연물소리가 느려지고 소미는 물그릇을 바닥에 놓고 감상기만 들고 사설을 시작한다.

어어
내어 썻다 남은 물은
마당너구리가 주어먹어 자손들 앞에 들어

사설을 하던 소미가 "이레들 나옵서(이리로 나오세요)"라고 말하면, 다른 소미가 "이레들 나와서 안집서 (이리로 나와서 앉으세요)"라고 말하며 잠수 해녀들을 제장으로 나와서 앉도록 지시한다.

열두 가지 흉험(凶險)을 불러내던
궂은 새(邪, 煞)랑은 낫낫히 다리자(쫓아내자).

악사석에서 장구소리가 시작된다. 소미는 장구소리에 맞추어 새두리는 노래를 시작한다. 줌수 해녀들이 제상 앞으로 나와서 절을 하고 자리에 앉는다.

천황새도 다리자(쫓아내자).
지황새도 다리자(쫓아내자).
인황새도 다리자(쫓아내자).
배고픈 새들은 쌀 주며 다리고
물 그리는 새들은 물수며 나리자
주어나 훨쭉
훨쭉 훨짱[70]

소미는 노래를 하면서 오른손에 든 감상기로 앉아 있는 사람들의 머리를 쓸어내는 동작을 한다.

짓날아 나는고
옥항엔 부엉새 땅 아래 도덕새
영락엔 호박새 그 중엔 노념새
안당엔 노념새 밧당엔 시념새

---

[70] 새를 쫓는 후렴구.

이 새를 다리자 저 멀리 다리자.
배고픈 새랑은 쌀주며 다리고
물그린 새랑은 물주며 다리자.
주어라 훨쭉
훨쭉 훨짱
짓날아 나는고.
초감제 연다리로
신전님 오는데 새 앉아 우는고.
서수왕 오는데 새 앉아 우는고.
천지혼합시 이 아래로 올라 옥황상제
내려서면 지부사천대왕
상제님 오는데 부처님 오는데
천제님 오는데 인왕님 오는데
초이공삼공 시왕 십육사제
삼명감 오는데 삼처사 오는데
새가 앉아서 우는고.
삼본향 오는데 새가 앉아 우는고.
영혼이 오는데 새가 앉아 우는고.
옛선생 오는데 새가 앉아 우는고.
영등대왕 영등형방
영등이방 거북사자
새가 앉아 우는고.
감찰지방관 선왕은 좌동지영감
송제부인 오시는데
새가 앉아 우는고.
배고픈 새들은 쌀주며 다리고
물 그리는 새들은 물주며 다리자.
주어나 훨쭉 훨쭉 훨짱

짓날아 나는고.

이 새[邪]가 들어서 옛날 옛적에

서수왕 딸아기 문수의 덕으로

신역을 갔더라 지 위엔 문도령

지 아래 자청비 암장가[71] 가더라.

그것에 싸들고 어디로 가던고.

(잘 안 들림)

남자라고 홀대(忽待)하면 여자로 나타나고

여자라고 홀대(忽待)하로 남자로 나타난다.

배고픈 새들은 쌀 주며 다리고(쫓고),

물 그리는 새들은 물주며 다리자(쫓자).

주어나 훨쭉 훨쭉 훨짱

승보시 삼으로 저승새 우는데

옛장수 오는데 큰북과 작은 북

흉험을 주는 새 다리고 다리자.

주어나 훨쭉 훨쭉 훨짱

진 빨래에 깃 날아 나는고.

새(邪)끝엔 매(魔)로다.

매(魔)끝엔 새(邪)로다.

동엔 청마(靑馬→魔) 서엔 백마(白馬→魔)

남인 적마(赤馬→魔) 북엔 흑마(黑馬→魔)

갈리마 정골마

이 마(魔) 들어 치워내며

연물소리가 아주 빨라진다. 해녀들을 모두 앉혀 놓고 소미 네 명이 신칼을 양손에 나누어 쥐고서 머리와 등을 쓸어내면서 푸다시를 한다. 이용순 소미가 신칼점을 보고 난 뒤, 물을 입으로 뿜는다. 연물소리가 그치고, 해녀들은 제상을 향해 절하고 난 후 자리로 돌아간다.

---

71) 신부를 훔쳐오는 장가.

주잔들 저기 멀리 정낭이 있는 문밖으로 넘겨드리며
초채 이채 〈오리정신청궤〉 제차로 신이 모이게 해 드립니다.

다음 제차로 넘기는 사설을 하고, 감상기를 데령상 앞에 가져다 놓는다.

이용옥 소미가 오리정신청궤를 위해 필요한 준비물들을 점검한다.

"폴찌거리들(팔찌거리들) 다 나가신가(나갔나)? 아, 저 해녀들 가져온 양단(두텁게 짠 비단)도 내여 놓고. 해녀 양단 해녀 가져온 거"

김윤수 심방이 굿할 준비를 하고 제상 앞에 서서 사설을 시작한다.

[오리정 신청궤]

일만팔천(一萬八千) 신전(神前)님네,
저기 멀리 정낭이 있는 문 입구에서
부르면 들어올까 외치면 들어올까 하고 있습니다.
천년묵은 금강머들 서녹미 쌀 들어 받들고
어어 〈오리정 신청궤〉로 신들을 내세우자.

심방은 신칼을 들고 돌면서 춤을 춘다. 〈신청궤춤〉이다. 심방이 데령상을 놓은 입구로 가면, 소미가 쌀을 담은 그릇을 준다. 심방은 쌀을 떠서 사방에 뿌리며 춤을 춘 다음, 제상 앞으로 와서 신칼로 쌀을 떠서 사방에 뿌린다. 쌀그릇을 잠시 소미에게 맡기고, 도랑춤을 추다가 〈신칼점〉을 한다. 제상과 데령상이 있는 입구를 오가며 쌀을 떠서 뿌리는 행동을 반복한다. 쌀그릇을 소미에게 잠깐 맡기고, 신칼을 수평으로 잡고 돌리다 〈신칼점〉을 친다.

'데령상이 있는 입구 쪽에서 쌀 캐우리기-제상 앞에서 쌀 캐우리기-제상 앞에서 춤추다가 신칼점치기'의 동작을 7번 반복한다. 연물소리가 갑자기 빨라지다가 심방이 요령을 흔들자 조용해진다. 심방이 제상 앞에 서서 사설을 시작한다.

오늘은 영등송별대제일 날로
칠머리 감찰지방관 도원수 할아버지와 용신부인,
남당할아버지 남당할머니
영등대왕 영등부인
동복신미륵(東福神彌勒)[72] 서복신미륵[73] 한집님께

영등송별대제에 자손들의 역가(役價)를 받으시고

길흉화복 소원성취를 시켜 주십사

한집님, 오늘은 영등송별대제를 올립니다.

(요령)

[칠머리당 본풀이]

난산국74) 신을 풀면, 신산국75) 쪽으로 내리십시오.

(본향의 본풀이를 하면 본향신은 내리십시오.)

옛날 옛적에

칠머리감찰지방관도원수 할아버지는

중국 강남천자국에서 솟아났다.

도원수님의 아버지는 하늘이고,

도원수님의 어머니는 땅이다.

(요령)

무유이화(無有而化)하여 탄생하니,

천아명장 억만명의 대 군사,

오천명 궁수(弓手), 사천명 검수(劍手)를 거느리고

나무알 모래알 비창금 일월이 진동을 하여

대국 강남천자국에서 역적이 강성하다 하니

억만명의 대군대를 거느려 역적을 물리치고

요왕국 들어가 요왕군을 거느려

제주절도 한라산에 올라가

(요령)

---

72) 제주시 건입동. 조선시대 제주읍성의 동쪽 고려의 절터 미륵밭(地名)에 남아 있는 돌미륵.
73) 제주시 용담동. 조선시대 제주읍성지의 서쪽 고려의 절터에 있는 돌미륵.
74) 태어난 곳, 본향.
75) 신이 난 곳, 신풀이를 하는 쪽.

백록담에 진(陣)을 치고, 황새왓[76]에 진(陣)을 치고
사계왓[77]에 진을 친 후, 혈지(穴地)를 찾아
산지 칠머리동산에 와서 좌정하시니
동양삼국 서양각국 조선 팔도강산 각 지역으로 간
자손들 지켜주시던 본향당신님은
마흔여덟 상단궐,
서른여덟 중단궐,
스물여덟 하단궐에게 많은 역가(役價)를 받아
길흉화복 소원성취를 시켜주시는 한집[堂神]님,
칠머리당의 대제일은
영등 2월 초하룻날
영등이방, 영등형방, 영등호장 영등수령 등
영등신의 식솔들을 거느리고
팔목을 잡아 한라산에 올라가
백록담의 만설(鹿潭滿雪)을 구경하고,
영등 2월 열나흘 날에는 영등송별대제를 받아오던
사방에서 오는 천의 액운[煞]을 막아주던 한집님
해신 부인님은 상선 중선 하선이여
무역선 모랫배 채낚기선
잠수 해녀들의 안녕을 기원해주고,
풍어를 이루어 주시던 한집님.

[본향듦]

손으로 소미를 부르며 사설을 계속한다.

오늘은 신이 내려와 모이시게 합니다.

---

76) 지명.
77) 지명.

각 신당의 한집님네

부르면 들어올까 외치면 들어올까 합니다.

한집님아 첫 번에 못 들면 둘째 번에 드시고(요령)

둘째 번에 못 들면 셋째 번에 드십시오.

한집님, 아아 한집님 뒤에

삼천병마또[78](三千兵馬) 그 뒤에 하늘 가득 매운 군병길들

길에 술잔을 따라 넘기며 한집님네랑

첫째, 둘째, 셋째 번까지 오리정신청궤로.

[팔찌거리 맴]

[우봉지주잔]

빠른 연물소리 울린다. 소미 한 명은 데령상 앞에 팔찌거리와 요령, 산판 등을 가져다 놓는다. 다른 한 명의 소미는 심방의 옷매무새를 고쳐준다. 심방은 소미의 도움을 받아 두루마기를 벗어 관복차림에서 군복차림으로 바꾸고, 팔찌거리를 맨다.

심방 종이로 싼 술병 '우봉지주잔'을 왼손에 들고, 오른손으로는 술병의 술을 사방에 뿌린다. 소미 두 명이 술을 사방에 뿜는다.

심방 우봉지주잔을 잡고 입구를 향해 앉아, 화살을 쏘듯 겨눈다. 뒤로 돌아서 제상을 향해 화살을 쏘듯 겨눈다. 자리에서 일어나 우봉지주잔을 들고 양 손을 흔들거나, 우봉지주잔을 머리 위로 돌리는 동작을 반복하며 사방을 뛰어다니면서 춤을 춘다. 소무들은 사방에 술을 뿜고, 심방은 다시 무릎을 꿇고 앉아 술병을 겨누고 있다 다시 일어서서 돌면서 춤을 춘다. 왼쪽으로 다시 오른쪽으로 빠르게 회무하면서 춤추다가, 제자리에서 펄쩍 뛰고 나서 우봉지주잔을 밖으로 던진다.

옷매무새를 고친 다음, 왼손에는 감상기를 들고 오른손으로는 엽전을 던져 점을 친다. 이 때 감상기는 본향당신의 활이 된다. 여러 번 반복하여 점을 친다. 점의 결과가 좋지 않은지 소미가 해녀들에게 두 손을 모아 빌라고 지시한다.

---

78) '또'는 신의 존칭.

[본향 들어옴]

　점을 마친 심방이 입구 쪽으로 와서 뒷병 술을 들고 사방에 뿌린다. 심방은 입구 쪽을 향해 앉은 다음, 입에 머금은 술을 뿜으며 감상기를 활, 신칼을 화살로 당기며 사냥감을 잡는 당신의 모습을 흉내 낸다. 반대방향으로 장소를 바꿔 활시위를 부르르 떨며 당기는 시늉을 한다. 자리에서 일어나서 제상 앞을 이리저리 돌다가 제자리에서 펄쩍펄쩍 뛰다가 앉아서 활을 겨눈다. 방향을 바꾸어 겨누다 다시 펄쩍펄쩍 뛴다. 심방이 감상기를 양손에 잡고 돌면서 도랑춤(회전무)을 춘다.

　연물소리가 느려지고, 심방은 사방에 절하고 제상 앞에서 신칼점을 한다. 건입동 해녀들 제장에 나와서 절을 한다. 소미가 든 보답상[79]을 받들고 나서 절을 한다. 수심방이 들어가고, 소미(고복자)가 제상을 바라보며 사설을 시작한다. 다른 소미가 수심방의 팔찌거리를 풀어준다.

　　해녀들이나 일만 잠수(潛嫂)들과
　　상선(上船) 중선(中船) 하선(下船)이나 채낚기선 타는 어부들과
　　상불턱[80]에 상잠수, 중불턱에 중잠수
　　하불턱에 하잠수들 일만 해녀들에게
　　영등대왕 영등별감 영등한집님 영등사제
　　(요령)
　　동경국 대왕님 서경국 부인님은
　　별과부 정월 그믐날 개탁제[81]를 했다가,
　　이월 초하룻날 영등환영제를 받아서,
　　보름날은 강남천자국으로 배 놓아 갑니다.
　　일만 해녀 상선 중선 하선 모랫배 채낚기선
　　요왕길도 바로 서게 해 주시고 선왕길도 바로 서게 해 주세요.
　　그리하여 산지용궁 칠머리 감찰지방관님
　　(요령)

---

79) 〈보답상〉은 신에게 바칠 곡물 〈삼곡마량〉과 폐백을 놓는 상.
80) '불턱'은 해녀들이 물에서 나와 불을 쬐는 곳.
81) 그믐에 지내는 제(祭).

해신 부인님 용해부인 남당칠머리

갑자기 여러 영혼 풀 일, 호적 장적 빌 일 막아주십시오.

문서가 복잡해질 일(訴訟) 막아주십시오.

인명 축날 일 막아주십시오.

실명 부족할 일을 막아주십시오.

소미가 시설을 하는 동안, 해녀들은 다른 두 명의 소미들의 지시에 따라 소지를 올리고, 절을 한 다음 자리로 돌아간다.

그럴 적에 실려 들자 미세 문장 없습니다.

외워드리라 그렇지만 액운삼운이 없습니다.

입으로 홍살원정이랑 이거 흰 종이에 붉은 글 붙여

저승으로 화하시거든

일만 해녀나 채낚기선 타는 자손들

오합성가 바람에 다칠 일들 막아주십시오.

그리하여 열명종사관입니다 이-.

소미와 해녀들이 모두 자리로 돌아가고, 팔찌거리를 풀고 군복 차림의 수심방이 등장하여 사설을 한다.

(연물소리)

연물 소리가 시작되면, 소미가 오색천을 심방에게 건네준다. 오색 천을 들고 놀리며 춤을 춘다. 연물 소리가 그치면, 오색천을 소미에게 넘기고 절을 한 뒤 자리에 서서 사설을 계속한다.

상백미와 석자오치 동계천 벗어서

상제님전에 위(位) 올리자.

(무악)

동계천 벗어서 상제님전 위(位) 올렸구니.

좌(座)가 돌아갑니다.

좌(座)가 돌아갑니다.

천황은 열두 명감, 지황은 여덟 명감, 인황 아홉 명감,

동에는 청명감, 서에는 백명감,

남에는 적명감, 북에는 흑명감,

세경(農神)도 조상이고, 몸주도 조상이고,

이 자손들 몸 받은 (요령) 선왕님도 조상입니다.

오리정 신청궤로-.

(연물소리)

심방은 관복차림으로 신칼과 쌀그릇을 들고, '데령상 쪽에서 쌀 캐우리기-제상 앞에서 쌀 캐우리기-신칼 점 치기'의 동작을 한 번 한다. 연물 소리 갑자기 빨라지다가 심방이 공시상 위의 요령을 들고 흔들자 조용해진다. 오른손에 요령을 왼손에는 신칼을 들고 서서 사설을 계속한다.

[바랑탐]

제석(帝釋)도 일월(日月=조상신), 몸주도 일월,

몸 받은 선왕님네까지

저 멀리 정낭이 있는 입구에 신이 모여 오시려는데

한 짐 정도 기른 굴송낙 두 짐 정도 기른 피란장삼

연길 목탁 목에는 염주, 손에 단주,

금바라 옥바라도 타러 가자.

(빠른 연물소리)

〈바라춤〉 심방은 양손의 요령과 신칼을 놓고, 데령상 앞으로 걸어간다. 데령상 앞에 무릎을 꿇고 앉아 치마를 양 손에 잡고 흔들다가, 뒤로 돌면서 자리에서 일어난다. 이 때 치마는 가사로 사용되는 의상을 의미한다. 소미는 제장에 술을 뿜는다. 심방은 치마를 놀리며 제장을 돌면서 춤을 춘다. 연물 소리가 점점 빨라지면, 심방은 치마를 흔들면서 도랑춤을 추다 펄쩍펄쩍 뛴다.

치마를 뒤로 걸쳐 입는다. 가사를 걸친 복장이다. 양 손에 바라를 들고 바라를 치며 제장을 돌며 '바라춤'을 춘다. 악사석에서 "이여, 아-" 등의 말을 하며 분위기를 고조시키다.

바라를 들고 제자리에서 왼쪽과 오른쪽의 순서로 빠르게 돌며 도랑춤을 춘다. 도랑춤을 춘 다음 제상을 향해 서서 바라를 두 번 정도 치면서 절한다.

바라춤이 끝날 무렵 '당당 당당당' 하는 박자에 맞추어 바라를 치다가 제상 앞에서 가볍게 절한다. 심방은 무릎을 살짝 구부렸다 펴고, 손으로는 바라를 아래에서 위로 올려 치는 동작을 천천히 3번 정도 반복한다. 연물 소리가 느려지면 바라를 들고 살짝 돌다가 바라를 등 뒤로 던져, '바라점'을 한다.

연물 소리가 다시 빨라지고, 심방은 신칼과 요령을 들고 춤춘다. 제상 앞에 앉아서 요령을 흔들고 신칼을 놀리다가 신칼점을 친다. 두 손을 모아 절을 한 다음, 〈손바닥춤〉을 춘다. 요령과 신칼을 양 손에 쥐고 자리에서 일어난다. 제상을 향해 절한다. 악사석에서 장구소리에 맞추어 노래가 시작된다.

[군웅덕담]

수심방이 자리에 서서 "우리 회원들은 우동들 안 먹어신가? 연물이 막 늘어젼"하고 말한 다음 장구 반주에 맞추어 사설을 한다.

산 넘어 간다.

물 넘어 간다.

(우리 회원들은 우동도 안 먹었는가?)

자 오늘 영등송별대제일로

감찰지방관 도원수님과

영등이방 영등형방

영등호장 영등도령

(어이-, 장고 '딱')

영등대왕 영등할마님이

(그렇지요)

영등송별대제일에 영등송별제를 하여

맺힌 간장일랑

(어이-, 장고 '딱')

어서 설설이 다 풀리게 놀자-.

(어어어-, 장고 '딱')

뱃사람은 매일 매일 놀고

우리 심방들은(신의 형방은) 비가 오나 눈이 오나

날이 좋으나 그자 오늘 오늘로 다 풀리게 놀자.

(어-, 장구소리)

장고 반주에 맞추어 수심방이 덕담을 노래하고, 잠수해녀들이 제장에 나와서 춤을 춘다.

[덕담]

어제 오늘의 오늘이 오늘이라.
(좋다)
날이 좋아서 오늘이요.
(좋다)
달이 좋아서 오늘이요.
일이 없어 언제 오나.
(좋다, 요령)
언제 돌아와 가실 건가.
얼음산도 놀고 가며.
(좋다)
구름산도 쉬고 가네.
(좋다, 요령)
앞마당에는 남사당들이 놀고
(좋다)
뒷마당에선 여사당들이 노네.
(좋다, 요령)
월매 딸 춘향이는 이 도령 품에서 잠들었구나.
(좋다)
명사십리 해당화야,
꽃이 진다는 것을 설워 마라.
너도 명년 춘삼월에 되면, 죽었던 나무에도 새싹이 돋아나서,
강남 갔던 제비들도
삼월 삼진날(3월 3일) 되면 뱃길을 따라 찾아오고,
서양 각국 동양 3국 명년 죽어 가면 다시 못 오는 법,
우리나라 왕의 손(孫)도 한 번 죽으면 그만이고,
영의정 좌의정 우의정 삼정승도 한 번 죽으면 그만일세.

말 잘하던 손재장도 적국의 대왕 간을 내어 죽여
저승 데리러 와서는 상을 주고,
나무도 늙어 썩게 되면, 받고 주고 아니 하고,
꽃도 피어 낙화되면 앉던 나무에도 아니 앉고,
우리 인간도 늙어 백발이 되면 오던 임도 아니 오고,
백발되어 한 번 가면 그만이구나.
우리 청춘도 늙어 백발이 되난, 오던 임도 되돌아가네.
가는 세월을 누가 붙잡고, 오는 백발을 누가 막으랴.
이팔청춘 소년들아 백발을 보고서 희롱마라.
나도 어제는 청춘이더라마는 오늘 백발을 못 막는다.
감겼구나 감겼구나 네도리 담쑥(요령) 감겼구나.
이 자손들 오늘은 영등송별대제일로,
상선 중선이나 무역선 대양호, 무역선을 지켜주던 선왕(船王)[82]이여,
잠수 해녀들 몸 받은 뱃선왕이시여,
동바다, 서바다에 놀던 선왕이시여,
논지하르방 돈지할망, 개맛하르방 개맛할망 다 풀려 놀자.
영등할머님아 싱을 잘 받으시고,
금년에는 제주바다에 씨를 잘 뿌려주고 가세요.
더구나 잠수 해녀들에겐 이 앞바다에 전복, 소라,
해삼, 문어, 오분작, 성게등을 많이 나게 하십시오.
채낚기선 타는 자손들에겐
갈치, 옥돔, 복어, 고등어 많이 잡게 하여
그물 가득 한 배 가득 많이 잡아
제주시 수협 어판장에 고기 가득 시켜주고
산지 어촌계에 소라, 전복 많이 잡게 내세워서
몸 받은 자손들 내세우고,

---

82) '선왕'은 배와 어부들을 수호하는 신으로서 '영감', '참봉'이라 부르는 도깨비.

선왕님네랑 이여차 닻감기 소리(서우젯소리)를 부르며 놀자.

심방은 치마를 벗고 들어간다. 소미가 마이크를 들고 선창을 하고 해녀들은 춤을 추며 후렴을 한다.

[서우젯소리]

후렴 : 어허양 아하아요 어허야두야 어허어요

아아 아하양 어허양 어허어요

영등이월 열나흘날 송별대제일로 다풀려 놀자.

아아 아하양 어허양 어허어요

칠머리 한집님네 남당하르바님 남당할마님

아아 아하양 어허양 어허어요

해신당은 요왕부인 감찰지방관 한집님네

아아 아하양 어허양 어허어요

이월 초ᄒᆞ룰날은 영등할마님과 손을 잡앙 제주도 구경을 허고

아아 아하양 어허양 어허어요

영등대왕님 영등별감님 영등하르방 영등할마님

아아 아하양 어허양 어허어요

영등성방 영등이방 영등날보저 달무지하자.

아아 아하양 어허양 어허어요

황새왓은 사개요왕 집을 지어 춘경을 허고

아아 아하양 어허양 어허어요

영등이월 열나흘날은 이별허자 작별을 허자.

아아 아하양 어허양 어허어요

송별제를 받는 조상님 이천사년 갑신년 이월

아아 아하양 어허양 어허어요

오널 가실 적에는 제주도에랑 관살 소망을 주어두고 갑서.

아아 아하양 어허양 어허어요

일반 농장에 잘 되게 하고 외국 수출해영 돈 잘 받게 허고

아아 아하양 어허양 어허어요

바당으로 가며는 상줌녀에 중줌녀 하줌녀에 잘되게 허여

아아 아하양 어허양 어허어요

소라씨도 하영 뿌려줘동 갑서 전복씨도 하영 뿌려동 갑서.

아아 아하양 어허양 어허어요

우미 전각에 메역에영 저 바당에 ᄀ뜩허게 나게 헙서.

아아 아하양 어허양 어허어요

산지 해녀들 바당에 들었당 물숨도 먹게 맙서.

아아 아하양 어허양 어허어요

전복이 커그네 물에 들었다근 돌트멍에강 겁먹게 말고

아아 아하양 어허양 어허어요

질 두질 물에 들어갔다근 거북이도 눈에 펜식 허게 맙서.

아아 아하양 어허양 어허어요

관탈섬이영 들어가글랑 밤사이 두엉 거듭나게 맙서.

아아 아하양 어허양 어허어요

건입동 헤녀들 펜안허게 허고 하다하다 이 해녀들 넉나게 맙서.

아아 아하양 어허양 어허이요

섬산 해녀들 다나사그네 똑딱선 비개선 발동선 채나끼선에

아아 아하양 어허양 어허어요

철선 갈선에 넉나게 말고 모랫배에 석탄배에 넉나게 맙서.

아아 아하양 어허양 어허어요

소살 속으로 넉나게 맙서 고철 속에서 넉나게 맙서.

좋다, 어야두야 상사두야

아아 아하양 어허양 어허어요

(장구 소리 빨라진다.)

어야두야 상사두야

아아 아하양 어허양 어허어요

동의와당 광덕왕에

아아 아하양 어허양 어허어요
서의와당 광인왕에
어허양 어허어요
남의와당 광신왕 북의와당 광해왕
하양 어허양 어허어요
적금산도 요왕이 놀고
아아 아하양 어허양 어허어요
적금산 요왕도 놀고 가자 아하-
아아 아하양 어허양 어허어요
동해용궁 놀던 조상
아아 아하양 어허양 어허어요
해금상 요왕도 다 놀고 갑서.
아아 아하양 어허양 어허어요
요왕이 놀면 선왕도 논다.
아아 아하양 어허양 어허어요
자손들 몸받은 선왕님네
아아 아하양 어허양 어허어요
아기씨 선왕 도령 선왕
아아 아하양 어허양 어허어요
제주 선왕 대판 선왕
아아 아하양 어허양 어허어요
선왕이 놀면 요왕도 논다.
아아 아하양 어허양 어허어요
영감님네도 다 놀고 갑서.
아아 아하양 어허양 어허어요
서울이라 허정승 아들
아아 아하양 어허양 어허어요
이곳 저곳 솟아났네.

아아 아하양 어허양 어허어요

죽은아들 제주도 할로영산을 ᄎ질허연

아아 아하양 어허양 어허어요

불편허다 해녀 분들

아아 아하양 어허양 어허어요

펜안바당 놀지는 바다

아아 아하양 어허양 어허어요

성난 바당 놀던 영감

아아 아하양 어허양 어허어요

이 ᄌ순덜 넉나게 맙서.

아아 아하양 어허양 어허어요

혼불로 신불로 태우지 맙서.

아아 아하양 어허양 어허어요

무루 무루 허꺼줍서.

장구 중심으로 진행되던 연물이 징과 설쒜, 북이 함께 연주되면서 더욱 격렬해진다. 해녀들의 춤이 계속 되고, 소미가 '허여- 어-' 하는 소리를 한다. 연물 소리 계속된다. 연물 소리가 느려지고, 해녀들 절하고 퇴장한다.

나머지 잠수들은 퇴장하고, 상단골 할머니 한 분이 제장을 돌며 신칼 들고 춤을 춘다. 제상 앞에서 도랑 춤을 추다가, 신칼을 가운데로 모아 뿌리는 동작을 해서 연물 소리를 그치게 한다. 소미가 마이크를 들고 나오자, 소미를 들어가라고 하고 마이크를 들고 말을 하기 시작한다.

[신청궤]

서우제닻감기소리로
일월님네 노념놀이 하였습니다.
(박수)
저 먼 정낭 밖에서
부르면 들어올까 외치면 들어올까

일 년 먹고 천 년 살 금강머들 서녹미 쌀 받아들고
오리정 신청궤로.

[연물] 신청궤연물

연물소리 시작되면, 심방은 신칼을 들고 돌면서 춤을 춘다. 문 입구 대령상이 놓인 곳에서 소미에게 쌀그릇을 받아들고 쌀을 칼끝으로 떠서 뿌리며 신을 모셔 들이는 동작을 한다. '신청궤춤'이다. 제장 앞으로 와서 신칼로 쌀을 떠서 뿌린다. 같은 동작을 두 번 정도 반복하고 난 후, 쌀그릇을 소미에게 맡기고 신칼점을 한다.

대령상 앞에 와서 쌀을 뿌리고 절 한다. 다시 제상 앞에 와서 쌀을 뿌린다. 심방 쌀을 떠서 뿌리며 무엇이라 사설을 하는데 연물소리에 묻혀서 잘 들리지 않는다. 제장과 입구에 3번 반복해서 쌀을 뿌린다. 신칼을 어깨에 올리고 돌며 춤추다가 자리에 앉아서 신칼점을 한다.

어- 금정옥술발[83]

신칼점을 한 후 심방은 한쪽에서 쉬고 소미(이용옥)가 굿을 이어간다.

초감제 연다리로 각 일만팔천 신천님
올라 팔만금사진도 둘렀구나.
천왕낙화금정옥술발(요령) 본도영기 신감상(감상기) 들고 받들며
팔만금사진도
(연물소리)

[오리정 정대우]

소미 요령을 흔들며 대령상이 있는 입구까지 간다. 대령상 앞에 놓여진 감상기와 요령을 들고 춤을 춘다. 감상기를 흔들며 뒷걸음질 하다가 뒤로 돌아 제상 앞으로 걸어간다. 제상 앞에서 왼쪽으로 한 바퀴 돌고 요령을 한 번 흔들고 절한 다음, 오른쪽으로 돌면서 같은 동작을 반복한다. 감상기와 요령을 들고 제장을 빙글빙글 돌다가, 연물 소리가 느려지면서 마이크를 들고 말을 하기 시작한다.

---

83) 요령.

어어 팔만금사진(八萬金絲陣)

가는 신전은 오시는 듯

오는 신전은 가시는 듯

구시월 나뭇잎 떨어지듯

신이 내려온다.

본도영기 신감상(감상기) 들어 받들며

정대우로

(연물 소리)

 빠른 연물 소리에 맞추어 감상기와 요령을 들고 제상 앞에서 몇 바퀴 돌며 춤을 추다가, 입구의 대령상이 있는 곳으로 간다. 감상기를 들고 몇 걸음 뒷걸음질 하다가 뒤로 돌아서, 감상기를 어깨에 올리고 제상 쪽으로 걸어온다. 이 때 소미 한 명이 대령상을 들고 제상 쪽으로 함께 온다. 제상 쪽으로 신을 인도하는 것이다.

 소미가 제상 앞에 대령상을 놓는다. 감상기와 요령을 들고 제장을 왼쪽 오른쪽으로 돌며 춤을 춘다. 감상기를 들고 제상 위를 왼쪽에서 오른쪽으로 쓰는 듯한 동작을 한다. 연물 소리가 빨라지면 춤도 빨라진다. 연물 소리가 느려지고, 감상기를 다른 소미에게 건네고 요령만 오른손에 들고 사설을 시작한다.

[춤] 〈지위와 자리 고르는 춤〉

남정중 화정녀[84] 모른다

천왕낙화금정옥술발 들어 받들고

위(位) 고르고 좌(座) 고르자.

(연물 소리)

 양손에 요령을 들고 빙빙 돌며 춤을 추다 오른쪽에서 왼쪽, 왼쪽에서 오른쪽으로 요령을 흔들며 자리를 고른다. 제장 앞에 서서 절한다. 쌀을 한 줌 집어 제장에 뿌린다. 수심방 등장하여 굿을 이어간다.

신들을 벌여 앉혔습니다.

제관은 열명종사관인 심방이 올렸습니다.

---

[84] 남정중 화정여(南正重 火正黎)의 예법. 다툼의 분한을 구별하는 예법.

떨어지거나 낙루한 신전님이
계신지 안 계신지 모릅니다.
일월삼명두(명두)로 처사 분간하렵니다.
(늦은 연물)

[산받음]

수심방이 자리에 앉아서 산판점을 한다. 이어 신칼점도 한다. 앉아서 점을 보는 동안 사설을 하는데 잘 들리지 않는다. 연물 소리 그치고, 심방은 자리에서 일어서서 사설을 계속한다.

[분부사룀]

심방 제상에 절을 하고, 신도들 '아이고, 고맙수다' 라고 말한다.
얼굴 낯가리며 돌아앉아
맛이 조은 금공사
설운 원정들에게 올려 드립니다 이-.
심　방 : 나 영 굿했수다.
단골들 : 아이구 속았수다.
신도들이 "아이구 고맙수다" 라고 인사하고, 심방은 사방에 절을 한다.
소미가 "점심들 먹게 마씸" 하고 말한다. 수심방은 의상을 갈아입는다.

〈추물공연〉

생략

[주잔권잔]

받다 남은 주잔들은 내어다
동해바다 광덕요왕 군졸들 주잔합니다.
서해바다 광인요왕 군졸들 주잔합니다.
남해요왕 적요왕 군졸들 주잔합니다.
사만사천 사해용신이여,
상선이여 중선이여 하선이여,
어깨선이여 비개선이애 조각 감동선이여,
모랫배여 채낚기선에 몸받은
선왕 뒤에 군졸들 주잔합니다.
일만해녀들,
상불턱에 중불턱에 하불턱에 놀던 임신들,
넋나갈 일들 막아줍서 혼날 일들 막아줍서.
영등할아버지 영등할머니 영등대왕 영등별감
영등아미 영등도령님네도 주잔내어 드립니다.
본당 한집 두에 삼천병마[三千兵馬] 뒤에 군졸들
주잔합니다.
이거 사라봉 등대 아래서
떨어져 이름 몰라 나 몰라 죽어가고,
서부두에서 동부두에서
이거 몇 년 전에 일만 해녀들
물에 들러 왔다가 물숨 먹고 죽어가던 임신네,
주잔들 드립니다.
개맛마다[85], 돈지마다[86], 고개마다,

---

85) 포구마다.
86) 둔지마다, 포구마다.

여끗마다[87] 놀던 임신덜,

산으로 가민 산신군졸이여,

물론 가민 요왕군졸들이여,

배론 가면 선왕군졸들이여,

이 자손들 어어어 오늘 열나흘날

오려 하니 엊저녁부터

꿈에 현몽(現夢)을 하고, 남가일몽[88]을 하고,

소미가 사설을 잠시 멈추고, "잔들 냄서?(내놓고 있나?). 아니 이거 끝날 때 꺼지." 라며 주잔을 올리도록 한다. 다른 소미 한 명이 제상의 술잔을 대령상 쪽으로 들고 간다. 사설을 계속 이어간다.

주잔들 드립니다.

산으론 가면 산신군졸이여,

물론 가면 요왕군졸이여,

배론가면 선왕군졸이여,

영감, 참봉, 야채, 금채,

연불에 놀던 임신, 신불에 놀던 임신들,

이거 꿈에 현몽을 하고 남가일몽을 하고,

비몽사몽이여, 먹는 밥을 갈라 먹자 가는 영을 따라

이거 사라봉 옛날 만덕할마님 뒤에 군졸들이로구나.

옛날 군인들 다 주재소 있었다가 안으로 옮겨갔습니다.

이름 모른 임신들,

천년 골총지기[89], 만년 골총지기들,

먹어라 벗어라 굶어라 추워라하던 임신,

오늘 영허민 본당 한집 사무실 차릴 겁니다

아무쪼록 이 자손들 자손 흉감제[90]에 불러들이게 맙서

---

87) 여 끝마다.
88) 남가일몽(南柯一夢).
89) 골총(오랜 무덤)을 지키는 귀신들.
90) 흉사가 될 일을.

많이들 열두주잔입네다.

열두 주잔-.

소미가 장구를 치우고 자리에서 일어나며 사설을 계속한다.

열두주잔은 제 넘겨 드리며,

불법은 금베리잔 쪽에 제돌아[91] 점주헙서 예-.

소미가 금베리잔을 올리기 위해 징을 들고 제상을 향해 선다. 다른 소미가 "양쪽으로 잔들고 서야 해. 양쪽으로 잔들고 서라."라고 말한다. 소미 두 명이 술잔을 들고 징을 든 소미 옆에 선다.

[금베리잔]

소미는 징을 들고 제상을 향해 서서, 징을 세 번 친다. 징을 들고 선 자세로 사설을 시작한다.

날은 어느 전 날이옵고

달은 어느 전 달이오며

올금년 갑신년 윤달 띄워 열석 달

이망 상달은 갈라 영등 이월

오늘 열나흘날 송별제가 되었습니다.

초감제 연다리로 제를 청하니

자손들 이룬 역가(役價) 정성을 큰 공사를 올렸습니다.

금베리산 자례 되었습니다[92].

(징을 세 번 친다.)

소미 두 명이 삶은 달걀에 술을 적셔 뿌린다.

이 자손들

여라 자손들 받은 잔입니다.

금배리잔 점주 주잔하십시오.

천군 지군 인하 만군님네,

---

91) 좌(座)를 돌아.
92) 〈금베리잔=離別盞〉을 나누는 제차(祭次)가 되었습니다.

올라 옥황상제 내려 지부사천대왕

다섯 용궁[五龍王] 서산대사 육관대사,

할머님 금배리잔 점주 주잔합니다.

초공(初公)93) 이공(二公)94) 삼공(三公)95)도

금배리잔 점주 주잔합니다.

(징을 세 번 친다.)

시왕감사(十王監司) 신병사(新兵使),

원앙감사(元王監司)96) 원병사(元兵使),

김추염라(金緻閻羅)97) 태산대왕(泰山大王),

범같은 사천대왕(四天大王),

초제 진강, 이제 초강, 제삼 송제,

제네 오관, 다섯 염라, 여섯 번성,

일곱 태산, 여덟 평등,

아홉은 도시, 열은 도시, 전륜대왕,

지장, 생불, 좌도, 우도 관장님도

금배리잔 점주 주잔입니다 이-.

(징을 세 번 친다.)

천황차사(天皇差使) 지황차사(地皇差使) 인황차사(人皇差使),

월측사자(月測使者), 일측사자(日測使者), 시측사자(時測使者),

저승차사는 이원사자, 이승차사는 강림사자,

물로는 부원군 거북사자,

명도명감 삼차사,

---

93) 무조신(巫祖神).
94) 서천 꽃밭을 지키는 꽃의 신 꽃감관.
95) 직업의 신.
96) 시왕(十王) 밑에 종사하는 官員神.
97) 광해군 때 제주 판관 김치(金緻)가 강림(姜林)을 시켜 염라왕(閻羅王)을 잡아와 한 여인의 소원(訴冤)을 해결했다는, 차사본풀이와 같은 내용의 기록이 〈탐라지〉에 있다.

북차사는 길이 바쁜 차사님도

금배리잔 주잔입니다.

(징을 친다.)

동은 청명감(靑命監), 서엔 백명감(白命監),

남엔 적명감(赤命監), 북엔 흑명감(黑命監),

중앙 황신명감(黃命監),

책불(冊佛), 산신(山神), 요왕(龍王), 선왕(船王) 명감님,

불도 명감님네,

금배리 주잔이외다.

(징을 친다.)

금배리 주잔을 제넘겨 드리며,

세경님 일월 영등 조상,

요왕 선왕님,

금배리 주잔이외다.

낳는 날은 생산(生産), 죽는 날은 물고(物故)

저승 장적(葬籍), 이승 호적(戶籍),

일부 소생처는 제주시 내윗당[98] 열두신위전,

ᄀ시락당[99], 운지당[100], 돌윗당 한집님네[101],

산지 용궁 칠머리 삼찰지방관 한집님[102]네,

동미륵[103] 서미륵[104] 해신용해부인님도,

금배리 주잔입네다 예-.

(징을 친다.)

---

98) 제주시 용담동 있었던 신당(神堂).
99) 제주시 용담동에 있는 신당.
100) 제주시 일도 2동에 있었던 신당.
101) 제주시 돌윗당 당신님네.
102) 당신(堂神) 님네.
103) 제주시 건입동 미륵밭에 있는 복신미륵.
104) 제주시 용담동 용화사 경내에 있는 복신미륵.

이 자손들 요왕에 죽은 영혼님네들도

차례차례 못하여도 요왕 영가[靈魂]님네들랑

금배리 주잔입네다 이-.

(징을 친다.)

달걀로 술을 찍어서 뿌리던 소미들이 술잔을 들고 밖으로 나가 버리고 온다. 술잔에 술을 다시 담고, 제상에 올린다.

신공시로도[105] 선왕 옛날 선생님네,

옛날 광덕님네, 동진(東晉)의 도가(道家) 곽박 선생, 주역[106]선생,

이 당에 놀던 선생님네들,

주잔 내어드립니다.

주잔내다 남은 건

저 군문연다리로 멩두빨들 저 올래,

올래 주귀[107] 정살귀[108] 내로 철년 베건국에서

천년골총 만년골총들 주잔내어 드립니다.

제상을 향해 서 있던 소미가 뒤로 돌아 서서 사설을 이어간다.

이거 여- 영등하르바님 영등할마님 뒤에

영등아방 영등어멍 영등대왕,

영등별감 영등아미 영등도령,

동경국 대왕님 세경국 부인님도,

주잔내어 드립니다.

어느 때랑 이거 칠머리 본향님 내어가면

나도 가저 나도 가저,

저 올래에 원귀가 번창하여 올래가 번잡하게

---

105) 공싯상이 있는 곳으로, '공싯상'에는 굿을 진행하는 신칼, 산판, 요령 등 무구를 놓는 상이다. 심방의 조상들은 이 곳으로 모시겠으니 이 공싯상이 있는 곳에 내리라는 뜻이다.
106) 주역 선생, 서진(西晉)의 도가(道家).
107) 주귀(主鬼)는
108) 정주목에 대문 대신 꿰어 걸치는 정남을 지키는 귀신.

꿈에 현몽(現夢) 남가일몽(南柯一夢) 비몽사몽(非夢似夢) 빌어보자.

소미는 사설을 계속하고, 다른 소미 몇 명과 해녀 몇 명이 바구니를 들고 제상 앞으로 와서 상에 차려진 음식을 조금씩 들어낸다.

이 군졸들
안으로 열두주잔입니다 이-.
열두주잔 지넘겨 불법은 이거
낮엔 나까[109], 밤인 중서,
열막은 왕구녁 대동판 세미 금시리드레[110]
제돌아 점주헙서 이-.

소미가 제상 쪽으로 돌아 서서 사설을 하면서 절을 한다.

신의 아인 이 자리에서 잘못한 일이라도
죄랑 다 못 풀었걸랑 풀어주십시오 어-.

〈나까시리 놀림〉[111]

소미(정공철)가 제상 앞에 평상복을 입고 서서, 아무런 반주 없이 진행한다.

신전님을 위한 일로서
신전님 오시라 청하여
금공서 넘어들어 금베리잔 지넘겨 있습니다.
이 자손들 이룬 역가 요왕황제국에서
여기 나까 뵈고 철리가 있겠느냐
낮엔 들면 나까법 밤의 들면 중서법 있습니다.

---

109) 신에게 바치는 시루떡을 낮에 올리는 것은 '나까' 라 하고 저녁에 대접하는 것은 '중서' 라 한다.
110) 신에게 바치는 시루떡 〈나까시리〉의 다른 이름. 열 막은 큰 구멍이 뚫린 크고 넓은 판에 좋은 쌀로 찐 시루떡.
111) 시루떡을 '나까시리' 라 한다. 그러므로 시루떡을 들고 추는 춤을 '떡춤, 시루떡춤, 나까시리 춤' 이라 한다. 그리고 시루떡을 돌리며 추는 춤 자체를 '나까시리 놀림' 이라고도 부른다.

열말 쌀 대독판 세미금시루,
몸체 좋은 정남청 소남청들 불러다
왕구멍 뚫러다 삼천시왕군병 지사겨 들어가며
안으로 바깥 바깥에서 안으로
동골동골 위올리고 내놀려-
(연물소리)

[떡춤] 신칼춤 · 손바닥춤 · 떡춤(나까시리 놀림)

소미 두 사람이 양 손에 신칼을 나누어 들고, 자리에서 빙빙 돌며 〈신칼춤〉을 추기 시작한다. 신칼을 나란히 잡고 돌리다 자리에 앉아서 점을 친다.

연물소리 더 빨라진다. 신칼을 공시상에 놓고, 서서 돌면서 〈손바닥 춤〉을 추고 자리에 앉아서도 손바닥 춤을 춘다. 자리에서 일어나 시루떡 조각을 사방으로 던진다. 시루떡을 들고 자리에서 빙빙 돌며 〈떡춤〉을 춘다. 시루떡을 공중으로 던져서 받는 동작을 두세 번 반복한다. 소미 두 명이 시루떡을 상대방에게 던지기를 7번 정도 반복한다. 시루떡을 손에 들고 자리에서 돌며 춤을 추다가 자리에 앉아서 떡을 등 뒤로 던진다.

다른 두 명의 소미가 제상 앞으로 와서 맨 손으로 제상을 빙글빙글 돌며 손바닥 춤을 추다가, 자리에 앉아서도 손바닥 춤을 춘다. 또 다른 두 명의 소미가 합세하여 모두 네 명의 소미가 시루떡을 들고 크게 원을 지어 돈다. 한 명의 소미가 더 추가 되어 모두 다섯 명의 소미가 시루떡을 들고 자리에서 돌며 춤추다가 공중으로 떡을 던진다. 둘씩 짝을 맞추어 시루떡을 서로 주고받는 동작을 반복한다. 다섯 명의 소미가 '나까시리' 라는 시루떡을 놀린다.

두 명의 소미는 시루떡을 들고 자리에서 돌다가 앉아서 시루떡을 등 뒤로 던져 점을 친다. 나머지 세 명은 시루떡을 서로 주고받는 동작을 계속한다. 한 명의 소미가 시루떡을 상 앞에 가져다 놓고 들어간다. 마지막까지 남은 두 명은 나까시리 놀리기를 계속하다가 떡을 들고 자리에서 돌다가 앉아서 등 뒤로 던진다.

〈지장본풀이〉

생략

[삼천군병 지사귐]

연물소리 시작된다. 인정을 다 받은 심방이 제장 앞으로 나와서 인정으로 받은 돈을 제상 앞에 놓는다. 감겼던 신칼치마를 풀어서 손에 들고 흔들다가 신칼점을 친다. 신칼과 요령을 들고 제장 앞에 서서 사설을 시작한다.

요왕맞이

양창보 심방이 굿을 진행한다. 관복 차림을 한 심방은 제상 앞에 서서 사설을 시작한다.

〈초감제〉

[베포도업[112]]

에-
영등송별대제일로
사신요왕연맞이[113] 천왕 신베포도업으로 제이릅네다.

---

112) '베포'는 '갈리다', '도업'은 새로 시작하다.
113) 사신용왕연맞이[四神龍王迎神祭].

〈베포춤과 청신삼배〉

[악] 베포연물
[무] 베포춤[114]

느린 연물 소리 시작된다. 심방은 신칼과 요령을 들고 베포춤을 춘다. 각 제상에 절을 한다. 요령을 흔들고 나서 바깥쪽 제상을 향해서 절을 세 번 하고 다시 제상 쪽을 향해 절을 세 번 한다. 일어나 신칼을 들고 베포춤을 춘 뒤 입구 쪽을 향해서도 삼배 한다. 다시 일어나 베포춤을 추고 제상 왼쪽 신위를 향해 삼배 한다. 일어서서 베포춤을 추다가, 연물 소리 그치면 사설을 한다.

어-

사신요왕-

어- 연맞이로-

천왕[天皇] 신베포도업을 제이르니 어-

지왕[地皇] 베포도업입고,

인왕[人皇] 베포도업이 되어옵네다.

인왕베포도업으로-.

(연물소리)

인황(人皇)베포도업 제이르니,

산(山)베포도업을 제이릅니다.

물(水)베포도업을 제를 일러 드립니다.

왕(王)베포, 국(國)베포, 원베포, 신베포,

제청신도업(祭廳神都邑)[115]이 되어옵니다.

영등송별대제일로 사신요왕연맞이로

제청신도업으로-.

연물소리 시작되면, 심방은 신칼을 들고 춤을 춘다.

---

114) '베포춤'은 천지창조 후 모든 자연과 인문 현상이 나뉘어지는 과정, 신들의 역할이 나뉘는 과정을 나타내는 춤으로 〈급 가르는 춤〉이라 할 만한 것이다.
115) 신들을 모실 제청과 신들의 도업.

연물소리 빨라졌다 늦은석으로 그치고, 베포춤도 빠른 도랑춤으로 높아졌다 다시 늦은석으로 바뀌면 사설 시작한다.

[날과국 섬김]

에에에 에헤-
신베포도업을 제이르니,
이 제청 설연하니,
날은 어느 날이옵고,
금년 해는 양력은 이천사년 삼월 초나흘날,
음력은 갑십년 달은 영등이월 초하룻날은
영등 환영대제일이옵고,
열나흘날 송별대제일로,
갈 때 요왕 해신님들 몸을 받던 자손들은
어느 고을 어떤 인간백성이
이 공사 말씀 여쭙니까.
국은 갈라 갑니다.
강남은 천자지국이옵고, 일본은 주년국,
우리나라는 탐라 제주 남산부주
대한민국입니다.
송태조[116] 개국하고, 한양, 한성, 성산이고,
우리나라 자부올라 상서울을 마련합디다.
경상도 칠십삼관,
전라도 오십칠관,
일제주(一濟州) 이거제(二巨濟),
삼진도(三珍島) 사남해(四南海),

---

116) 송태조는 송도의 와음.

오강화(五江華) 육완도(六莞島) 어으어

섬 가운데는 제주절도(濟州絶島)

남관석주 사백리(四百里) 주리 안에

옛날 정의(旌義) 대정(大靜) 어허- 모관[牧內][117]은

삼고을에 사관장(四官長) 시절입고,

갑오전지[118] 후에 합방되니,

전라남도 속한 섬이온데,

을유년 해방되어 제주 독립하니,

십삼면 가운데도 인구가 나날이 불어나니,

면은 읍이 되고, 읍은 시가 됩디다.

제주도 남북군 나누고,

시는 둘, 읍은 일곱, 면은 오면 가운데에

면과 도장 여쭙니다.

영등제 설연하니,

제주시 동산지 건입동

마을 동린 일도리 칠머리 산골 설연하고,

요왕전 마령 선왕님을 위로 적선합니다.

[열명]

생략

[연유닦음]

어떤 일로 이 공사[公事] 말씀 여쭙니까.

---

117) 제주목성(濟州牧城) 안은.
118) 1894년 갑오경장(甲午更張).

일년 일도에119) 영등이월 초하룻날은 환영제로 맞이하고
제주 한라산(漢拏山) 일대에 400리 바다 육지 다니며,
육지에서 농사는 오곡풍등하고 육축은 번성하고
가축은 목장 풍년을 시켜주게 하고,
해상으로 가면, 우미 천초 소라, 전복, 미역,
어어- 풍년을 시키고,
우선은 봄 삼상, 여름 삼상,
가을 삼상, 겨울 삼상 시에,
어느 달 어느 날 해상에 영업 다니는
첫째는 연락선(連絡船), 둘째는 정기선(定期船),
셋째는 어장선(漁場船), 무역(貿易船)은 말째선이여,
해녀님도 사신요왕제에 나갈 때에
어느 풍랑에 표류하게 말고 동서남북 틀릴지라도
본향한집120)과 영등대왕님에서 만곡 풍년을 시켜주고,
어장선(漁場船)마다 만선 시켜 만선기(滿船旗) 나부끼며
입항하게 해 주시고 연락선(連絡船)도 어느 지방에서 풍랑을 만나게 맙서.
그리고 정기선(定期船)도 다니다 사고 어선과 충돌하여
크게 사고 당할 일 다 막아줍서.
무역선(貿易船)은 외국으로 가며 강도 절도 수다 적들 만나서
인명 단축할 일이나 어느 바다에서 표류 당할 일 맙서.
경허고 육지에서랑근 살인방화 호로역적들 나게 맙서.
뿌리없는 영랏꾼 타관에 추천할 일들 막아줍서.
길에 오던 모든 차량들 교통시고 당하게 밀아 줍서.
그리고 오늘은 영등신과 요왕황제국에 제를 받고,

---

119) 일 년에 한 번.
120) 본향당신, 마을 수호신.
121) 마지막에는.

말쨰에는[121] 상선 중선 어깨선 비개선을 모아

제주서 나는 고사제물 앞장 벗어 주워 실어,

오늘은 일기좋고 명주바다 실바람 나니

사신요왕에 대왕천을 잘 먹어

제주도 만곡 풍년을 시켜두고 갑서.

그리하여 영등신을 송별하려 하시는데,

우선은 요왕황제국님을 청하려 하시는데,

하늘과 땅 새에

청구름 백구름 새에 작은 도랑 큰 도랑,

동에 가면 청요왕, 서에 가면 백요왕,

남에 적요왕, 북에 흑요왕, 중앙은 황신요왕,

청금산도 요왕, 백금산도 요왕,

자금산도 요왕, 팔대 요왕님을 청하려 하시옵고,

높이 뜬 건 요왕(龍王)이고, 낮게 뜬 건 선왕(船王)입네다.

각 선왕맞이 몸을 받던 선왕님을 청하저 하시옵고,

선왕님은 영감다리 하여 잘 대접하려 하시는데,

영감은 일제 이제 삼제 사제 오제 육제 칠제 영감님,

우리나라 팔도 영산에 벌어지어 사니

제주 한라산은 장군 선왕[122],

선흘곶[123]은 아기씨 선왕,

뛔미곶[124]은 도령 선왕,

청수 당몰[125]은 솟불미[126] 선왕,

조숫물은 삼대바지 삼하늘[127] 선왕,

---

122) 영감신, 도깨비.
123) 북제주군 조천읍 선흘리의 숲.
124) 남제주군 남원면 의귀리의 숲.
125) 북제주군 한경면 저지리.
126) 솥풀무의 신[冶匠神].
127) 북제주군 한경면 조수리 당신.

낙천은 수록낭므들 오일본향[128]에 놀던 선왕,

영락 잇고[129], 새당 덕수[130] 불미 자판게 놀던 영감,

오널 난상재회 하면

영감님에서 오곡풍등하고 육축번성하고,

온갖 과수원 풍년시켜주겠다는 분부옵고,

영감님이 등불을 밝혀 선왕님을 앞세워서

세제 받아 다니고 그 뿐 아니라

외국 어느 삼국엘 대한민국 떠나 한 국에 다닐지라도

한 소망을 이루어주고, 한 소망 이루어주겠다 하여

한집요왕 한집님을 청하려 하시옵고

이 마을 산지용궁 건입동 차지하던

칠머리 감찰지방관 하동지 영감님,

남당하르방 남당할망, 동미륵 서미륵 한집님도

오늘은 대제일로서 산지용궁 건입동

동민일동이 마음 명심하여 본향 위로(慰勞) 적선(積善)합니다.

마음 성심하는 법으로

제주 사백리(四百里) 각 시·읍·면·동마다

사고없던 도시를 잘 만들어 줍서.

국제자유도시 잘 설계를 하여

외국에서 많은 금전을 불러와

제주도 풍년을 시켜주십사하여

오늘은 사신요왕연맞이 제청 설연하저 하시는데

어어- 집정관은

---

128) 북제주군 한경면 낙천리 당신 수록낭므들 오일한집은 '도깨비 신' 이다.
129) 남제주군 대정읍 영락리에도 있고.
130) 남제주군 안덕면 덕수리.

[제청신도업]

삼명두[131] 몸을 받던 당주문(堂主門) 열어

상안체[132]를 짓올려,

전수보존회를 기(旗)를 앞세우고,

문하생 한 십오명 앞세우고 와서

오늘 날은 제동여리 어간

안으론 제청 설연하고,

홍포관대 조심띠 다홍비단 섭수쾌자 입고

영등송별대제일로 제 이릅니다.

어어 초군문 이군문 삼서도군문 열었습니다.

오리정 신청궤로 신을 모아서

큰공사 양굿 마쳐 도올려 나까도전[133]

삼천군병 지사겨 들여가며[134],

사신요왕연맞이로

제청신도업이 되어옵네다.

제청신베포도업으로-.

(연물소리)

제상이 오른쪽에 위치한 악사석에서 징·설쇠·북을 느리게 치기 시작하면 신칼춤을 춘다.

신칼과 요령을 손에 들고 왼쪽과 오른쪽 손의 신칼을 한 번씩 흔들고, 양쪽을 함께 한 번 흔든다. 양손을 흔들면서 제장을 왼쪽으로 3번 돈다. 왼쪽 손의 신칼을 왼쪽 어깨에 한 번 올린 다음, 양 손을 흔들며 오른쪽으로 3번 돈다. 왼손과 오른손의 신칼을 모아 오른쪽 어깨에 올린 채로 제상 앞으로 걸어 나온 후, 신칼을 앞으로 모아 절을 한다.

---

131) 삼명두는 무조(巫祖) 삼형제이기도 하고, 삼형제를 뜻하는 무구(巫具)인 요령, 신칼, 산판을 뜻하기도 한다.
132) 심방이 굿에 가지고 다니는 무구와 악기를 싸는 포. 이를 '안체포'라 한다.
133) '나까시리'라고 하는 시루떡을 올리는 제.
134) 〈삼천군병 지사귐〉 제차, 배고픈 잡귀(삼천군병)에게 술, 고기, 떡 들을 제장 밖으로 던져 대접하는 제차.

뒤로 돌아 서서 양 손을 흔들며 왼쪽으로 한 바퀴 돌아 제상 앞에 선 다음, 양 손을 번갈아 흔들면서 서너 발자국 정도 뒷걸음질 치다가 다시 앞으로 서너 걸음 나간다.

다시 뒤로 돌아 서서 양 손을 흔들며 왼쪽으로 세 바퀴 돈 다음 다시 오른쪽으로 세 바퀴 돈다. 오른쪽 어깨에 신칼을 모아 올리고 제상 앞으로 걸어 나가, 신칼을 앞으로 모아 뿌리면서 절한다. 왼쪽으로 한 바퀴 돌면서 악사석 앞으로 와서 선 다음, 신칼을 앞으로 뿌리는 동작을 통해 악을 멈추게 하고, 제상 앞에 서서 사설을 이어간다.

신도업으로
제일렀습네다[135]
임신중에는 천군지군[136] 인황만군[137]
혼합 이후에 천자지국 월일광 선오성별
이 아래에서 올라서면
옥황상제 대명왕 지부사천대왕,
한라산 산은 대신국 요왕 대신국
석가여래 인간불도 할머님도
신도업을 드립니다.
초공 임정국 상시당,
이공 서천 도산국,
삼공 안땅 주년국님도
신도업 드립니다.
사람은 살아도 시왕에 딸린 목숨,
죽어도 시왕에 딸린 목숨이라 합니다.
시왕가면 신병사님, 원왕가면 원병사님,
김추염라 태산대왕,
제1전에 진광대왕(秦廣大王)

---

135) 제(祭)를 일렀습니다.
136) 천황지군 지황지군(天皇之君 地皇之君).
137) 인황지군(人皇之君).

제2전에 초강대왕(初江大王)

제3전에 송제대왕(宋帝大王)

제4전에 오관대왕(五官大王)

제5전은 염나대왕(閻羅大王)

제6에는 변성대왕(變成大王)

제7에 태산대왕(泰山大王)

제8에 평등대왕(平等大王)

제9에는 도시대왕(都市大王)

제10에는 전륜대왕(十轉大王)

지장대왕(地藏大王) 생불왕(生佛大王)

좌우두(左右頭) 나청

십오 동자판관,

십육은 사자님네 받아먹던

천황명감(天皇冥監) 지황명감 인황 삼명감님도 지국헙서.

천황사자(天皇使者) 월즉사자(月直使者), 지황사자 일즉사자,

이승사자 역전명왕, 종가사자 이원사자, 강림사자,

본당에도 사자, 신당에도 사잡네다.

사자님도 신도업 드립니다.

어어 육로에도 세경138)이 있는 법,

요왕에도 세경이 있습니다.

세경신중마누라님139)도 신도업 드립니다.

드려두고,

어어 제주절도 각 본향 한집님은

이 중 근본은

웃손당 금백주140),

---

138) 농경신, 농사짓는 땅.
139) 농경신.
140) 북제주군 구좌읍 송당리의 당신 금백주할망.

셋손당은 세명주[141],

저 알손당은 소천국하르바님[142],

정이골[143]은 서낭당[144], 대정골[145]은 광정당[146],

모관[147]은 시내왓당[148] 돌위당[149] 한집님과,

남문 바꼇[150] 광양당 신산태우[151],

운재당은 남문통 각시당, 동문통운 운지당[152],

새미곳[153] 일뤠할망, 서문통은 ᄀ시락당[154]

궁당 한집[155]도 제주시 안내 시내당입니다.

같이 동참하십시오.

동산지 건입동 산지 칠머리감찰지방관님,

하동지 영감님, 남당하르방 남당 할망,

동미륵 서미륵 한집님도

대제일로 신도업 드려두고,

일월[156] 조상은

한라산은 산신일월이고,

요왕도 일월, 선왕도 일월입니다.

---

141) 북제주군 구좌읍 송당리의 당신 세명주할망.
142) 북제주군 구좌읍 송당리의 당신 소로소천국하르방.
143) 정의현(旌義縣).
144) 남제주군 표선면 성읍리의 신당.
145) 대정현(大靜縣).
146) 남제주군 안덕면 덕수리의 신당.
147) 제주목(濟州牧).
148) 제주시의 신당.
149) 제주시의 신당.
150) 제주읍성 남문 밖.
151) 제주시 광양당의 당신(堂神).
152) 제주읍성 동문 근처에 있었던 신당.
153) 제주시 서회천동의 신당.
154) 제주시 서문 밖 용담동의 신당.
155) 제주시 용담동 사대부고 안에 있는 신당의 당신.
156) 일월신(日月神), 집안의 조상신.

일월 조상님도 신도업 헙서. 드려두고

요왕 수정국에 고혼된 영가님네

말째 지전 한장 원미 한술 거리라도

잘 대접하겠습니다.

하늘 가린 신공시 옛날 선생님157)까지

말째 요왕연맞이로 신도업 헙서.

〈신도업춤〉

연물소리 시작되고, 심방은 신칼과 요령을 들고 신칼춤을 춘다. 신칼을 흔들며 왼쪽과 오른쪽으로 두 번씩 돈다. 왼쪽으로 한 번 돌아 악사석 앞에 서서 악을 멈추게 하고, 사설을 이어 간다.

[군문열림]

요왕연맞이로 하강하려 하시는데,

신이왈 인이법(神而曰人法) 다릅니까.

시군문을 열려 합니다.

천황(天皇)가면 초군문, 지황(地皇)은 이군문,

인황(人皇)은 삼시도군문이 어찌 되며 모릅니다.

선왕(船王)대신도 하강(下降)하는 시군문,

요왕(龍王)대신이 팔대요왕 하강하는 시군문이 어찌 되며,

요왕 사자님 들이는 시군문이 어찌 되며,

본당문 신당문 어찌 되며 모릅네다.

선왕가도 장길상158) 삼도리대전상

시군문 밖에 위올리며,

하늘 옥항 도성문 열던 금정옥술발(요령)의 낙수(落數) 건져,

초군문, 이군문, 인황삼서도군문 돌아보자.

---

157) 공싯상을 받는 신들, 예부터 심방의 대를 이어온 옛 선생님들.
158) 床의 종류. 미상.

● 군문 돌아봄

〈군문춤1 : 군문 돌아보는 춤〉

〈도랑춤〉〈후진춤〉

오른쪽 악사석에서 연물을 치기 시작하면 심방은 제상 앞에서 신칼을 흔들며 왼쪽으로 3바퀴 돈 다음, 오른쪽으로 3바퀴 돈다. 제상 앞에서 신칼을 앞으로 모아 뿌리면서 절을 한다. 왼쪽으로 한 바퀴 돌고는, 뒤로 돌아 선다. 오른쪽 어깨 위에 양손의 신칼을 모아서 올린 다음, 요왕다리를 놓은 입구를 향해 걸어간다.

심방이 입구 쪽을 향해서 걸어가면 제상의 왼쪽 편에 있는 악사석에서 연주를 시작한다. 입구에 차려진 상 앞에 서면 어깨에 올렸던 신칼을 아래로 뿌리고, 서서 사설을 한다.

어어 천황 초군문도 돌아봅니다.

어어 지황 이군문도 돌아봅니다.

어어 인황 삼서도군문도 돌아봅니다.

요왕문 앞에 서서 어깨를 삐쭉거리며 서너 걸음 뒷걸음질 한다('뒷걸음춤'). 오른손의 신칼은 오른쪽 어깨에 왼쪽 손의 신칼은 왼쪽 어깨에 올렸다가 내리는 동작을 한 번 하고, 신칼을 앞으로 모아서 뿌린다. 뒤로 돌아 선 다음, 그 자리에 서서 신칼을 흔들며 왼쪽으로 한 걸음 오른쪽으로 한 걸음 왔다 갔다 하는 동작을 두어 번 반복한 후, 오른쪽 어깨에 신칼을 모아 올린 채로 제상 쪽을 향해서 걸어간다.

다시 오른쪽 악사석에서 연물을 연주한다. 제상 앞에 도착하면 어깨에 올려진 신칼을 앞을 향해서 뿌린다. 두 손을 함께 흔들고 오른쪽 손을 한 번 흔들면서 뒷걸음질 한다. 두 손을 함께 흔들고 왼쪽 손을 한 번 흔들면서 뒷걸음질 한다. 양 손을 흔들면서 뒷걸음질 하다가, 오른쪽으로 반 바퀴 돌아 뒤로 향해 선다.

왼쪽과 오른쪽으로 빙글빙글 도는 도랑춤을 춘다. 오른쪽 어깨에 신칼을 올리고 다시 요왕상 앞으로 온다. 왼쪽 악사석에서 연물을 연주한다. 요왕문 앞에 서면 양손을 앞으로 뿌린 다음 서서, 사설을 한다. 이 때 연물소리는 계속된다.

어어 하늘옥황 대신님 팔대요왕 대신들

요왕에 사자님 하늘 문도 돌아봅니다.

어어 신당문 본당문도 돌아봅니다.

요왕문 앞에 서서 양 손의 신칼을 흔들며 뒷걸음질 하다가, 다시 앞으로 걸어 나와서 신칼을 앞으로 모아서 뿌린 다음 뒤로 돈다. 뒤로 돌아서서 신칼을 흔들며 춤추다가, 오른쪽 어깨에 신칼을 올리고 제상 쪽을 향해서 걸어간다. 다시 오른쪽 악사석에서 연물을 연주한다. 제상 앞에 도착하면 어깨에 올려진 신칼을 앞을 향해서 뿌리고, 오른쪽으로 반 바퀴 돌아서 요왕문을 향해 선다. 신칼을 흔들며 춤추다 오른쪽으로 다시 반 바퀴 돌아 제상을 향해 돌아 선다. 제상 앞에서 양 손의 신칼을 번갈아 흔들며 뒤로 서너 걸음 물러섰다가 다시 앞으로 걸어 나가는 동작을 한다. 왼쪽 오른쪽으로 돌면서 요령을 흔든다. 이 때 악사석에서 "이야-어-" 등의 분위기를 고조시키는 소리를 낸다.

연물소리가 빨라지고 심방이 도랑춤을 춘다. 악사석을 향해 서서 연물소리를 그치게 하고, 사설을 한다.

어어 돌아보니,

돌아보니 어느 문엔 문직대장, 감옥형방, 옥사장님 없습니까.

문문마다 인정을 달라 사정을 달라 합니다.

어어, 건입동 동민 일동, 선주 대표, 해녀회장님도

인정을 받아다, 문직대장, 감옥형방, 옥사장님,

인정을 많이 거니, 과연 정성이 기특하다,

시군문 열려가라 합니다.

하늘옥항 도성문 열던 금정옥술발 천앙낙훼 압송(押送)하고,

일문전 본도영기 신감상 압송하며,

초군문 이군문 인황 삼시도군문

각황 이른여덟 도군문도 열어-.

● 군문열림

오른쪽 악사석에서 연물이 시작되면 심방은 제자리에 서서 어깨를 흔들며 가볍게 뛴다. 왼쪽 오른쪽으로 돌며 도랑춤을 춘 다음, 어깨에 신칼을 올리고 뒤로 돌아 요왕상 쪽으로 걸어간다. 왼쪽 악사석에서 연물 시작된다.

요왕상 앞에 도착하면 양 손을 앞으로 모으면서 자리에 무릎을 꿇고 앉아 절을 한 번 한다. 요령을 바닥에 놓고 신칼을 모아 잡고 신칼점을 본다. 먼저 신칼 4개로 점을 보고, 2개로 점을 본다.

신칼점을 친 다음 신칼, 요령, 감상기를 양 손에 들고 흔들다가, 자리에서 일어난다. 감상기를 들고 입구의 왼쪽편을 향해 찌르는 듯한 동작을 하며 사설을 한다.

춤 : 〈군문 여는 춤〉

뒤로 돌아 감상기를 흔들며 앞뒤로 서너 걸음 왔다갔다 한다. 오른쪽 악사석에서 연물이 시작되고, 감상기를 흔들며 제상 쪽을 향해 걸어간다. 감상기를 들고 제상과 요왕다리를 놓은 입구를 왕복하며 춤을 춘다.

[도랑춤], [뒷걸음춤] 등의 춤을 추다가 자리에 앉는다. 자리에 앉아서 감상기를 세우고, 감상기와 요령을

혼든다. 신칼을 돌리다가 [신칼점]을 치고, 절을 한다. 손바닥을 돌리며 신에게 고맙다는 뜻을 전하는 [손춤]을 춘다. 다시 신칼과 감상기를 들고 일어선다. 감상기를 들고 제상 앞을 몇 바퀴 돌다가, 왼쪽 악사석에서 연물이 울리면 요왕상 앞으로 걸어와서 감상기를 앞으로 향해 찌르는 듯한 동작을 하며 사설을 한다.

　　어어, 장항지신,

　　어어, 사도 요왕지신님, 시군문 열어줍서,

　　어어, 요왕 사자님, 어어, 감독변신하고,

　　어어, 요왕님 선왕님, 영감님,

　　오늘 시군문까지 열어줍서.

감상기를 들고 제상과 요왕상을 왕복하며 춤춘다. [도랑춤]을 추다가, 앉아서 감상기를 세우고 엎드린다. 요령을 던져버리고 신칼을 돌려 점을 치고 절을 한다. [손바닥춤]을 춘 후, 감상기와 신칼을 들고 일어서서 춤을 춘다. 요왕상 앞에 서서 여러 신들에게 문을 열어달라는 사설을 하는데 잘 들리지는 않는다. 뒷걸음 춤을 추다가 감상기와 요령을 흔들며 제상 쪽으로 간다. 앉아서 요령을 던지고 신칼을 던져 춤을 춘다. 연물소리가 극도로 빨라진다. 감상기와 신칼을 들고 아주 빠른 걸음으로 춤을 춘다. 펄쩍펄쩍 뛰며 악사들의 연물가락을 빠르게 하라고 다그친다. 춤의 속도가 빨라지고, 왕복하던 춤은 [도랑춤]으로 바뀐다. 빠른 도랑춤이 멈추고 음악도 늦어지며, 춤도 보통박자의 속도로 변하다가 멈춘다.

● 산받음(문 열린 금 알아보는 점)

소미가 심방의 감상기를 받아서 요왕상 앞에 가져다 둔다. 심방은 소미에게서 엽전을 받아 들고, 사설을 하며 엽전을 던져서 문이 잘 열렸는지 알아본다.

　　어어 천황 초군문, 지황 이군문,

　　인황 삼서도군문 열린 금-

　　(엽전을 던져 점을 친다, 연물소리)

　　어어 팔자에 요왕 다니는 시군문 열린 금-

　　(엽전을 던져 점을 친다, 연물소리)

　　에에 선왕과 요왕 사자 차사 군문 열린 금-

　　(엽전을 던져 점을 친다, 연물소리)

신칼점을 친다. 연물소리가 느려진다. 제상 앞에 서서 절을 한다.

● 주잔권잔

심방은 연물 없이 자리에 서서 사설을 한다.

천황 초군문, 열던 제 인정잔에

지황 이군문, 인황 삼시도군문 열던 제 인정잔,

선왕대신, 요왕대신, 요왕에 차사 군문 열던 인정잔,

본당문, 신당문, 열린 데도 인정잔입네다.

드려두고,

● 분부사룀

아이고 이 어른들아, 들어봅서.

소망사 일려는지 거 재수가 대통하려는지,

어젯날도 제오방 도산(점괘)이 까다롭게 나오고,

한라산에서 눈이 많이 오고,

오늘 아침에 오난, 아이고 어찌 하루종일 살다 갈까,

톡톡 얼던데 낮 되자 풀려서,

아이고 그런 것도 하도 선주 어른들이나,

어어 해녀 어른들이 마음이 곱고 착하다니,

갈 때 되니까, 차곡차곡 잘 지어주니,

아이고 이 항구도 아이고 배들 내어 보내두고,

집에서 앉아 굿하면, 좋은 일이나 있을까 해서, 선주어른들도

아이고, 아이고, 신원들은 나가면 흔 목 흔시름 히건미는,

우리 같은 사람은 한두 달 선원들보단 마음만 답답하고, 갑갑하고,

그래서 세상사는 게 사람 사는 근본이나 하되,

아이고 금년은 지난해 같이 큰태풍이나 아니 올까 하지 말고,

아이고 아이고 칠월 팔월 곱게 잘 넘어가고,

큰바람도 없을 듯하고 그렇습니다 하니,

작년 모양으로 바다에 흉년들어 미역 한 다발 아니 나고,

톨159)도 한 웅큼도 안 들어서는 걸 보니,

금년 영등할망은 미역씨도 잘 뿌리고 가고, 전복도 잘나고,
그렇게 하면, 건입동에 해녀 어른들도 져들지 맙서
안 져들어도 되니,
아이고 전복이나 소라나 다른 데 가서 사는 어른들도,
그래서 어어 풍년이 들 듯허고,
해녀도 좋아야, 선주도 좋고,
아이고 선주어른들, 오늘은 선주집에서 와서
이 많은 정성을 들이난,
사도 요왕님도 기쁘고, 선왕도 풀리고,
작년 같이 큰바람 불어,
동으로 뛸까, 서로 뛸까 할 일은
금년은 없을 거니, 안심들 합서 그리고,
바다에 내어 보내두고 집에서 앉아 한눈팔며 기다리며 보고
이 시간은 올 만한데 안 와가면 걱정할 일이 있을 겁니다마는 해도
금년에는 큰 걱정없이 큰돈은 못 벌어도,
사람만 살아 두면, 돈도 벌 수도 있고, 예? 그러니 그런 줄 아십서.
요왕님도 풀리고, 선왕님도 풀려
산천은 매우 좋겠다는 분부이옵고,
끝에는 민세 어머니 잔받고 나서서 산받으며
어어 분부말씀을 사뢰어 올릴테니 이-
사뢰어 드려가며,

---

159) '톳'이라는 해초.
160) 은하용천수(銀河涌川水).
161) 지장샘의 산물.

[새ᄃᆞ림]

소미(이용옥)가 제상 앞에 서서 사설을 한다.

● 부정서정 신가임
요왕연맞이로 어흐어-
신전님네 요왕황제국님이 하강하려 하여
동해바다 광덕왕, 서해바다 광인왕,
남해바다 적요왕, 북해 흑요왕, 중앙 황신요왕,
동경국 대왕, 서경국 부인,
요왕태자님, 거북사자님네, 영감님네 하강하저
오리 안 오리 바깥 십리 안 십리 바깥
부정 많습니다.
동해바다 은하봉천수물 들어 받아
물감상 아뢰니, 백근이 준준히 차다,
오리 안에 오리 바깥, 십리 안 십리 바깥, 제청안 제청 바깥,
남당 한집님네, 칠머리 한집님네,
부정(不淨) 많은 듯, 서정 많은 듯,
오늘 오신 단골 앞에도, 신의 형방, 기자님네,
부정이 많습니다.
하늘로 내린 건 천덕수(天德水)외다,
지하로 솟은 건 지덕수외다.
그리 말고 이 물 저 물 다버려두고,
은하봉천수160) 지장산샘잇물161) 들어 받아
부정 서정이랑 신가이고 넉가이자.

연물소리 시작되면, 소미는 물대접과 감상기를 들고 제장 앞에 서서 춤을 춘다. 왼쪽으로 두 번, 오른쪽으로 두 번 돈 다음, 제상 앞에 서서 절을 한다. 뒤로 돌아서 왼손에는 물대접을 들고, 오른손의 감상기를 오른쪽 어깨에 올린 채로 요왕상 앞으로 걸어간다. 요왕상 앞에 서서 절을 한 다음, 감상기로 물그릇의 물을

찍어 내면서 뒷걸음질 한다. 양 손을 모아 절을 하고, 뒤로 돌아 다시 제상 앞으로 걸어간다.

제상을 향해 서서 감상기로 물을 찍어서 뿌리는 동작을 하고, 돌아 서서 바깥쪽을 향해서 감상기로 물을 찍어내고, 제장을 돌면서 물을 찍어 낸다. 왼쪽과 오른쪽으로 한 번씩 돌고 제상을 향해 절을 한 다음, 감상기와 물그릇을 바닥에 놓는다. 연물소리 그치고 다시 사설 시작한다.

● 새ᄃ림

어어

신가이고 넉가이난

이 물은 아래 버린 건 마당너구리 땅너구리

주어먹고 죄가 될 듯,

지붕상상 곶추마루162) 입주상량 위 올리니,

큰물엔 용이 놀고,

작은 물엔 새 앉아 놉니다.

용과 새랑 낱낱이 다리자.

장구반주가 시작되면 소미는 장구반주에 맞추어 무가를 시작한다. 소미가 〈새ᄃ리는 노래〉를 부르는 동안 상줌수 할머니와 줌수 대표 3명이 앞으로 나와서 제상에 절을 하고 상 앞에 앉는다.

천황새 다리자.

지황새 다리자.

인황새 다리자,

옥황엔 부엉새,

땅아랜 도덕새,

준지새 만흘새,

영낙은 호박새,

안당엔 노념새,

밧당은 시념새,

---

162) 상량대.
163) 알록달록한 새.

총덜기 알롱새[163],

이새를 다리자.

배고픈 새랑은

쌀주며 다리고,

애마른 새랑은.

물주며 다리자,

아니나 다리면,

되돌아 오는새,

쌀주며 물주며

멀리나 다리자.

주어라 훨쭉, 훨쭉 훨짱[164].

이 대목에서 소미는 신칼로 앉아 있는 4명의 줌수들의 머리를 쓸어준다. 몸에 붙은 '새'를 쫓는 동작이다. 다른 소미 한 명이 감상기를 요왕상 앞으로 가져다 놓는다.

동으로 파르릉,[165]

서으로 파르릉

남으로 북으로

짓날아 나는고,

이새가 들어서,

칠머리[166] 요왕에,

영등송별 대제일로

요왕연맞이로

신전이 하강헙서.

하시는데 새 잡네다.

이새를 다리자.

---

164) 새를 쫓는 소리.
165) 새의 날개짓 소리.
166) 칠머리당과.

올라 옥황상저,
지부사천대왕님,
산신대왕 오시는데,
물차진 다섯 용궁
동해바다 광덕왕,
서해바다 광인왕,
남해바다 적요왕,
북해바다 흑요왕,
청금산도 요왕,
적금산도 요왕,
청가래 백가래 가져
받아 많이 상받아
어서갑서 하시는데.
새앉아 옵니다.
동경국 대왕님,
서경국 부인님,
수정국 대왕님,
수정국 부인님,
요왕태자 거북사제님네,
영감님네, 하강헙서.
요왕에 고혼들,
영감님네 하강하시저
새앉아 옵니다.
이새를 다리자,
쌀그린 새랑은,
쌀주며 다리고,
애마른 새랑은,
물주며 다리자,

주어라 훨쭉 훨쭉 훨짱,

신칼채로 줌수들의 몸에 붙은 '새'를 쫓는다.

깃날아 나는고,

이새야 본초야,[167]

옛날은 옛적에

서수왕 딸애기,

원수에 댁으로,

시집을 가시저,

문혼장 드리네,

인간의 자청비,

얼굴이 좋아서,

앞장에 들어서,

서수왕 딸애기,

애열에 죽는고,

제복에 갑시다.

요새가 들어 요왕

상잠수 앞장에,

중잠수 하잠수,

상선 중선 하선,

무역선, 채낚기에

모랫배에, 산판배에,

수출배에,

흉험을 주는새,

조화를 주는새,

오르던 파도,

자게 아니하고,

---

167) 이 새(邪→鳥)의 본초(본풀이)는.

열두야 풍문조화,

불러도 오는새,

멀리나 다리자.

주어나 훨쭉, 훨쭉 훨짱.

신칼채로 줌수들의 몸에 붙은 '새'를 쫓는다.

신공시로 이새가 들어서,

당주소록168), 몸주소록,

신영당주소록 불러주고,

본병신병들 불러주고,

신소미들 앞장에,

올라 복에 부천 선왕

대재김169)에, 소재김170)에,

살의살성 불러주던,

궂인새랑 시왕올라

대반지로 좇아들보자.

〈푸다시〉 장구 소리 그치고, 설쇠, 북, 징의 빠른 연물이 연주된다. 소미는 양 손에 신칼을 나누어 쥐고 수들을 머리에서부터 아래로 쿡쿡 찌르는 동작을 한다. 앞에서 한 다음에는 등 뒤에서도 같은 동작을 반복하고 난 후, 제상 앞으로 와서 신칼점을 친다.

다른 소미 한 명이 자리에 앉아 있던 사람들에게 물을 뿜으면, 자리에 앉아 있던 수들은 자기 자리로 돌아간다.

[오리정신청궤]

수심방이 나와서 연물 없이 자리에 서서 굿을 진행한다.

새는 낱낱이 다려 있습니다.

---

168) '소록'은 일을 그르치게 하는 사기(邪氣).
169) 큰북.
170) 작은북.

동방서물 개수개잔들 내어다
많이많이 권잔을 드러가며,
어어 팔대요왕 대신님네,
저 먼정에171) 신이 모여오려,
한라산은 선왕대신도 하강하저.
요왕에도 일만 임신들이 하강하저,
무정본 차사관장님도 하강을 하저 합니다.
산지용궁 칠머리 감찰지방관님도 하강을 하려,
요왕에 수정국 영가 혼신님도 하강을 하저 하시옵고,
어어- 하늘 모른 신공시 옛날부터 이 당을 설연하고,
영등굿을 지어오던 선생님네가 하강을 하저 하시는데,
저 먼정에 국이 근당하여 옵니다.
일년을 먹고 천년을 살 금강머들쌀정미 들러 받으며
오리정 신청궤로-.

오른쪽 악사석에서 연물소리 시작된다. 심방은 제상 앞에서 [신칼춤]을 추고 난 다음, 신칼을 오른쪽 어깨에 올린 상태로 요왕상을 놓은 〈요왕문〉 입구로 걸어간다. 요왕상 앞에 도착하면 소미가 쌀을 담은 그릇을 심방에게 건네준다.

요왕길 위에서 왼손에 쌀그릇을 들고 오른손에 든 신칼로 쌀을 떠서 뿌리면서, 신명을 하나하나 부르는데 정확하게 들리지 않는다. 쌀을 뿌리는 동작이 끝나면 쌀그릇을 들고 뒤로 서너 걸음 뒷걸음질 한 다음, 오른쪽 어깨에 신칼을 올린 상태에서 뒤로 돌아 제상을 향해 걸어간다. 제상 앞에 와서 신칼로 쌀을 떠서 사방에 뿌리면서 말을 하는데, 질 들리지 않는다. 제상과 입구를 오가며 쌀을 뿌리는 동작을 3번 반복한다.

제상 앞에서 쌀을 뿌린 후, 소미에게 쌀그릇을 맡기고, 신칼을 수평으로 잡고 돌리다가 자리에 앉아서 점을 친다. 자리에서 일어나 요왕문 앞으로 걸어온다. 소미가 건넨 쌀그릇을 받아서 요왕문 앞에서 쌀을 뿌리고, 다시 제상 앞으로 돌아와 쌀을 뿌린 다음 자리에 앉아 [신칼점]을 본다.

연물소리가 갑자기 빨라지다가, 심방이 요령을 흔들자 조용해진다. 심방이 제상 앞에 서서 사설을 시작한다.

---

171) 저기 먼 정낭이 있는 입구에.

어어어
팔대 요왕 대신님은
〈오리정 신청궤〉로 신을 모았습니다.
선왕에 큰문이 어디 있습니까.
허정승의 아들 일곱형제가 벌어지니,
함경도는 백두산에 두만강,
평안도 묘향산 대동강,
어어 황해도는 구월산으로 임진강 연변으로 노념을 하고,
강원도 금강산 해금강 연변에 놀던 선왕님아
서울 남산 한강줄기로,
충청도 계룡산은 백마강 줄기로,
경상도 태백산은 낙동강 연변으로,
전라도 지리산 영림수로 해영,
어어 목포 유달산 영산강으로,
진도 안섬, 진도 밧섬,
목포, 완도, 강경은 벼락바위,
완도 청산, 청빌레왓딜로,
추자나 관탈이나,
한라산 장군선왕이요,
서늘곳은 아기씨 선왕이요,
뗴미곳172)은 도령선왕,
청수 닥몰은 솥불미 선왕,
조숫물은 삼대바지삼하늘,
낙천은 소록남무들 오일한집님이 놀던 선왕,
어어 새당 덕수 불미청탑에 놀던 선왕님네,

---

172) 남제주군 남원면(南元面) 위미리(爲美里)의 곳[藪].

이 작은 아들은 오소리잡놈이 되었습니다.,

망만 붙은 패랭이를 쓰고,

깃만 붙은 정세도포 올리고,

청사초롱엔 불을 밝혀 놓고,

아- 하면, 천릴(千里를) 가고,

자- 하면, 만릴(萬里를) 가던,

영감님네- 저만정에 옵니다.

선왕은 열두가지 황매물색[173])에 놀고,

일곱 가지 흑매물색[174])에 놀던 선왕님이

저만정이 모여옵니다.

선왕님이랑 선왕기,

영감님이랑 영감기,

삼세가지 넉매물색[175]) 둘러받으며

선왕님 영감님도

빠른 연물. 심방은 신칼을 묶어서 목에 걸고 요왕상 앞으로 뛰어 가서 여러 가지 색의 천이 묶여 있는 감상기 하나를 이리저리 흔들어 댄다. 등을 돌려 서서 감상기를 흔들다가 바닥에 앉아서 두세 번 탁탁 두드린 다음, 자리에서 일어서서 감상기를 격렬하게 좌우로 흔드는 동작을 하면서 뒷걸음질한다. 감상기를 흔들며 춤춘다. 종종 걸음으로 제상 앞으로 간다. 제상 앞으로 와서 감상기를 크게 흔들면서 상 위를 쓸어 내는 동작을 하고, 앉아 있던 사람들의 머리 위도 감상기로 쓸어 준다. 제장 중앙으로 와서 감상기를 흔들다가 펄쩍펄쩍 뛰는 동작을 두 번 한다. 감상기를 흔들면서 종종걸음을 치며 왼쪽과 오른쪽으로 돌며 [도랑춤]을 춘다.

연물소리가 느려진다. 요왕상 앞으로 와서 감상기를 소미에게 건네고, 목에 걸었던 신칼을 풀어서 자리에 앉아 [신칼점]을 한 후 절을 한다. 옷자락을 정리하고 제상 앞으로 갔다가 되돌아온다. 요왕상 앞에서 신칼로 쌀을 떠서 상에 뿌린다. 요왕상과 제상을 오가며 같은 행동을 반복한다. [신칼점]을 하고 절을 한다.

징소리가 크게 울리면서 연물소리가 늦은석으로 변한다. 요왕상 앞에 와서 쌀을 뿌리고 제상 앞으로 와

---

173) 노란 옷감.
174) 검은 옷감.
175) '넝매무색'은 넝마무색의 와전. 물감을 들인 옷감.

서 쌀을 뿌린 다음 신칼점을 한다. 심방이 신칼점을 하는 동안 옆에서 심방을 돕던 소미가 쌀그릇의 쌀을 집어 사방에 뿌린다.

● 본주 절시킴

연물소리가 그치고, 심방이 사설을 하는 동안 단골들이 나와서 요왕길에 절을 한다.

어어

오리정 신청궤로 신 모으니,

(절들 헙서.)

오리정 전송처로 신 모여 옵니다.

신감상 금정옥술발[176] 들어 받아

오리정 전송처로 신 모으니, 각처에 요왕 처사님 좌정헙서.

앉고보니 이룬 정성은

삼선향 지돋우며 도올려 들어가며,

(단골들 절을 한다.)

오르며 내리며 천하 큰 공사

초방광[177] 현신(現身)방광 큰공사까지 여쭈어 드립니다.

받아 통촉하십시오.

[방광침]

소미(이정자)가 요왕상 앞에 서서 징을 치고 사설을 한다.

요왕연맞이로

날로 달로 월로 일로,

---

176) 요령(搖鈴).
177) '방광'은 맞이굿을 할 때 죽은 영혼이 저승에 잘 가게 기원하는 한 제차명(祭次名). 이 방광을 칠 때는 징을 치면서 창을 하기 때문에 '징을 침'을 '방광친다'고 한다.
178) 〈방광침〉과 같은 뜻.
179) 월인경[月 日 刻].
180) 사남내다→새나웁니다→살게 합니다. 살아나게 합니다.

시방광서불[178]로 월일격[179] 사남내다[180] 어-

(징을 세 번 친다.)

불청에는 선신방광,

낮인 중식방광, 갈 적엔 하직방광,

올리는 법 아닙니까.

현신방광서불로 날은 갈라,

올금년 이천사년 갑신년,

영등이월 오늘 열나흘날,

오늘은 영등하르바님 영등할마님,

영등대왕, 영등별감, 영등나졸, 포졸 거느려,

어어 영등이월 초하룻날 이 제주도 영등대왕님네,

강남천자국 외눈벡이섬에서 솟아난

영등달 초하룻날 제주 칠머리 한집님,

남당하르바님 할마님, 요왕해신당 한집님네와 손을 잡고,

황새왓[181]으로 진을 치고, 저 사계리[182]로 가 진[陣]을 쳐,

제주섬중 구경하고, 열나흘날 오늘은

제주시 산지축항으로 나가면,

내일 소섬 우도로 하여 보름날은

강남천자국으로 가는 영등대왕님네,

오늘은 이별하고 작별하여, 올금년 갑신년 가게 하였수다.

오늘은 요왕언맞이로

일만 해녀 어부, 상선 중선 하선,

어깨선, 비게선, 감동선, 채낚기선에, 발동기에,

놀던 선왕님네 다 청하시고,

연승 어선에 놀고, 하던 선왕님네 청하여,

---

181) 제주시 황사평 마을.
182) 안덕면 사계리.

제민공연 바칩니다.

조상님네 상받고 가시걸랑,

올금년 이 제주 절도섬에 와서 상받고 가

보낼 일 근본을 시켜, 이 자손들 오늘 상 바친 자손들,

만수무강 소원성취 하게 하고,

특히나 건입동 상잠녀 중잠녀 하잠녀들 앞길 바로잡아,

편안하게 시켜주고 갑서.

저 바다에 풍작을 이루어두고 갑서.

풍성하게 하여 소라 전복이랑, 우무, 편포, 미역이랑,

성게랑 피랑, 보말이랑, 많이많이 씨뿌려 두고 갑서.

상선 중선 하선, 어깨 비게, 감동선, 채낚기선 하는 자손들

저 육지서 제주도 왔다갔다 하고,

일본으로 외국으로 수출하고,

모래 싣고 다니는 배, 석탄 싣고 다니는 배들도,

오고가는 길 높은 파도도 만나게 맙서,

높은 절고개[183] 만나게 맙서, 물집 터지게 맙서,

선왕님에서 만사(萬事) 소망 이루어주시라 하고,

채낚기선 연승어선에는 이물 가득 고물 가득,

갈치랑 옥돔이랑 오징어철 되면, 오징어랑,

고등어랑, 제주바다에서 나는 모든 해산물 잘 많이많이

가득 싣고 다니게 시켜주시라,

날로, 달로, 월로, 일로 사남네다. 어어.

(징을 세 번 친다.)

어느 신전님하면

올라 옥황상제님, 지부사천대왕님,

산신대왕님네 사남네다.

---

183) 큰 파도.

물 차진 다섯용궁님,

동해바다 광덕왕님,

서해바다 광인왕,

남해바다 적요왕,

북해바다 흑요왕,

동경국 대왕님, 서경국 부인님,

요왕태자, 거북사자님네,

수정국 대왕님 수정국 부인님네랑, 영감님네랑,

돈지마다, 개맛마다, 놀던 영감님네,

아기씨 선왕, 도령 선왕님네랑,

날로 달로, 사남네다[184]. 어어-

(징을 세 번 친다.)

사나워 들여가며,

주잔들랑 저먼정 내어다,

옥황상제님 이 아래로 영감님네 뒤에는

둔지마다 포구마다

[공선가선[185] (공시)]

소미(이정자)가 요왕상이 있는 입구 쪽에 장구를 놓고 앉아서, 장구를 치면서 무가를 구송한다.

에 어어

공신은,

공신은 가신 공섭네다[186].

서준왕[187] 서준공선 말씀전 여쭙기는,

---

184) 사남내다→새나웁니다→살게 합니다. 살아나게 합니다.
185) '공선'은 공신(恭神). 축원, 제의의 뜻. '가선'은 강신(降神)의 와전.
186) 이 공신(恭神)은 강신(降神)하는 공삽(公事)니다.
187) 미상, 왕명 또는 신명.

날은 갈라 어느 날, 달은 갈라 어느 달,
올금년 수년장제, 해는 갈라 갑니다.
2004년 갑신년, 달은 갈라 영등 이월 열나흘날,
어느 고을 어떠한 자손들이
이 공사 이 원정 올리느냐 하시면,
국도 섬기던 국입네다.
도장도 앉히던 도장입고,
강남은 천자국, 일본은 주년국,
우리나라 천하해동 대한민국,
제주도 제주시 칠머리 오늘은 송별대제일로
건입동 상잠녀는 중잠녀, 하잠녀, 도지사 이하
상선, 중선, 하선,
어깨선, 비개선, 감동선, 채낚기선,
따로 연승어선, 다 모여 들어[188] 몸받은 자손들,
모여 들어 이 공사 올리기는
밥이 없어 밥을 줍서,
옷이 없어서 옷을 줍서 이 축원 아닙니다마는
밥과 옷은 그 날 그 시간 없다가도 나서서 빌려도 주고,
산천은 고공이요 우리 인간은 조석변이 되어,
돈은 돌고도는 건 돈이고,
금과 은은 삭아지고 녹아지면 그뿐이건마는
춘추는 연연록[189], 왕의손은 귀불귀법[190],
저산천에 만물들은 풀잎새 파릿파릿하였다가
구시월 설한풍이 불면, 꽃도 지고 잎도 지어,
낙엽단풍 되었다 명년 춘삼월 바로 이 때 돌아오면,

188) 모다 들엉, 모여 들어.
189) 春草年年綠.
190) 王孫歸不歸.

죽은 나무에 송애송애 돋아나,

잎은 돋아 청산되고, 꽃은 피면 화산되어,

제몸 자랑 하건마는,

초로같은 우리 인생은 부모 열속 탄생하여,

어어 열다섯 십오세, 이십스물 넘어,

하면 살저 하여서 앨굼벌굼 번 금전 많아도,

칠십은 고래희고, 팔십은 전면이라,

이래도 일백은 못살아 한번아차 사불유가 되면,

두 번 다시 인간에 도환생 못하는,

초로인간 아닙니까마는

열명 올린191) 자손들

이 자손들은 요왕에 도와,

집을 삼고, 밭을 삼고, 길을 삼아,

요왕에서 행동발신192)하여 사는 자손들,

요왕에 재주를 삼아서 저 육지와 외국 나가 있고,

대안지를 삼아 배를 돌려 갔다왔다 하는 자손들

요왕황제국님전 등장193)들고,

영등대왕님전 등장들고 있으면,

올금년도 먹을 연 입을 연,

오곡풍성 시켜줄까 마음먹고 뜻 먹어서,

매해마다 이월 초하룻날은 환영제를 하고,

이월 열나흘날 송별대제일 하는

자손들입니다.

이 자손들 만사소망 이루어주십사,

오늘은 요왕연맞이로 요왕황제국님네

---

191) 영등굿에 이름을 올린(列名).
192) 행동발신(行動發身).
193) 등장(等狀), 관청에 연명으로 하소연하는 일.

상(床)을 받아 상천(上天)하저 하시는데,

동해바다 광덕왕님은 맛이 좋은 큰 공사 받읍서.

서해바다 광인왕님, 남해바다 적요왕(赤龍王)님,

북해바다 흑요왕(黑龍王)왕님, 중앙 황신요왕님,

청금산도 요왕님, 적금산도 요왕님네,

큰 공사 받읍서.

동경국 대왕님, 서경국은 부인님아,

수정국은 대왕님, 수정국 부인님네,

큰 공사 받읍서.

요왕 태자님도 큰공서 받읍서.

거북사자님도 큰공서 받읍서.

영감님네도 큰아들네 서울 삼각산(三角山)에,

둘쨋아들 강원도 금강산(金剛山)에,

셋차는 충청도 계룡산(谿龍山)에,

넷차는 경상도 태백산(太白山)에,

다섯째 전라도 지리산(智異山)에,

여섯째 목포 유달산(儒達山)에 노념[194]하는 영감님네,

일곱째 작은 막동이 제주섬중 들어오기 전에

진도 안섬(內島), 진도 밧섬(外島), 벽파진 질진칵[195]으로

들어서서 한라산 가면 장군선앙(將軍船王),

서늘곳(善屹藪)[196]은 아기씨 선앙,

뒈미곳[197]은 도령선앙,

정의곳은 가면 각시선앙,

대정곳은 영감선앙,

---

194) 노념놀이, '노념'은 '놀이'와 같은 뜻.
195) 진도의 지명,
196) 조천읍 선흘리의 곳[藪].
197) 남원면 위미리(爲美里)의 곳.

청수 당몰은 솥불미 선앙에 놀던 영감님네,

큰공사를 받읍서.

어어 오늘은 어어 영감님네,

좋아하는 전돗 잡아 어어 맛이 좋은 돗대맹이[198]나

샘머세[199]나 하여서 가실 적에

상선이여, 중선이여, 하선이여,

어어 짚으로 잘 삼앙[200],

어어 덕판배를 지어드리러 합니다.

큰공사 요왕에서 인간 떠난 영혼님네영,

다 큰공사 받아십서.

어떵게 정성이냐 이러면,

이 정성을 받아봅서.

강남에서 들어온 대청력,

일본서나 들어온 소청력,

우리나라 거두청력, 날파일 달파일

고추일, 하와일, 멸망일, 다 아니 제처도 이거

매일마다 이 날은 지정된 날이외다.

영등이월 열나흘날 이도정성 받읍서.

어어어 이차정성을 받읍서.

금줄 홍줄은 못 매었습니다.

제청과 굽어봅서.

안자리는 누구 자리,

밧자리는 서세비서 왕골초석 깔았수다.

이 젯상도 받읍서.

---

198) 돼지머리.
199) 돼지의 내장.
200) 짚배를 잘 만들어.

어어어 옆둘러 한사병풍, 아래 둘러 족자병풍은

초감제로 쳐버리니 못내 지었습니다.

이도정성 받읍서.

이 젯상도 받읍서.

언메, 단메[201], 노기올라 당산메[202],

보랏메나, 월궁메, 기진메도 받읍서.

은수저 놋수저 받읍서.

어어어 가루수단 물수단 하였습니다.

하늘같은 백시루 받읍서.

구름같은 백돌래[203] 받읍서.

어어어 더이전 저승은 군량미(軍糧米),

이승은 양석(糧食), 명씰(命絲) 홍씰(紅絲) 받읍서.

저승돈은 헌폐지전[204], 이승돈은 금전지화[205]로 받읍서.

머리 갖춘 옥돔생선도 받읍서.

어어어 계란안주 받읍서.

두손 합쳐 콩나물채도 받읍서.

깊은 바당 미역채 받읍서.

서수와당 미나리 청근채 받읍서.

파릿파릿 시금치도 받읍서.

한해 명태도 받읍서.

맛이 좋은 돔 대멩이도 받읍서.

실과 전상 사과 배 밀감도 받읍서.

밤 대추 기정 곶감 받읍서.

---

201) 맛좋은 멧밥.
202) 노기당산매. 놋그릇에 물과 쌀을 넣어 소복하게 김으로 쪄 지은 멧밥.
203) 구름같이 하얀 돌래떡. 직경 10cm 크기로 쌀로 둥글납작하게 만든 떡.
204) 헌폐지전(獻幣紙錢).
205) 금전지화(金錢之貨).

초잔은 청감주, 둘쨋잔은 정종이외다.

제삼잔은 자소주이외다.

이도정성을 받읍서.

요왕대다리도 받읍서. 선왕다리도 받읍서.

열두 가지 청메물색,

아홉 가지 황메물색[206]이나, 일곱 가지 넝메물색[207],

이도정성을 받읍서.

이 자손들 이 정성을 올리건,

천황 소지[208]를 올리걸랑

하늘에서 높은 덕을 내리웁서.

지황 소지를 올리건

지하에서 너른 덕을 올려 보냅서.

인황소지 올리건, 영등산 덕든 걸음 시켜주고,

아이고 신전님내야, 새가 놀고 간딘 깃을 두고 갑니다.

쥐가 놀고간 딘 구슬 두고 갑니다.

삼천선비들 놀고간 딘, 천자판[209] 글발을 두고 갑니다.

청용 황용이 놀고간 디는, 비늘을 두고 갑니다.

신저님네가 왔다 간 데는

아이고 오시라 한들 앞정을 볼 수 있으며,

가시라 한들 뒷정을 볼 수 있으리오마는

신전님이 오고간 디랑, 제주도 올금년 갑신년이랑,

관광객도 많이 오게 해주고,

밀감 농사에도 잘 되게 하고,

어업도 잘 되게 하고, 공무원들도 편안하게 하고,

---

206) 노란 옷감.
207) 넝마무색, 넝매무색, 물감을 들인 옷감.
208) 소지(燒紙). 마음 속의 소원을 태워 하늘에 전하는 백지.
209) 천자문 자판.

제주도에 세계적으로 많은 금전들 많이 들어와,
제주도 구경도 다 소문소문 건이[210]나게 시켜줍서.
상잠녀 중잠녀 하잠녀도 특히나 건입동 해녀도
물에 들어갔당 물질하러 갔다 넉나게도 맙서.
물아래서 거북이 보고 놀래게도 맙서.
어어어 바당 전복인가 소란가 하고,
눈에 편식하여 때러 들어갔다
아니라서 손 잽지게도 맙서.
요왕님아 한 번 물에 들면 망사리 가득
많이 등에 지고 나가게 헙서.
어어 이 자손들 편안하게 헙서.
어디 개맛디영[211] 마른디 다니다
넘어지고 쓰러지고 다칠 일 나게 맙서.
하다 불턱[212]에서 싸움도 하게 맙서.
해녀들 앞길을 바로잡아 줍서.
상선 중선 하선 어깨선, 비개선, 감동선,
모랫배, 석탄배들도 다니는 길
파도도 만나게 말고, 이 배들도 나오거든
오늘 열명올린 배들 저 바다에 나가면
바람도 아무리 불다가도 자게 하고,
태풍도 불다가도 휙 하고 자게 해줍서.
안개도 끼게 맙서. 남의 배와 충돌도 하게 맙서.
강적 수적도 만나게 맙서.
어어어 앞질 바루거든

---

210) 권위(權威)나게.
211) 갯가와.
212) 해녀들이 불 쬐는 화덕.

채낚기 어선 연승어선에 이물 가득 고물 가득
많이많이 동바다에 가걸랑 동바다로,
서바다로 나가건 서바다에서 먹을 연, 입을 연,
괴기도 많이 칼치철 나면 칼치배를
갈치도 대물(大物)로만 낚게 하고,
어어어 생선이랑, 옥돔이랑, 어 오징어랑, 고등어랑,
고기란 고기랑 모두 바글바글하게 하여서
이 자손들 한 번 나가건 전배독선하여,
깃발 올리며 들어오게 만선을 시켜주십사
축원 올립니다.
첫째 소원은 목숨이 제일로 이 세상에서 중요한 일 아닙니까.
죽을 목숨이라고 구명시켜 주고,
둘째 소원이랑 몸 편안하게 하여
하다 배에 선원들끼리라도 아프게도 맙서.
편안하게 시킵서.
셋째 소원이랑 마음먹은 대로 뜻 먹은 대로
소원성추 길흉화복 시켜줍서.
축원올립네다.
어어어 앞으로도 낭부족(木不足)을 제깁서.
뒤에라도 돈부족(金錢不足)을 제겨줍서.
쌓다가 쌓다가 남은 걸랑
자손들 명과 복이랑 굽이첩첩 다 쌓아줍서.
어어어 맛이 조은 금공서 초하정 올렸습니다.

[주잔권잔]

장구를 치우고 자리에 앉은 채로 그대로 굿을 진행한다.
받다 남은 주잔들랑 저먼정에 내여다

동해바다 광덕왕님 뒤에 군졸이여,
서해바다 광인왕님 뒤에 군졸랑,
남해 적요왕(赤龍王), 북에 흑요왕(黑龍王),
중앙황신요왕 뒤에 군졸들이영,
어어어 또 요왕에 놀던 영감님 뒤에 참봉들
주잔권잔 드립니다.
개맛마다 돈지마다 놀던
어느 상불턱은 중불턱 하불턱에 놀던 군졸이여,
요왕에 가 물숨 먹고 죽어가던 군졸들,
어느 남영호 침몰할 때에 죽어가던 군졸들,
저먼정 주잔으로들 많이들,
이 사라봉에 등대아래 실래구석213)에 놀아오던 군졸들,
많이많이 권번이외다.
주잔은 많이 권권(勸勸) 지넘겨 들어가며
불법이랑 요왕황제국 길들에 도올려드립네다 이-

소미(이정자)가 일어서서 굿을 끝냈다고 절한다.

[요왕질침]

● 사신요왕 수정국길 돌아봄

길닦는 춤 1 : 길 돌아보는 춤

군복 차림의 심방(양창보)이 양 손에 감상기를 들고 제상 앞에 서서 사설을 한다.

팔대요왕 대신님,
오늘 시군문 열렸습니다.
오리정신청궤로 신을 모았습니다.
차례차례로 금공사를 올려 있습는데,

---

213) '실랫구석'은 제주시 건입도 사라봉 등대 동쪽 해안 지역의 절벽.

어- 올라서면 한라산 서낭대신도 어서 오저,

요왕황제국님도 오저, 선왕님도 오저,

요왕국 태자님도 어서 오자 하시는데

사신요왕국 수정국길이 어찌 되며 몰라온다.

에에에 길감관 질토래비214) 마련하여

사신요왕 호적도길도 돌아보자.

연물소리 시작되면, 심방은 감상기를 들고 춤추다가 요왕상 앞으로 온다. 요왕상 앞에 서서, "어- 사신요왕질도 돌아보자"라고 말하면서, 요왕길을 지나 제상 쪽으로 간다. 연물 소리 그치고 다시 사설 시작한다.

어어 영등길을 돌아보니,

팔만장 길이여,

청구름길이여, 백구름길이여,

팔매월산 건구름질이여,

작은 바람길이여, 큰 바람길이여,

사신요왕 수정국길을 돌아보니

마바람길은 마노가 일어나고,

하니바람길은 한노가 일어나고,

샛바람길은 샛노가 일어나고,

어어 갈바람은 불면 갈노가 일어납니다.

오리 안에 구름나난, 십리 안에 반대 바람이여,

반정 재넨 속에 고양이길이로구나.

에헤 고개 고양이길이니,

동해바다 광정수 떠다 화끈 올리라

빨리 좀쎅우러 가자.

길닦는 춤 2 : 좀쎅우는 춤

연물 소리. 감상기를 들고 요왕길을 오가며 춤춘다. 제상 앞에 와서 왼쪽과 오른쪽으로 한 바퀴씩 돈 다음, 감상기를 양 손에 나누어 들고 자리에 앉아서 절을 한다. 일어서서 감상기를 한 쪽으로 던져두고, 신칼

---

214) 길안내인(指路 人).

을 들고 사설을 한다. 연물 소리 잠시 그친다.

　　길닦는 춤 3 : 청저오게로 베기

어어 한 우에 잔을 재어 보니,

깊은 바다는 펄바다를 넘어서니

모래 바다가 당합니다.

모래 바다를 넘어서니,

작은 듬북, 큰 듬북이 당해옵니다..

작은 감태길 큰 감태길이 가까워 옵니다.

에에 제석궁 들어가 어른들에게 가 청저오게 비어다

동서쪽으로 베어.

연물 소리 시작되면, 심방은 제자리에서 낮게 뛰다가 신칼 자루 부분을 거꾸로 잡고 요왕길 위로 걸어간다. 요왕길 위에 놓여 있는 해초 하나를 집어 들어서, 신칼치마와 함께 둘둘 마는 동작을 한다. 입구 쪽에서 제상쪽 방향으로 걸어가면서 요왕길 위의 해초를 치운다. 제상 앞으로 걸어 간 다음에는 손에 들고 있던 해초를 한 쪽으로 던지고, 신칼을 들고 돌다가 신칼점을 한다.

● 은따비로 파기

제상 앞에 서서 사설을 한다.

어어 베었더니마는

요놈이 정체없는 놈이로구나.

베는 데는 너무 베어버리고, 아니 베는 데는 아니 베어버리니,

듬북 그루가 탱천하여, 요왕황제국님이 걸을 수가 없습니다.

제석궁 들어가 은따비 목괭이로 뿌리 뿌리 이뤄-.

연물 소리. 신칼을 묶어 목 뒤로 꽂고, 입구 쪽으로 걸어 온다. 앞이 두 가락으로 갈라진 막대기(따비)로 왼쪽, 오른쪽을 번갈아 가며 파내는 시늉을 한다. 요왕상 쪽에서 제상 방향으로 걸어오며 길가의 해초를 걷어 멀리 던진다. 제상 앞으로 와서 따비를 양 손으로 들고 한 바퀴 돈 다음 한 쪽으로 던진다. 연물 소리 그친다.

● 좀삼태로 치우기

제상 앞에 서서 사설을 한다.

이루깃대로 일었더니마는

이루는 덴 이뤄가니, 벙애같이 일어납니다.

일어나난, 큰 돌이여 작은 돌이여,

마세 큰돌랑 좀삼태 가짓게로 어 동서쪽으로-.

연물 소리. 해녀들 여럿이 나와서 삼태기에 돌을 담아 등에 지고 나르는 시늉을 한다. 다른 소미 한 명이 요왕길에 놓여진 돌맹이를 해녀들의 등에 올려준다. 해녀들은 요왕질을 한바퀴 돌아서 다시 입구 쪽의 한 쪽 구석에 돌을 놓고는 "아이고 힘들다"라고 말한다.

심방이 제상 앞에 앉아 신칼점을 하고, 연물소리 그친다.

● 발로 밟기

제상 앞에 서서 사설을 한다.

어어 큰돌 작은 돌, 마세 큰돌랑은

건입동 선주집에서 와서 치우고,

해녀들이 나서서 동서쪽으로 치우고 보니

큰돌 놓였던 덴 노적지기 되었습니다.

어어 내자 부려먹던 보리대기같은 발로 밟아-.

연물 소리. 신칼을 등 뒤로 돌려 당겨잡고, 땅을 밟는다. 요왕문 사이사이를 밟아나간다. 연물 소리 그친다. 신칼점을 한다.

● 미레깃대로 밀기

● 써레로 쓸기

제상 앞에 서서 사설을 한다.

어어 밟았더니,

이도 평탄치를 못하니, 미레깃대[215]로 동서쪽으로 밀어버리니,

작은 먼지 큰 먼지가 일어납니다.

---

215) 반죽을 평평히 밀어 고르는 길고 둥그런 나뭇대.

제석궁 참써레 타다 동서로 쓸어-.

연물 소리. 신칼치마로 바닥을 쓴다.

● 이슬다리 놓기

● 마른다리 놓기

제상 앞에 서서 사설을 한다.

참써레로 쓸었더니,
한 이슬이 되난, 이슬이슬 참한 참이슬로
잠진 후린 하여두니, 나대로 할 걸,
아이고 몽근년더러 채우라고 해 나두니 정체없이
사나이 키 큰 것 쓸 게 없고, 여편 지레 큰 건 게으르고,
여편 키 작은 건 당차다 하더니,
조그마한 키에 정체없이 주어버렸구나.
들쑥날쑥 주었구나.
마른다리 놓자.

● 청소새다리 놓기

● 나비다리 놓기

어어 소새 청소새, 입이 넓은 소왕소새 다릴 놓으니,
황소새왓디 황나비 날아들고,
청소새왓디 청나비 날아드니,
나비나비 줄전나비 다리 놓았더니마는,
불 본 나비는 불 속으로 날아들고,
꽃 본 나비는 꽃 속으로 날아들고,
어멍 본 나비는 어멍 품으로 날아들어
못 쓰겠네, 못 쓰겠네,

어어 요왕다리도 놓으러 가자-.

느진 연물. 소미 서너 명이 나와서 무명천으로 다리를 놓는다.

어어 선왕다리도 놓자.

느진 연물.

어어 요왕다리 차사다리도 놓자-.

● 요왕다리 놓기

심방은 제상 앞에 서서 사설을 하고, 건입동 해녀들이 모두 나와 요왕다리를 놓는다.

어어 요왕다리, 어어 선왕다리 놓았더니, 차사다리 놓았더니만,

다리는 어어 제주시 건입동 선주일동이로구나.

동장이영 직원이영 열두 신전님 다리도 깔고 보니,

상천 밖엔 나누던 신전이여. 강물이 필요합니다.

요왕국 차사다리도 놓고 보니

해녀들 계속 다리를 간다. "저기서 당기니, 끈만 잡으세요" 하는 소리 들린다. "양 끈만 잡고 당기지 말고 던져야 해.", "다 놓아서." 등 해녀들과 소미들이 이야기를 나누면서 다리를 놓는다.

● 올궁기 메우기

제상 앞에 서서 사설을 한다.

어어 요왕다리 선왕다릴 놓아 보니,

여기 왔던 길로 올궁기가 번성기가

일 년을 먹고 천 년을 살 지방너들 번성기로

봄눈 우에… 흩어집니다.

대양기도 다릴 놓자. 소양기도 다릴 놓자.

열두길 금시루여 삼성 외성 소로 독성의 다릴 놓으니,

여기가 거창스러워 못쓸 길이여,

어어 시루다리 금시루 다리니 귀신도 먹저 생인도 먹저,

못쓸로구나. 이 다리 없애버리라 합니다.

은바둑 옥바둑 다리를 놓았습니다.

사신요왕 은바둑 옥바둑 다릴 놓으니,

어어 요왕 앞에는 사당 붉은다리 놓자.

느진 연물. 단골들 절을 한다.

● 좌우돗길 돌아봄

제상 앞에 서서 사설을 한다.

다리들 놓아요.

다리를 놓으니,

어 이 길은 못내 날…… 한지 모릅니다.

질캄관 압송하며 가며오며 좌우돗질도 돌아보자.

연물 소리. 소미가 깔아 놓은 길 위에 보답상을 준비해 둔다. 심방은 감상기를 들고 제상에서 입구 쪽으로 걸어온다. 감상기를 바닥에 놓고, 신칼점을 한다. 감상기를 들고 자리에서 일어나 제상 쪽을 향해 걸어간다. 연물 소리 그치고 사설을 한다.

어 요왕문도 잡으러 가자.

어 선왕문도 잡으러 가자.

해녀들 좌우의 대나무를 당겨 댓닢 부분을 묶어 문을 만든다.

요왕문 선왕문 잡았구나.

요왕문 선왕문이랑 울랑국으로 넘기자.

심방은 장구 소리에 맞추어 사설을 한다. 해녀들이 소미의 도움을 받아 문 앞에 앉아서 술을 올리고, 인정을 걸면서 문을 하나하나 열어 나간다.

사나 사나이 사나 줍서.

건입동 선주 일동, 해녀 일동,

마음 성심 모아 문직대장 감옥형방 옥성나장에

인정 많이들 겁서. 인정을 많이 걸어간다.

동해요왕 광덕왕님 열려줍서.

사나 사나 인정을 줍서.

청요왕도 열려맞자.

"어야 열어라."라고 말하며 댓가지로 만든 문 하나를 연다.

백요왕 적요왕 열려줍서.
이번에 인정을 과다이 받아, 바다에 가면,
만선기를 시키고 해녀들은 전복이랑 보말이랑 소라랑
망사리 가득 내세웁서.
열려맞자.
(열려맞자.)
청요왕 벡요왕님도 열려줍서.
요왕 선주님도 인정을 과다이 받으려고,
곱게곱게 열려줍서.
열려맞자.
(열려맞자.)
곱게곱게 열려줍서.
옛어른들 인정을 과다이
……
열려맞자.
(열려맞자.)
인정을 과다이 받고 열려줍서.
군문밖에 열려맞자.
(열려맞자.)
단골영혼 열려줍서.
열려 열려 열려맞자.
열려가며 깨끗하게 감으라.

문을 다 연 단골들이 절을 한다.

요왕문 열렸습니다.
요왕에 발나제 길나제,
시왕전 올라 발나제 불러다
(청취불능)
감상기도 사러버려라.

단골들 여럿이 나와 '요왕다리' 광목을 감긴 것을 풀며 당겨다 정리한다. 심방 굿했다고 절을 한다. '불천수'라고 하여, 굿에 쓰였던 모든 것을 태운다.

심방은 댓가지를 무명천으로 싼 뭉치에 불을 붙여서 제장을 빙빙 돌다가 던진다. 산판점, 신칼점을 하고 치고 굿을 마친다.

[씨드림]

갈옷을 입고 머릿수건을 두른 소미(고복자)가 제상 앞에 서서 사설을 시작한다.

어- 요왕황제국, 요왕황제국 요왕 거북사제

세경에서 문수왕에 오곡씨를 내렸구나.

요왕으로 요왕 전복, 소라씨 천초

먹을 연 내세워 줍서.

어부에는 바다에 막아줍서 이리하여

신이 내려 하감하려 합니다.

어부 신공십네다.

빠른 연물 소리 시작되면, 씨맹텡이를 어깨에 멘 소미 둘이 등장 맹텡이를 놀리며 춤을 춘다. 명석을 한 가운데 두고 양쪽에서 마치 '나까시리' 놀릴 때와 같이 한다. 씨맹텡이를 하늘로 던졌다가 받는 동작을 반복한다. 두 사람이 마주 보고 서서 씨맹텡이를 던져서 받는다. 자리를 바꾸어 같은 동작을 반복한다. 맹텡이를 뒤로 던져 점을 치고 절한다. 연물 소리 그친다.

소미 1 : 잘 뿌렸져.

소미 2 : 뿌려진 게 아니라 막 잘 놀려 저서.

이제 신에게서 씨를 타다 씨를 뿌릴 차례다. 소미 두 명이 이야기를 주고받으며 좁쌀을 맹텡이에 담는다. 해녀들도 씨가 잘 뿌려지는지 보기 위해 제상 앞으로 나온다. 동쪽에서 서쪽으로 서쪽에서 동쪽으로 좁씨를 뿌리고, 마지막에 위에서 수직으로 힘차게 뿌린다. 뿌려진 좁씨의 밀도를 자세히 관찰하고 그 해 해산물의 풍흉을 점친다.

소미 1 : 문수왕에서 이?

소미 2 : 어.

소미 1 : 오곡씨 농서?

소미 2 : 어.
소미 1 : 자청비안티 맡겼져.
소미 2 : 성님도 잘 받아옵데가?
소미 1 : 응.
소미 2 : 막 잘 봅서. 저레.
소미 1 : 경헌디.
소미 2 : 떨어진 거 어시 잘 받아져사.
소미 1 : 해각으로.
소미 2 : 예.
소미 1 : 무슨 씨를 드리느냐 허면?
소미 2 : 어.
소미 1 : 모물, 산디,
소미 2 : 그렇주.
소미 1 : 모물 산디가 그렇주.
소미 2 : 또 가서 모물 산딜 찾아 왔주.
소미 1 : 찾아오다 보니 늦어부런.
소미 2 : 늦어부런.
소미 1 : 게난 모물 역신 늦인 역시주.
소미 2 : 늦인 역시.
소미 1 : 모물 가득이면 지럭내 나주.
소미 2 : 응. 자, 어딜로부떠.
소미 1 : 나, 들어 드릴게요. 성님이랑 말하세요.

멍석 위에 씨를 뿌릴 준비를 한다.

소미 2 : 영도 착해여.
소미 1 : 나 물호끔 줍서.
소미 2 : 목 말라. 물들 안냅서. 목마르면요.
소미 1 : 해녀, 해녀부터 뭘 헙네까?
소미 2 : 소라.

소미 1 : 소라.

소미 2 : 소라, 전복.

소미 1 : 소라부떠, 서경국에서 동경국드레 씨뿌리레 가자.

소미 2 : 동경국에서 서경국드레.

소미 1 : 정씨, 장씨.

소미 2 : 정씨,

소미 1 : 아따가라, 저 양, 그딘 좀 비쿠다. 양 바당으론 한 백보 떨어진 디. 조금 비쿠다.

소미 2 : 동드레가 이시쿠가[216], 서드레가 이시쿠가?

소미 1 : 동드레, 서드렌 괜찮은 디 그 중간에.

해 녀 : 중간에.

소미 1 : 자, 치마레.

소미 2 : 치마에 받읍서.

명석 위에 뿌린 좁쌀을 해녀의 치마에 담아 준다. 다음에는 명석 위에 전복씨를 뿌린다.

해 녀 : 전복씨영.

소미 1 : 이젠 전복. 서경국에서 동경국드레 씨뿌리레 가자.

소미 2 : 동경국에서 서경국드레-

해 녀 : 정씨.

소미 2 : 전복씨가 하켜[217].

소미 1 : 전복 씨가 하도양 물로 씰어불쿠다.

소미 2 : 그런 말 곧지 맙서.

소미 1 : 몸 대로라. 하영 나도, 물로 영 씰어불크라[218].

소미 2 : 영 못실게 유왕굿[219]을 허는디. 무사 씨러불 말이꽈?

명석 위에 뿌려진 좁쌀을 해녀의 치마에 담아 준다. 해삼씨를 뿌린다.

해 녀 : 해삼씨.

---

216) 있을까.
217) 많겠네.
218) 쓸어버리겠어.
219) 요왕굿.

소미 1 : 해삼씨. 서경국에서 동경국드레 씨뿌리레 가자.

소미 2 : 동경국에서 서경국드레. 정씨.

해 녀 : 정씨.

소미 1 : 작년이는 야, 해삼 나난 디 야. 올힌 나난 디 안 납니다. 안 나난 디, 엉뚱헌 딜로 납니다.

소미 2 : 어서난 디로 삽서.

해 녀 : 작년에 안 나는 딜로 삽서.

멍석 위에 뿌려진 좁쌀을 해녀의 치마에 담아 준다. 문어씨를 뿌린다.

소미 1 : 봅서마는.

해 녀 : 문어씨.

소미 1 : 서경국에서 동경국드레-.

소미 2 : 동경국에서 서경국드레.

소미 1 : 정씨.

소미 2 : 한씨우다.

소미 1 : 정씨. 아이구.

소미 1 : 경허믄 되는거우꽈, 이 성님아.

소미 2 : 해석만 잘 허민 되주. 해설만 잘허믄 되주게.

해 녀 : 어떵허우꽈? 바글바글 허우꽈.

소미 1 : 문언 갓바위에 많지.

해 녀 : 게. 갓바위에 나크라.

소미 1 : 갓바위라도 돌아다니는 게 있주게.

해 녀 : 갓바위가 많이 나겠어.

소미 2 : 문어가 하크라.

해 녀 : 문어가 제일 하쿠다.

소미 1 : 문어 하도 야, 문어 잡는 사람은 잡주.

소미 2 : 다 마찬가지우다게. 전복도 내논 어른이 캐고.

멍석 위에 뿌려진 좁쌀을 해녀의 치마에 담아 준다. 오분작이씨를 뿌린다.

해 녀 : 자, 이건 오분작씨우다.

소미 1 : 오분작씨.

소미 2 : 오분작.

소미 1 : 서경국에서 동경국드레 씨뿌레 가자.

소미 2 : 동경국에서 서경국드레.

해　녀 : 오분재긴 어신게.

소미 1 : 아이고 오분자기는 몬딱 몬딱 캐여도

해　녀 : 어서?

소미 1 : 오분작이도 야, 고싸 그추룩 잡는 사름만 잡곡.

소미 2 : 못잡는 어른들은 펀쩍.

해녀들 : 펀쩍.

소미 1 : 오분자기는 괜찮해여. ㅎ끔 배불 일은 엇수다게.

멍석 위에 뿌려진 좁쌀을 해녀의 치마에 담아 준다. 성게씨를 뿌린다.

해　녀 : 성게.

해　녀 : 퀴.

소미 2 : 정씨우다.

소미 1 : 한씨우다.

소미 2 : 정씨여.

해　녀 : 원래가 성게 죽어비염수게[220].

소미 1 : 죽어불고 예. 게난 동바당 있지, 예?

해　녀 : 예.

소미 1 : 동바당이 ㅎ끔 숭년듭니다, 예.

해　녀 : 아. 서바당은.

소미 1 : 서바당도, 서바당 사이에. 그 사이에가 있수다.

해　녀 : 동바당은 골르르 잡으쿠가.

소미 2 : 골르르 잡으캔 마씸. 이건.

멍석 위에 뿌려진 좁쌀을 해녀의 치마에 담아 준다. 미역씨와 천초씨를 뿌린다.

---

221) 죽어버렸어요.

해 녀 : 마지막으로 메역, 아니 천초씨.

소미 2 : 천초.

소미 1 : 천추. 메역아영 허여.

소미 2 : 청각은 말고 오.

소미 1 : 천초영 메역이영 동경국에서 서경국더레.

소미 2 : 서경국에서 동경국더레.

소미 1 : 정씨.

소미 2 : 정씨.

소미 1 : 저 야, 뭣이냐 우미는 에?

해 녀 : 예.

소미 1 : 우민 하영 나쿠다. 경헌디 메역은 드물어.

해 녀 : 드물어.

소미 1 : 메역은 드물어.

해 녀 : 우민 벡포씩 허는 디 아뉴꽈.

해 녀 : 삼벡포씩 허쿠과

소미 1 : 삼백폰 너미 짜다.

소미 2 : 삼벡폰 넘엉 삼벡 반포허쿠다.

소미 1 : 청각은 올훼 별랑이우다게.

해 녀 : 별랑이우꽈.

소미 1 : 청각은 양.

해 녀 : 우민 천 포다리 험직허다 예?

소미 1 : 예, 괜찮으쿠다.

해 녀 : 오징어 멍통 나게 홉서.

해 녀 : 배에 잡을 꺼 다 잡아불게. 갈치영

소미 1 : 해녀들은 다 허고. 이제 이거 아상 강 뿌려붑서. 바당에 갈 때.

소미 2 : 허당 남은 거 나 안넵주게.

해 녀 : 갈치씨 몬저 뿌립서.

소미 1 : 갈치씨, 저 요왕으로, 이제랑 갈치씨.

소미 2 : 요왕 쪽으로.

소미 1 : 서경국에서 동경국드레 씨뿌리레 가자.

소미 2 : 동경국에서 서경국더레.

소미 1 : 정씨, 한씨.

소미 2 : 정씨.

소미 1 : 작년보다 갈치 잘 나쿠다.

소미 2 : 잘 나. 잘 나크라.

소미 1 : 작년엔 ᄒᆞᆫ끔 드물었주마는.

해　녀 : 어디에서 나쿠과?

해　녀 : 바실바실 허크라.

소미 1 : 동서 사이에 있지 예? 가운디. 그디허고 에- 동바당도 예? 야픈 바당에.

해　녀 : 예. ᄀᆞᆺ바위가 많앙게.

소미 1 : 서방엔 에 좀 지픈 디.

해　녀 : 다음엔 양 오징어 봅서.

소미 1 : 사신요왕국으로 오징어 씨뿌레 가자.

소미 2 : 오징어 씨뿌리레 가자.

소미 1 : 서경국에서 동경국드레.

소미 2 : 동경국에서 서경국드레.

소미 1 : 정씨.

소미 2 : 한씨.

소미 1 : 야, 괜찮으켜. 올흰, 바당이.

소미 2 : 올해가 양, 소망이 일쿠다.

소미 1 : 구월엔 조심헙서. 바당에. 구월광 칠월은.

해　녀 : 예.

소미 1 : 두령청이 날이 조았당, 오늘은 배 나가도 괜찮겠다 경헐 때는 나갔당 ᄒᆞ끔 걱정이 되여.

소미 2 : 조심들 허여. 잘 들었당 맹심들 헙서.

소미 1 : 괜찮으쿠다. 그걸론.

해 녀 : 어느 쪽에 남수과?

소미 2 : 골고루 남수다. 골고루 양.

해 녀 : 오징어.

소미 2 : 오징언 골고루 아무디 가도 소망일쿠다.

해 녀 : 옥돔 봐 봅서. 옥돔.

소미 2 : 7월 9월만 조심들 헙서. 곤 말들 양.

해녀들 : 오징어. 옥돔.

소미 1 : 옥돔. 세경에서 동경드레 씨뿌리레 가자.

소미 2 : 동경국에서 서경국드레.

소미 1 : 정씨.

소미 2 : 한씨.

소미 1 : 야, 돔 이 올해 소망이룸직허다. 견디 양, ㄱ에 호끔, ㄱ굿바우에.

해 녀 : ㄱ굿바위가.

해 녀 : ㄱ굿바위가 어떵헌댄 말이우꽈, 엇댄헌 말유꽈, 있댄헌 말유까.

소미 1 : 엇댄헌 말.

해 녀 : 아. 예.

소미 2 : 멀리 간 디. 올해랑 저 양.

소미 1 : 할림쪽허고 동쪽드레 괜찮음네다.

해 녀 : 갈치는?

소미 2 : 갈친 인칙에 굴았주.

헤 녀 : 속솜해라.

소미 2 : 넘어분 걸 또 해집네까?

해 녀 : 고등어.

소미 2 : 고등어? 자 사신요왕으로 고등어씨 뿌리레 가자.

소미 1 : 동경국에서 서경국드레.

소미 2 : 서경국에서 동경국드레.

소미 1 : 정씨.

소미 2 : 한씨. 아이고 올핸 재수이시켜 이.

해 녀 : 고등어.

소미 1 : 고등언 뭐헌디. 지픈 바당 양 욥으로 비어불크라.

소미 2 : 중간에.

해 녀 : 중간에서.

소미 1 : 비어불커라.

소미 2 : 가운데서.

해 녀 : 가운데서.

해 녀 : 서쪽드렌 엇꼬?

소미 1 : 서쪽도 있는디.

소미 2 : 가운디레 갑서. 경 굴읍서. 사장님들 안티랑 예.

해 녀 : 잘 굴으크라.

소미 2 : 여주 어른들이 잘 들었당 강 잘 굴아 안냅서.

해 녀 : 이제랑 각제기.

소미 2 : 각제기. 아지 각제기. 자, 사신요왕으로 각제기씨 뿌리러 가자.

소미 1 : 동경국에서 서경국드레.

소미 2 : 자, 동경국에서 서경국드레 뿌렸어. 서경국에서 동경국드레 정씨. 한씨.

소미 1 : 정씨. 야, 올해도 각제기 하영 나켜.

소미 2 : 막 담아지큰게. 올히가.

해 녀 : 잘 봅서. 동쪽 서쪽.

소미 1 : 동쪽광 서쪽 사이에 머들이 있수다.

해 녀 : 머들.

소미 1 : 머들, 그 머들만 조끔 맹심허영 피해붑서. 그 머들에서 이 배가 호끔 칠 듯허여. 그 긋바위에 틈에.

소미 2 : 조심 허영 양. 7월 9월 조심허영 양.

해 녀 : 가에서 각제게가 조금 나겠다. 양.

소미 1 : 예, 예. 섭섭허지 안허쿠다. 작년만인 안해도.

소미 2 : 모든 것이.

해 녀 : 올핸 재수이시쿠다.

해 녀 : 다음에는 방어씨.

소미 2 : 방어씨 뿌리레 가자.

소미 1 : 서경국에서 동경국더레.

소미 2 : 동경국에서 서경국더레.

소미 1 : 정씨.

소미 2 : 한씨.

소미 1 : 방어씨, 옵서 방어 작년에 어서났수가?

해 녀 : 예.

소미 1 : 방어 어서났지 예?

해 녀 : 예.

소미 1 : 올히는 너미 바당에 예.

소미 2 : 모든 것이 올히라. 잘 허염직허우다.

소미 1 : 언니, 올해 바당에는 예, 섭섭허진 안허여. 작년보다 괜치안헌디. 에, 7월허고 팔월랑 항상 멩심허여사.

소미 2 : 견디 올히가 야, 모든 것이 다 괜찮허구다.

해 녀 : 잘 뿌리랜 해줍서.

소미 1 : 바당에 잘 뿌려야 됩네다 게.

소미 2 : 일어납서. 수건. 일어납서. 내년도 버리멍 말멍.

[산받음]

단골들에게 제비쌀 점을 쳐 준다.

"예."

"예순 아홉. 아, 어디 갔수가. 일로들 옵서게."

"이것들 적읍서."

"야, 앉아 있나."

신위 앞에 차려져 있던 상과 굿청을 꾸몄던 장식들을 정리하기 시작한다. 상에 차려 졌던 음식들을 조금씩 뜯어 잡식을 만들고, 술을 입구 쪽에 뿌린다.

〈액막이(도액막음)〉

마이크도 없이 진행되었고, 자리를 정리하는 중이어서 주위가 많이 소란스러웠다. 소미가 요령을 들고 제상 앞에 서서 진행하였다.

(요령을 흔들며)

상천(上天) 때가 되었습니다.

사자님은 좌정합서.

이제 일월제석(日月帝釋), 요왕, 선왕님도 좌정합서.

낳는 날은 생산을 받고,

죽는 날은 물고를 받고,

절집은 양주, 이생은 노적,

인물도생책을 차지하던

제주시는 시내 내왓당[221] 한집님도 일배한잔 헙서.

각시당[222]은 돌윗당[223] 일배한잔 헙서.

산지 칠머리감찰지방관[224] 한집님도 일배한잔 하여,

내년 이월 초하룻날 되건 환영제일 받읍서.

(요령)

열나흘날은 영등송별제를 받읍서.

이제랑 한집님네도 일배한잔 하여 본향으로 좌정헙서.

영가(靈駕)님네 일배한잔 하니,

자손들 가 요왕제 지낼 겁니다.

(요령)

일배한잔 헙서.

---

221) 제주시 용담동의 신당.
222) 제주시 삼도동의 신당.
223) 제주시 이도동의 신당.
224) 제주시 건입동의 신당.
225) 제를 집행하는 고복자 심방, 59세.

신공시로 옛선생님네들 쉬흔아홉[225] 받은 잔,

(요령)

이거 사무실에 전수, 이수, 문하생 부모랑 일배한잔 헙서.

이 당에 근무하던 선생님은

어어 김씨 선생님네, 고씨 옛선생님네 일배한잔 헙서.

이씨 선생님네, 안씨 옛선생님네, 홍씨 선생님네 일배한잔 헙서.

사무실에 몸받은 조상님네 일배한잔하고 사무실로 내려옵서.

받다남은 건 제반삼술 걷워다 어시럭 더시럭 배움투기 하던

멩두빨들 놓아 적으며, 연다리로

(요령)

일배한잔 드립니다.

명두명감 삼차사님아,

외잔을 숙인 아홉 전수, 이수, 문하생,

몸받은 명두명감 차사님에, 차사에 법망에 잡힐 일 막아줍서.

제에 법망에 잡힐 일 막아줍서.

(요령)

이리하여 일배한잔 하여 천우액년 방액(防厄)입니다.

해녀 일동이 상불턱에 상잠녀, 중불턱에 중잠녀,

하불턱에 하잠녀 절들 헙서.

청감주도 받읍서.

구부러진 길도 바로세웁서. 출근길도 바로세웁서.

하다 남은 막을 일 막아줍서.

차사 요왕 부원군님, 거북사제 권장님네,

차사님에서 아무럼 바람불 때에 갈 때에,

해녀 대표 3명이 앞으로 나와 절을 하고, 보답상을 받는다. 해녀들 다시 절한다.

바다 귀신들 이래서 해녀 일동이

먹고 사는 일,

소미가 쌀을 한 줌 집어서 뿌린다. 쌀로 제비점 한 제비를 넘기면서 말한다.

아이고, 고맙수다.

제비점을 보고 난 쌀을 해녀 한 사람에게 건네고, 해녀는 쌀을 삼킨다.

소미는 자리에 앉아서 사설을 하며, 산판점을 한다.

일월삼명두에서

상불턱에 상잠수나,

중불턱에 중잠수나,

하불턱에 하잠수나,

(점을 치며) 그러면 올금년 어느 요왕길이여 바람불 때 갈 때에

물에 들어갔다 물숨 먹을 일이나 없습니까.

이군문은 어면 문입니까?

걱정된다 하는 문이건 이차 삼차로 삼시왕군문을 줍서.

절헙서.

해녀들 자리에 앉아 산판점의 결과를 보고 있다가, 일어나서 절을 한다.

명심들 헙서. 에 에 명심만 하면, 큰일은 없겠수다.

(예.)

소미는 신에게 바친 폐백인 여러 가지 색의 천을 들고 절하면서 사설을 이어간다.

처사관장님아 요왕부원군 거북사제 관장님네,

일만해녀들,

상불턱에 상잠수,

중불턱에 중잠수,

하불턱에 하잠수,

요왕 선왕 불림질 바로잡아줍서.

에- 불한당 불러다,

요왕부원군 거북사제에 연꽃(煙花) 불꽃(火花)으로 환 붙입니다.

천왕차사 지 드립니다.

지황차사 인황차사,

소미가 손에 들고 있던 폐백을 다른 소미에게 넘겨주어, 굿에 쓰였던 지전물색을 태우는 곳으로 가져가 함께 태우도록 한다. 바깥쪽을 향해 서서 사설을 이어간다.

육육 사건 12·12사건에 가던 군병들,

산으로 가면 산신군졸이여,

(요령)

물로 가민 요왕군졸이여, 배론 가면 선왕군졸,

어느 동부두여, 서부두여, 상선, 중선,

어깨선에, 비개선에, 처가 감동선에,

모랫배에, 고등엣배에, 어물어장 놀던 임신님네,

영등하르바님, 영등할마님, 영등 아방, 영등어머님,

정월 그믐날 제주도 와서

이월 초하룻날 환영젤 받고,

열나흘날은 제주시에서 송별제를 받으면,

소섬으로 가 있다 보름날은 강남천자국으로 배 놓아 옵니다.

영감에 군졸이여, 참봉에 군졸이여,

이거 사무실 문화재 전수생 일만줌수딜 가는 데 따라오는 군졸들,

상선 뒤에 군졸, 중선 뒤에 군졸들,

(요령)

주잔합니다.

꿈에 현몽(現夢)을 하고, 남가일몽(南柯一夢)을 하고,

비몽사몽(非夢似夢) 들여오던 시군졸들,

벗어라 벗어라 굶어라 죽어라 하던 임신들랑

야아 못먹거라 못쓰거라 말고 말명에 뒤에 떨어지지 말고,

많이 먹어 동그랗게 처 마련헙서.

제상 쪽으로 가서, 요령을 공시상 위에 놓는다.

에- 상궤문 열고 있습니다.

중궤문 열고 있습니다.

하궤문도 열고 있습니다.

이월 초하룻날 한양배가 들어와,

절을 하고, 뒤로 돌아 서서 사설을 한다.

요왕연맞이 어간이 되었습니다.
요왕연맞이로 제돌아 점지헙서 이-.
사설을 끝내고 난 후에는 명두점을 본 후 해녀들에게 조심을 시키고 절을 시킨다.

〈영감놀이〉

평복 차림의 수심방(김윤수)이 영감상 앞에 북을 놓고 앉아서 치며 무가를 시작한다.

생략

[영감청함]

북을 치우고 그냥 앉아서 사설을 한다.
영감, 참봉, 야채, 금채, 옥채님네,
저 먼정에 부르면 들어올까, 외치면 들까 합니다.
그리 말고 삼선향 건건이 피워 들며,
영감, 참봉님네 오리정신청궤로 신 모아.
연물 소리. 심방이 자리에서 일어난다. 연물 소리에 따라 향로를 들고 신을 맞이하는 춤을 춘다. 영감들 횃불을 들고, 담배를 피우며 등장 한다. 심방은 향로를 놓고, 영감을 걸려 올릴 수건을 놀리며 춤춘다. 연물 소리 그치고 심방과 영감이 말을 주고받는다.

심 방 : 아하하-.(부른다.)
영감들 : 어허허.(영감들 대답한다.)
심 방 : 영감-.
영감들 : 어허-.
심 방 : 참봉-.
영감들 : 어허-.
심 방 : 거 소리가 약하네. 이 영감들이 이거 밥 안 먹었나.

영 감 : 어허- 어허.

심 방 : 영감.

영 감 : 어허.

심 방 : 참봉.

영 감 : 에, 에.

심 방 : 어떠한 데 어째서 이 고장을 사라봉 잘 알아서들 찾아 왔수다?

영감 1 : 아, 우리는.

심 방 : 응.

영감 1 : 서울 먹자고을.

심 방 : 응.

영감 1 : 허정승 아들 일곱 형젠데.

심 방 : 응.

영감 1 : 오늘 여기서 송별대제를 한다고 해서.

심 방 : 그렇지, 그렇지.

영감 1 : 우리 막동이 작은 아들, 작은 아우.

심 방 : 응.

영감 1 : 오소리잡놈이나 찾아볼까 하여, 우리가 이 고장을 찾아 왔어요.

심 방 : 아, 영감들은 아뜩하면 천리도 가고.

영감 1 : 아, 그렇지.

심 방 : 아뜩하면 만리도 가고,

영감 1 : 그렇지, 그렇지.

심 방 : 그러면.

영감 1 : 어.

심 방 : 우리 대한민국은 조선 팔도강산이라.

영감 1 : 그렇지, 그렇지.

심 방 : 일곱 형제가 산을 다 차지해버렸네.

영감 1 : 그렇지, 그렇지. 우리가 팔도명산을 다 차지하였지.

심 방 : 서울 삼각산에서.

염감 1 : 응.

심 방 : 먹자꼴.

영감 1 : 그렇지.

심 방 : 허정승 아들 일곱형제.

영 감 : 그렇지.

심 방 : 흩어지면.

영 감 : 열네 동서.

심 방 : 열네 동서, 모여들면.

영 감 : 일곱 동서.

심 방 : 큰아들은 어느 산을 차지했어요?

영감 1 : 아 큰아들은?

심 방 : 어.

영감 1 : 서울이라 삼각산(三角山)을 차지했어요.

심 방 : 서울 삼각산을 차지하고.

영감 1 : 그렇지요.

심 방 : 둘째 아들은 어딜?

영감 1 : 둘째 아들은 함경도 백두산(白頭山)을 차지했어요. 하하하.

심 방 : 하하하, 셋째아들은?

영감 2 : 셋째아들은 강원도라 금강산(金剛山)을 차지했어요.

심 방 : 아하, 아 넷째 아들은.

영감 2 : 넷째 아들은 충청도라 계룡산(谿龍山)을 차지했어요.

심 방 : 다섯째 아들은.

영감 3 : 허허 경상도 태백산(太白山)을 차지하였소.

심 방 : 여섯째 아들은.

영감 4 : 전라도 지리산(智異山)을 차지하였소.

심 방 : 일곱째 아들은.

영감 5 : 한라영산을 차지하였소.

심 방 : 오오, 바람쟁이로구나.

영감 1 : 오오, 오소리잡놈.

심 방 : 영감님네 서울 먹자꼴 허정승 아들 일곱형제 가운데서.

영감 1 : 그렇지.

심 방 : 일곱 형제가 제주도 칠머리 당굿 영등굿놀이에서 놀려 하니, 상당히 속았수다.

영감 1 : 아 그렇지.

영감 5 : 그렇고 말고.

심 방 : 금년 이천사년도 영등이월 열나흘날 송별대제일로.

영감 1 : 그렇지.

심 방 : 오늘 영감님도 참봉님은, 우리 모든 바다에 어부나.

영 감 : 그렇지.

심 방 : 해녀나.

영 감 : 그렇지.

심 방 : 영감들이.

영 감 : 그렇지.

심 방 : 영감들이 도와주지 않으면.

영 감 : 그렇지, 그렇지.

심 방 : 저 어른들은 행동발신을 못하기 때문에.

영 감 : 잘 대접을 해주면.

심 방 : 소록을 주며는 잠수도 아프게 하고, 어부들도 고기 낚으러 갔다 아프게도 하고.

영 감 : 그렇지, 그렇지.

심 방 : 열두 풍문조화를 주는 영감이죠.

영 감 : 그렇지, 그렇지.

심 방 : 그래서 영감들 오늘 송별대제일로 해서.

영 감 : 어.

심 방 : 오늘은 마지막으로.

영 감 : 그렇지.

심 방 : 여길 떠나서 부두로 가서 부두에서 배를 타고, 강남천자국으로 잘 영등할마님 모시고 갔서 해가지고.

영 감 : 옳지. 옳지.

심 방 : 당신네 대접을 하려고.

영 감 : 그렇지.

심 방 : 상선도 메우고.

영 감 : 그렇지.

심 방 : 중선도 메우고.

영 감 : 그렇지.

심 방 : 하선도 메우고.

영 감 : 그렇지.

심 방 : 니발공상226) 다시 또 돼지머리.

영감 1 : 나 흉내 내지 말아요.

영감 2 : 돼지머리

심 방 : 어, 돼지머리하고.

영 감 : 다른 머린 없어

심 방 : 계란안주.

영 감 : 응.

심 방 : 조수지(소주).

영 감 : 응.

심 방 : 백돌래.

영 감 : 응.

심 방 : 백시리.

영 감 : 아이고, 이거.

심 방 : 다 있어.

영 감 : 응.

심 방 : 영감님네.

영 감 : 응.

---

226) 늬발공산, 네 발 동물의 고기.

심 방 : 맛좋은 거 하나씩 해.

영감들이 영삼상 앞으로 와서 술과 음식을 먹는다.

영감 1 : 어이, 어이.

영감 2 : 아 좋다.

영감 3 : 어어 아아 좋다.

심 방 : 잘 먹고 가버려야.

영 감 : 어이 좋다.

심 방 : 우리 건입동에.

영 감 : 응.

심 방 : 이거 저 채낚기선이여 감동선이여 한편에.

영 감 : 허허.

심 방 : 소라 전복아랑 모두 많이들 차렸어요.

영 감 : 허허.

심 방 : 잘 먹었어요.

영 감 : 어어 배가 끊어지지.

심 방 : 저기 저 우두머리.

영 감 : 옳지.

심 방 : 저 큰 아들.

영 감 : 어이.

심 방 : 소주 한잔.

영 감 : 아 먹었어요.

심 방 : 먹었어요.

영 감 : 이마가 벗어지게 잘 먹었어요.

소 미 : 큰 아들만 먹으라 하고 셋아들은 먹을 말을 안 하는 거요.

영 감 : 아아 셋아들 이거 어째 셋것은 딸닮다.(벗겨진 과일을 잡으며)

심 방 : 당신네 이번에 잘 먹고 가시면.

영 감 : 그렇지.

심 방 : 잘 먹고 갈 때는 우리 제주도에 무얼 뿌려두고 갈 거요.

영 감 : 전복씨랑, 소라씨랑.

심 방 : 오.

영 감 : 채낚기선이랑.

심 방 : 채낚기랑.

영 감 : 연승어선이랑.

심 방 : 응.

영 감 : 다 고기들이랑.

심 방 : 응.

영 감 : 옥돔이랑.

심 방 : 응.

영 감 : 칼치랑, 고등어랑.

심 방 : 응.

영 감 : 생선이랑, 다 뿌려두고 갈 거요.

심 방 : 만약 안 뿌려두고 가면.

영 감 : 그럼, 그렇지.

심 방 : 마지막으로.

영 감 : 에.

심 방 : 상선, 중선, 하선도 메웠으니까.

영 감 : 그렇지.

심 방 : 배에부터 짐을 싣자.

영 감 : 짐을 실읍시다.

심 방 : 산으로 가면은.

영 감 : 청각, 미역이여.

심 방 : 청각, 미역.

영 감 : 예.

심 방 : 산으로 가면 초기 버섯이요.

영 감 : 그렇지.

심 방 : 중산으로 가며는.

영 감 : 그렇지.

심 방 : 유지 감귤이요.

영 감 : 그렇지.

심 방 : 해각으로 가며는.

영 감 : 그렇지.

심 방 : 청각 미역.

영 감 : 그렇지.

심 방 : 청각 미역.

영 감 : 그렇지.

심 방 : 우무.

영 감 : 그렇지.

심 방 : 편포.

영 감 : 그렇지.

심 방 : 소라, 전복.

영 감 : 옳지.

심 방 : 쌀항에 쌀 싣고.

영 감 : 쌀 실었어요.

심 방 : 물항에 물 싣고.

영 감 : 그렇지

심 방 : 장힝에 장 싣고.

영 감 : 그렇지.

심 방 : 장작이랑.

영 감 : 그렇지.

심 방 : 영감들 모르시네. 영감들 제일 좋아하는 게 누구요?

영 감 : 비바리.[227]

심 방 : 다금바리.[228]

---

227) 여자.

영 감 : 비바리도 배에 하나씩 싣고.

심 방 : 수처녀.

영 감 : 어.

심 방 : 거 뭐라.

영 감 : 고거.

심 방 : 레텔 안 땐 거.

영 감 : 수처녀가 뭐라.

심 방 : 고거.

영 감 : 백수에.

심 방 : 제주도에 관광을 오면.

영 감 : 삼바리.

심 방 : 삼바리를 먹어야.

영 감 : 삼바리는 뭐요.

심 방 : 다금바리.

영 감 : 그렇지.

심 방 : 북바리.230)

영 감 : 그렇지.

심 방 : 비바리.

영 감 : 아하.

심 방 : 다금바리 북바리 비바리는 먹고 가야만이.

영 감 : 그렇지.

심 방 : 관광왔다 갔다.

영 감 : 그렇지.

심 방 : 영감들 잘 먹었죠.

영 감 : 잘 먹었어요.

---

228) 바다고기
229) 바다고기

심 방 : 우리 거, 배부터 다 짐 싣고.

영 감 : 그렇지.

심 방 : 여기, 지들 다 묶고 하는 동안.

영 감 : 그렇지.

심 방 : 영감님들 잠깐만 여기 앉아서 좀 쉬시오.

영 감 : 어, 그렇지.

영감 2 : 좀 쉬라고요.

영감들이 영감상과 짚배가 있는 곳에 둘러 앉는다. 해녀들과 소미들은 영감상의 돼지머리와 음식들을 정리해서 배방선 갈 준비를 한다.

해 녀 : 머리도 실어버리고.

심 방 : 사무장.

소 미 : 머리 실으면 기리앉지 않겠습니까.

심 방 : 사무장, 사무장.

사무장 : 영감들이요 구판장쪽으로 갈겁니다. 구판장에 가면 배타고 나갈 건데, 같이 나가실 분들은 따라오십시오. 따로 차가 준비된 게 아니고 각자 알아서 오셔야 합니다.

심 방 : 제주시 어판장이면 수협 공판장인데, 배가.

영감들이 음식을 실은 짚배를 들고 제장을 돈다. 심방과 영감들이 장구 소리에 맞추어서 노래를 한다.

영 감 : 아-아하아양- 어허양 어허어요.

심 방 : 황금산도 요왕에 놀자 적금산도 요왕에 놀자.

영 감 : 아-아하아양- 어허양 어허어요.

심 방 : 동해바다 청요왕이요 서해바다 백요왕이요.

영 감 : 아-아하아양- 어허양 어허어요.

심 방 : 남해바다 적요왕이요 북해바다 흑요왕이요.

영 감 : 아-아하아양- 어허양 어허어요.

심 방 : 어기여차 사만사천 이네영신도 놀고 가자.

영 감 : 아-아하아양- 어허양 어허어요.

심 방 : 영등송별 대제일로 어물바당 어서 가자.

영 감 : 아-아하아양- 어허양 어허어요.

심 방 : 어딜로다 사오리까 어딜로나 지고갈까.

영 감 : 아-아하아양- 어허양 어허어요.

장구 소리 빨라진다.

심 방 : 아양곳은 영감의 선왕.

영 감 : 아-아하아양- 어허양 어허어요.

심 방 : 정의곳은 참봉 선왕.

영 감 : 아-아하아양- 어허양 어허어요.

심 방 : 선흘곳은 아기씨 선왕.

영 감 : 아-아하아양- 어허양 어허어요.

심 방 : 뛔미곳은 도령 선왕.

영 감 : 아-아하아양- 어허양 어허어요.

심 방 : 한라영산 장군의 선왕.

영 감 : 아-아하아양- 어허양 어허어요.

심 방 : 영광으로 가오리까.

영 감 : 아-아하아양- 어허양 어허어요.

심 방 : 법성으로 가오리까.

영 감 : 아-아하아양- 어허양 어허어요.

심 방 : 아뜩하면 천리를 가고.

영 감 : 아-아하아양- 어허양 어허어요.

심 방 : 아뜩허면 만리를 간다.

영 감 : 아-아하아양- 어허양 어허어요.

심 방 : 상선 중선 하선 위로.

영 감 : 아-아하아양- 어허양 어허어요.

심 방 : 채낚기선 선초하고.

영 감 : 아-아하아양- 어허양 어허어요.

심 방 : 자- 산을 받아 이별하자.

영 감 : 아-아하아양- 어허양 어허어요.

영감들이 짚배를 어깨에 메고, 제장을 떠나 부둣가로 간다. 서부두에 도착하면 영감들 모두 짚배를 들고 미리 준비된 배에 오른다. 해녀들도 함께 배에 오른다.

[배방선]

5분 정도 배를 타고 나온 후 배를 멈춘다. 돼지머리를 바다에 던진다. 영감들이 짚배를 띄우며, 말을 하는데 잘 들리지 않는다. 해녀들이 미리 준비해 온 지를 바다에 던지고, 잡식도 바다에 던진다.

우리 해녀들 천소망 만소망 시겨줍서.

낯이 풀렴수다.

낯이 풀렴수다.

다 막아줍서.

먹을 연 내세워 줍서.

입을 연 내세워 줍서.

영감과 해녀들이 바다에 좁쌀을 뿌려서 한 해의 풍년을 기원한다.

우무 청각이랑 보말씨도 뿌리고 있습니다.

천초여 많이많이 내세워 줍서.

내세워 줍서.

배방선을 하러 간 동안, 제장에서 심방이 신들을 돌려보내는 '도진'을 진행했다.

제주 굿춤의 기본

이애주(서울대)

우리 춤에서 굿춤은 매우 큰 의미를 지니고 있다. 또한 모든 우리 문화 예술 매체들이 굿에서 파생되었다 해도 과언이 아니다. 따라서 굿춤은 우리 춤의 근원적 모체이며, 제주 굿춤 또한 그러한 근원적 자리에 위치해 있다. 이번 모임에서는 우리 춤에서 제주 굿춤의 기본적이고 본질적인 문제는 어떠한 것인지 다루어 보고자 한다.

1. 제주 굿춤의 구성

(1) 춤의 장단

구체적인 춤으로 들어가기 전에 춤에 사용되는 춤장단을 알아보아야 하겠다. 장단은 주로 북, 설쇠, 대영, 장귀 등의 악기를 사용하는데, 위에서 설쇠는 꽹과리 비슷한 악기이고, 대영은 소위 징을 일컫고, 장귀는 장구를 말한다.

춤의 장단은 '둥-댕, 둥-댕, 둥-댕, 둥-댕' 하는 3분박(分箔) 4박자(8분의 12박자)로, 처음에는 느리게, 다음에는 보통빠르게, 나중에는 빠르게 친다. 느린 것을 '늦은쇠',

또는 '늦은연물'이라 하고 보통 빠르기는 '중판'이라 하며, 빠른 것은 '잦은쇠' 또는 '잦은연물'이라 이른다. 늦은석·중판·잦은석을 상석(上席)치기라 이르기도 한다.[230]

소위 위에서 3분박 4박자로 느리게 치는 것은 '중중몰이 장단 비슷한 리듬'으로부터 시작하여 보통빠르게·빠르게·격렬하게 몰아가는 순으로 하여 굿거리형, 타령형, 잦은 타령형, 잦은 몰이형, 휘몰이형 등으로 구성되어있다.

(2) 제주 굿춤의 기본

현용준이 〈제주도의 무속의례〉[231]에서 춤에 대해 정리해 놓은 것을 보면 '순수무'와 '행동무'로 나누어놓았다.

순수무는 '가창과 더불어 추는 춤'으로 신을 즐겁게 놀리는 의식으로 「석살림」때의 「덕담 탐불 서우젯소리」등의 가창과 더불어 추는 것으로 소무가 장단치고 입무가 덕담 탐불 등을 가창할 때 무격이 나와 춤을 추고 제주나 그 가족들 또는 구경꾼들도 나와서 춤을 춘다고 하였다.

행동무는 '가창 없는 무용'인데 '반주악기가 징, 꽹과리로 순 박자만을 맞춰주기 위한 것임을 볼 때 이 무용의 동기가 순수 예술적인 감동에서 저절로 우러나는 것이 아니요, 그 목적이 어떤 공리적인 데 있음을 우선 짐작하게'한다고 하였다.

그는 순수무를 '인간 자신이 즐거움의 표현임과 동시에 신격에게 그 즐거움을 보여서 신의를 화열(和悅)케 하려는 저의가 있는 춤'이라 하며 '군중이 윤무를 하거나 행렬을 짓거나 하는 질서 없이 각자 난무'를 하고 또 그 인원수의 규정도 없으며 어디까지나 1인무로 한 것으로 보아 이 춤은 누구나 자연스럽게 출 수 있는 〈자연무〉이고 〈비정형무〉인 것을 알 수 있다. 또한 행동무를 '여러 가지 형식이 있으니 대부분의 어떤 행동을 모방 상징한 육체적 율동'이라 하였고 위에서 공리적인 목적을 가졌다고 한데에서 이 춤이야말로 제주 굿에서 빠져서는 안 될 정식춤이라 할 수 있다.

이러한 정식춤인 행동무에는 여러 가지 춤이 있는데 다음에 현용준이 정리해 놓은 것

---

230) 이보형, 〈제주도 굿의 춤과 음악〉, 《굿, 제주도영등굿》, 열화당, 12면.
231) 현용준, 〈제주도의 무속의례〉, 《한국언어문학》 제3집, 한국언어문학회, 1977, 55~58면.

을 소개하여 보겠다.[232]

① 베포춤(排布舞)

초감제 때 천지개벽에서부터 제청설비 지역까지의 지리 역사의 발생 배치를 설명하는 「베포도업침」에서 추는 춤이다. 입무는 천지개벽, 성신배포, 월일광배포, 산수배포, 천지인왕도읍, 고구려도읍 등 하나 하나 가창하고 그 사이사이에 춤을 춘다. 이 춤은 어떤 행동을 상징한 것이라고 얼른 직감할 수는 없으나 생각컨대 모든 자연 인문사상의 발생배치를 상징하는 춤 같다.

② 도랑춤(回舞)

이 춤은 초감제 때 신을 청하려고 신문을 여는 「군문열림」 때 추는 춤이다. 입무는 "~문도 열려 맞자"는 사설에 이어 겨울에도 땀이 날 정도로 정신없이 좌우로 팽팽 돌다가 엎디기도 하고 뛰기도 하는 난무를 한다. 무격들은 이를 「도랑춤(回舞)」이라 하며 앞의 「베포춤」은 양반의 행세인데 이 「도랑춤」은 군문(神城門의 뜻)을 지키는 사령의 행세라고 한 무격은 설명했다. 이 설명과 같이 이 춤은 신문을 여는 수문장의 행동을 상징하는 춤이라 할 것이다.

③ 신청궤춤(請神舞)

한참 동안 「도랑춤」이 끝나면 무격은 신을 제상까지 모셔들여 좌정시키는 사설을 노래한 후 왼손에 쌀보시기를 들고 오른손엔 신칼(神刀)을 들고 허리를 약간 굽혀 사뿐사뿐 문간 쪽으로 춤추어 간다. 거기서 신칼 끝으로 쌀을 몇 번 떠 던지고는 다시 되돌아와서 제상에 쌀을 던지곤 한다. 이것은 바깥에 온 신을 제상까지 청하여 모셔들이는 행동을 율동화한 것임이 분명하다.

④ 향로춤

이것은 「석살림」때 "향촉권상(香燭勸上)하자"는 사설에 이어서 향불 피운 향로를 들

---

232) 현용준, 앞의 책, 55~58면.

고 추는 춤이다. 향불로 부정을 씻는 행동을 율동화한 것이라 볼 것이다.

⑤ 주잔춤

「향촉권상」한 후에 "삼주잔(三酒盞) 권잔(勸盞)하자"는 사설의 노래에 이어 술잔 셋이 놓인 잔대(盞臺)를 들고 추는 춤이다. 이는 권배(勸杯), 곧 향연의 율동적 소작임을 곧 느끼게 한다.

⑥ 떡춤(餠舞)

떡을 들고 추는 춤으로 두 가지가 있다. 하나는 「시왕(十王)맞이」때의 「나까시리 놀림(시루떡 놀림의 뜻)」제차 때에 무격이 커다란 시루떡을 들어 춤추다 위로 던져 올렸다 다시 잡아 춤추고 하는 것인데 이를 「나까시리 놀림」이라 하고, 다른 하나는 「도래 둘러 멤」이라 하여 도래떡 채롱을 들고 추는 춤이다. 어느 것이나 향연의 율동적 표현이라 할 것이다.

⑦ 할망춤

이 춤은 산신에 대한 의례인 「불도맞이」를 다 끝내고 산신(産神)을 기본상으로 모셔 들이는 과정(이를 매어든다고 함)에 추는 것이다. 무격은 철죽대라는 막대기를 짚고 허리를 굽혀 노파의 걸어가는 모습의 춤을 추는 것이다. 제주의 산신은 여신이니, 이 춤은 산신이 제의를 다 받고 기본상으로 돌아가는 모습의 율동적 표현인 것이다.

⑧ 칼춤

제주도의 무격은 대부분의 춤을 그들의 기본 무구인 신칼을 들고 추므로 거의 칼춤이라 할 수 있겠지만, 여기서 말하려는 것은 수렵인이나 백정의 집의 굿에서 추는 춤이다. 그들 집안에는 그들의 수렵령(狩獵靈)에 대한 의례인 「산신제」, 「거무영청굿」 등을 하는데, 이 굿에서 무격은 1인 또는 2인이 칼끝에 고기를 꿰어들어 춤을 춘다. 이것은 고기를 먹던 그들의 조령(祖靈)에게의 향연 또는 그들 생활을 모방 재현한 것으로 수렵 또는 도살(屠殺)의 풍요를 비는 유감주술적 무용이라 할 것이다.

⑨ 활춤

제주시 용담동 내왓당의 신은 퍽 위력이 센 당신(堂神)인데 이 당의 굿을 할 때에는 활춤을 추며 청신한다고 한다. 지금은 그 굿이 없어졌으나 그 때 쓰던 활과 통개(筒箇)가 지금도 있다. 이 춤 이외에도 당굿을 할 때 「본향듦」 제차에서 본향당신이 제장에 들어오는 모습은 활을 쏘며 사냥을 하던 모습을 춤으로 표현한다. 이러한 춤 역시 당신의 생활의 모방 재현이라 본다.

⑩ 꽃춤

제주시 용담동 궁당의 신은 여신인데 이 신에겐 3월에 「꽃놀이」란 의례를 행하고 이 때에는 꽃춤을 추어 의례를 실연한다. 신의 생활의 재현이었다고 생각된다. 이밖에도 「불도맞이」에서 서천꽃밭 신소미(仙女)들이 추는 군무(群舞)로 꽃춤이 있다. 꽃이 자라는 모습, 꽃을 가꾸는 선녀들의 행동을 재현한 춤이다.

⑪ 업저지춤

표선면 토산리 이레당(七日堂)신은 어린 아이의 질병을 고쳐주고 양육해주는 신인데 이 신에 대한 의례를 할 때에는 그 신의 본풀이(神話)를 노래함과 아울러 무격이 가조(假造)한 인형 아기를 업고 놀리는 모습의 춤을 춘다. 신의 생활을 모방 표현한 춤이다

⑫ 질치기춤(掃路舞) 〈길치우기〉

모든 「맞이굿」 때에 신의 하강로(下降路)를 치워 닦는 의식이나 사령을 저승에 보내는 길을 치워 닦을 때에 그 소로(掃路) 과정을 율동적으로 표현한 춤이다. 그 과정은 22과정인데 그것은 다음과 같다.

❶ 신이 하강하는 좌우의 길을 돌아보고,
❷ 탱천한 잡초목을 은월도로 베고,
❸ 이를 작대기로 치우고,
❹ 그 그루터기를 은월도로 끊고,
❺ 그 그루터기를 은따비로 파고,

❻ 그 흙을 발로 밟아 고르고,

❼ 나뒹구는 돌멩이를 삼태기로 치우고,

❽ 땅을 밀대로 고르고,

❾ 일어나는 먼지를 비로 쓸고,

❿ 이슬다리(露路)를 놓고(물을 뿌림을 뜻함),

⓫ 물을 너무 뿌려 젖은 땅에 마른 다리(乾路)를 놓고(띠를 깔아 놓음),

⓬ 띠를 부드럽게 하기 위하여 나비다리를 놓고(종이조각을 뿌림),

⓭ 그 위에 해당 신의 다리를 놓고(긴 무명을 깔아 놓음),

⓮ 그 무명길이 바르지 못한 곳을 가위로 끊고,

⓯ 그 구멍의 올구멍을 메우고(쌀을 뿌림),

⓰ 시루떡다리를 놓고(떡가루를 뿌림),

⓱ 홍마음 다리를 놓고(신의 하강 상징으로 말방울 대신 요령 소리 울림),

⓲ 청너울다리를 놓고,

⓳ 공작깃다리를 놓고,

⓴ 등신다리를 놓고,

㉑ 애손다리를 놓고,

㉒ ᄌᆞ부연다리를 놓는다.

이상의 과정으로 길을 닦은 후 신을 맞아들이는데, 위의 ❶ 올 구멍 메우기까지는 소로과정이고 그 이하는 신이 하강하는 모습의 율동적 표현이라 할 수 있다. 그 춤의 모습은 ❶은 대가지로 꽂아 만든 열 개의 문 사이를 춤추며 도는 것이며, ❷❸❹은 신칼로 그 시늉을 하는 춤이고, ❺은 막대기에 도래떡을 꿰어 만든 따비로 파는 시늉을 하는 춤을 추며, ❻은 도약, ❼은 실제 돌멩이를 굴리고…… 이와 같이 그 내용이 춤의 외관에 드러난다.

이상 「행동무」라 할만한 것들을 예시하였거니와 그것들을 내용으로 보면 ❶ 무격이 신을 향한 동작 곧 의례집행동작을 율동화한 춤(청신 향연 등) ❷ 신의 현시 행동을 표현한 춤(왕래의 모습 등) ❸ 신의 생활과정을 현재 재현한 춤(칼춤, 활춤, 업저지춤 등) 인 것이다.

이와 같이 제주도의 굿춤(巫舞)은 「순수무」나 「행동무」나 모두 순수예술적 감흥에서 나온 것이 아니라 신의를 움직이고 신격의 과거의 역능을 현재 재현케 하는 역능이 있는 공리적인 것이다. 여기에 우리는 주술종교의례가 가무로써 실수되는 이유를 알게 되며 무용예술의 발생과 상대의 산신무(山神舞), 검무(劍舞), 처용무(處容舞), 오기(五伎) 등의 무희의 본질에 커다란 암시를 얻는 것이다.

2. 우리춤의 원류와 제주 굿춤

(1) 역사의 구조

우리 춤이 살기 위한 몸놀림에서 출발하였고 그 몸놀림은 바로 일하는 몸짓이었던 것은 이미 앞장에서 밝힌 바 있다.

승무를 보면 승무의 첫 춤사위는 하늘과 땅이 만나 생명이 태어나는 것으로부터 시작한다. 그리고 기둥이 세워지고 나아갈 방향을 정하고 비로소 한 발을 떼게 된다.

제주 굿춤의 베포춤을 보면 "천지개벽에서부터 제청설비 지역까지의 지리 역사의 발생 배치"를 나타내고 있다. 그리고 천지・성신・일월・산수・천지인왕・고구려 등 구체적인 역사 개벽의 사실을 노래하며 춤춘다. 여기에서 '모든 자연 인문 사상의 발생 배치를 상징하는 춤'인 것을 알 수 있으며 이것은 바로 서사적 역사를 나타내며 역사의 구조인 것을 말한다. 따라서 제주 굿춤은 우리 춤의 원류에서 보이듯 역사의 구조를 구체적으로, 본격적으로 상징하고 있다.

(2) 삶의 종합적 예술형태

굿의 본래 의미는 모여서 의논하고 회의하는 행동 자체를 일컬었다. 모여 놀 때도 '굿한다'고 하였고 싸우러 갈 때도 '의병굿 한다'고 하였듯이 삶의 모든 행위를 할 때 '굿한다'라고 표현하였다. 그렇게 모여 살면서 같이 일하고 토의하고 놀고 하는 행위 자체였던 굿이 긴 역사를 거쳐 오며 종교적 형태인 무속굿으로 자리잡고 각 지방마다 여러 형태의 굿 형식을 창출하였다. 제주 굿춤에서 보이는 향로춤, 주잔춤, 떡춤, 꽃춤 등은 모두 우리들의 생활과 밀접히 연결돼있는 생활 도구들을 가지고 추는 춤이다. 즉, 향로, 주잔, 떡, 꽃 등은 우리들에게 없어서는 안 될 생활 용품으로 주변에 가까이 있고 늘상 사용하는 이러한 도구들을 들고 굿을 살려내는 춤을 추는 것이다.

칼춤은 가장 원초적인 삶의 도구인 칼을 들고 춤을 추게 된다. 특히 수렵인이나 백정의 집에서 굿할 때 추는 칼춤은 '수렵 또는 도살의 풍요를 비는 유감주술적 춤' 이라 할 수 있다. 제주 굿에서 모든 소리와 춤이 끝나면 으레껏 칼점을 치는데, 이 때 드는 칼은 신의 의미를 뜻하는 것으로 신칼을 들고 신의 의사를 점치며 우리네 마음과 연결 짓는 중요한 정신적 도구 역할을 하고 있음을 알 수 있다.

활춤은 주로 신을 청할 때 추는 청신무인데 신의 위엄을 나타내며 화살 쏘는 시늉을 한다. 활춤은 역사적으로 볼 때 저 멀리 고구려춤에도 나타난다. 장천 1호 무덤, 씨름 무덤, 춤무덤 등의 고구려 무덤 벽그림에 보면 활을 위풍당당하게 쏘는 활춤이 나타나 있다.

특히 제주 당굿인 「본향듦」 제차에서 본향당신이 제장에 들어오는 모습은 활을 쏘며 사냥을 하던 모습을 춤으로 표현한 것이다. 이러한 모든 형태의 활춤은 바로 생활 속에서 한 과정을 그대로 모방 재현한 춤인 것을 알 수 있다.

이뿐만 아니라 우리들이 하는 일상적 몸짓이 그대로 제주 굿춤에 표현되어 있다. 신을 맞으며 추는 '질치기춤' 에서 신을 제대로 맞아들이기 위하여 여러 동작을 하게 된다. 예컨대 칼로 잡초목을 베고, 이를 작대기로 치우고, 흙을 밟아 고르고, 돌멩이 치우고, 먼지가 이니 비로 쓸고 하는 등 무궁무진한 동작이 이어진다. 이는 바로 삶의 일상적 동작이 연결된 신맞이 준비춤이라 할 수 있다.

이러한 삶에서 나타나는 행위들이 단락 단락의 몸짓으로 엮어지고 그 구체화된 몸짓들이 다시 장단을 타고 소리를 타는 과정에서 동작들은 압축되고 정리되어 함축적으로 빚어졌다. 그 몸짓이 반복을 거듭하며 예술적으로 승화된 하나의 상징적인 춤사위와 춤이 탄생하게 되는 것이다. 바로 제주 굿춤은 제주인의 삶의 모습이고 제주 삶의 예술적 형상화인 것을 알 수 있다.

(3) 춤의 정신

우리춤에 내재해 있는 제일 중요한 정신은 바로 '예의 정신'이다. 앞장에서 예의 몸짓에 관하여 자세히 언급하였지만 사람의 몸짓뿐만 아니라 생명 있는 모든 것의 첫 형태는 안으로 숙여지고 굽혀진 내면을 바라보게 된다.

다시 언급한다면 이 춤사위는 몸을 숙이며 자기 자신을 가다듬고 상대방에게 예를 갖추는 예의 몸짓으로 우리 삶의 가장 기본이 되는 몸짓이라 할 수 있다.[233] 제주굿 초감제 때 처음 절을 하는 동작으로 시작된다. 이러한 절을 하는 사위가 가장 근원적인 예의 춤사위라 할 수 있다. 제의를 다 받고 기본상으로 돌아가는 모습으로 기본 춤을 춘다. 제주 굿춤에서 '신청궤춤'은 한 팔을 다른 팔에 얹듯이 하여 신을 청하여 모셔들이는 예의 춤이다. 또한 제주굿춤 중 할망춤도 바로 산신에 대한 예를 올리며 기본상으로 모셔들이는 춤이다. 이러한 춤은 우리춤에서 보편적으로 항상 나타나는 춤사위로, 승무를 보면 장삼을 다른 한 팔에 얹는 사위가 많이 나타나고 탈춤에도 그런 사위가 많이 있다. 구체적 형상을 보면 한 팔로 다른 팔을 받쳐 들고 모셔오는 형상 등이 바로 그런 예이다.

이러한 모든 춤사위는 우리 춤의 핵심 정신으로 바로 예의 정신의 표현인 것이다. 또한 큰 틀로 보면 베포춤, 도랑춤, 신청궤춤 등 제주 굿춤의 모든 춤이 신에 대한 예를 드리는 예의 춤인 것을 알 수 있다.

(4) 춤동작

제주 굿춤의 춤동작은 매우 단순하고 쉽게 느껴진다. 앞장에서 보았듯이 일상적인 삶의 몸짓들을 그대로 엮어서 이야기하듯 춤사위로 재현해낸다.

우선 발의 움직임은 보통 걸음걸이를 많이 쓰는데 장단에 따라 큰 걸음, 보통걸음, 잦은 발 등을 사용한다. 물론 여기에서 중요한 것은 무릎을 굽히고 펴는 '답지저앙(踏地低昂)'의 원리가 그대로 들어 있는 것이다. 이것은 우리 춤 전체에서 가장 중요한 무릎놀림으로 이 사위가 잘 돼야 땅을 제대로 밟을 수 있는 것이다. 즉, 지신을 제대로 밟아

---

[233] 이애주, 〈승무의 구조와 춤사위 연구〉, 《한국민속학》27집, 민속학회, 1995.

'지신밟기'가 되는 것이고 제주 굿춤에서도 지신밟기의 원리로 모든 발걸음이 행해지고 있다. 특히 제주 굿춤에서는 발을 구르는 사위와 연결된다.

팔 움직임도 우리 춤의 기본사위와 같은데, 팔을 올리고 내리는 데서부터 너울거리기, 엎고제치기, 감고풀기 등 기본 팔놀림을 토대로 하여 여러 일상적 동작과 연결하여 팔사위를 빚어내고 있다

위의 발놀림과 팔놀림이 합쳐지어 '수족상응'의 몸놀림이 된다. 이러한 몸놀림이 기초가 되어 제주 굿춤의 모든 사위가 빚어진다.

3. 맺음말

춤은 우리 생활의 형태이고 삶의 모습이다. 풍물춤은 주로 농사짓는 농꾼들의 삶의 몸짓춤이고 탈춤은 일반 서민들의 생활상이 그대로 담긴 이야기 춤이다. 여기에서 이러한 모든 춤들이 본질 그대로 나타나는 춤이 바로 굿춤이다. 그 굿춤 안에는 일상 몸짓이 상징화되고 함축된 상징몸짓들이 춤으로 형상화되어 우리 삶의 희로애락을 담아내고 있다. 특히 제주 굿춤은 제주인의 삶의 모습이고 그 삶의 예술적 형상화인 것이다.

이와 같이 일상적인 삶의 몸짓들이 춤으로 빚어져 느린 춤사위에서부터 보통으로, 빠르게, 아주 빠른 속도로 동작을 풀어낸다. 그리고 갈 데까지 빠르게 가서 모든 것을 뒤엎어버리고 새 판을 열어젖힌다.

거기에서 제주 굿춤의 진보성을 볼 수가 있고 천지개벽의 혁명성을 엿볼 수 있다. 그 판은 바로 죽어가는 판을 살리는 판, 죽은 판을 산 판으로 만드는 판이다.

갖가지 형태의 춤사위가 만들어지는데, 가장 기본이 앉되는 고 서고 눕고 가고 오고 돌고 하는 몸짓들이 여러 팔놀림과 합쳐지어 수만 가지 형태의 춤사위와 춤을 창출해낸다.

특히 '도랑춤'의 돌기는 신을 청하여 군문 열릴 때 추는 뱅뱅 도는 춤사위인데, 이 춤사위는 모든 것을 감싸 안고 맺어주는 역할을 한다. 전국의 굿춤과 모든 우리춤에 보편적으로 분포되어 있는 춤사위로 특히 단락이나 각 장의 마지막과 춤이 끝날 때 반드시 들어 있는 춤사위이다. 이 '돌기사위'는 한 번 돎으로써 모든 것을 수렴해가며 전체 판

을 정리해주고 마무리해주는 춤사위이다. 특히 제주 도랑춤에서는 마지막에 "겨울에도 땀이 날 정도로 정신없이 좌우로 팽팽 돌다가 엎디기도 하고 뛰기도 하는 난무"로 이어지니 그 격렬함에 저절로 신이 나고 신명으로 갈 수밖에 없는 춤사위이다.

    죽을 판도 너울너울 춤추면 살아나고 집단적으로 자유춤을 추게 하며 신명의 도가니로 몰아 올린다. 우리 춤의 원류에서 본 제주 굿춤은 바로 그러한 역할의 근원적 중심에 서 있다.